HALLDIS ENGELHARDT

Sieh dich nicht um!

Die geheime Liebesgeschichte
meiner Eltern

DUMONT

Juni 2019
DuMont Buchverlag, Köln

Lektorat: Sibylle Auer
Umschlaggestaltung: Lübbeke Naumann Thoben, Köln
Umschlagmotiv: © privat
Satz: Fagott, Ffm
Gesetzt aus der Minion Pro und der Proforma
Druck und Verarbeitung: CPI books GmbH, Leck
Gedruckt auf säurefreiem und chlorfrei gebleichtem Papier
Printed in Germany
ISBN 978-3-8321-6496-6

www.dumont-buchverlag.de

Für Hanna und Bastian

Jorna und Heinz in Wuppertal 1950

Lieber Vater, liebe Mutter,
wie gerne hätte ich euch damals erlebt, als ihr euch 1940 in Norwegen kennenlerntet, eure junge Liebe gesehen, die tiefe Zuneigung, die gerade entsteht und auch ein Leben lang bestehen bleiben wird. Das frische, unverbrauchte Leben gespürt, die Begeisterung für den anderen. Die Bedingungslosigkeit. Da konntet ihr euch noch nicht vorstellen, worauf ihr euch einlassen würdet. Welch harte Zeiten auf euch zukommen würden. Mein ganzes Leben habt ihr beiden zusammengehört, wart auch immer in meinem Leben. Aber wie viel weiß ich wirklich von euch, von euren Gefühlen damals? So viel wurde verschwiegen, durfte nicht gesagt werden nach dem Krieg, weil eure Liebe für andere eine Schande war.

Von Norwegen nach Amerika

Mai 1946

Jorna stand an der Reling und blickte zurück auf Oslo. Wie schön doch die Stadt sein konnte, wenn man sie bei der Abreise vom Fjord aus betrachtete. Die grünen Hügel des Hinterlands und dann die Stadt selbst, die davor ausgebreitet am Wasser lag, und die jetzt, an diesem warmen Mai-Tag, ein einziges Versprechen von Sommerglückseligkeit verströmte. Alles glänzte. Die Dächer der Häuser, die zahllosen Boote mit ihren weißen Segeln, sogar der Asphalt der Straßen schien aus purem Silber zwischen die Häuser gegossen. Und über allem wehten die norwegischen Flaggen, auf dass nie wieder auf dieses Land eine andere Flagge ihren Schatten werfen sollte. »Ja, vi elsker dette landet«, lautete die Nationalhymne. »Ja, wir lieben dieses Land.« Und auch Jorna liebte dieses Land.

Die Gesichter der Menschen, die am Kai standen und den Passagieren auf dem Schiff unendlich lange mit ihren Tüchern zum Abschied winkten, sie glänzten. Es schien eher ein Aufbruch in eine neu gewonnene Freude als ein Abschied unter Tränen, denn alle, auch die, die hier einen geliebten Menschen verabschiedeten, wussten, dass dieses Schiff das erste war nach langen Jahren der Unterbrechung. Selbst Jorna wagte ein verhaltenes Strahlen, diesen Tag hatte sie lange erwartet, und jetzt, da sie endlich auf dem Schiff, ihr Koffer unten in der Kabine, das große Gepäck im Laderaum verstaut und in ihrem Pass das Visum eingestempelt war, das ihr ein Leben in Amerika ermöglichte, fühlte sie sich zum ersten Mal seit zwei Jahren wieder frei, für sich selbst Entscheidungen zu treffen.

Hunderte von Booten durchquerten den Oslofjord, und langsam bahnte sich die *S. S. Stavangerfjord* ihren Weg, passierte die Festung Schloss Akershus und die Buchten und Inseln auf beiden Seiten des Fjords. Von ihrem Platz auf dem Passagierdeck der Touristenklasse aus sog Jorna das Panorama in sich auf, um es für lange Zeit in ihrem Kopf als Bild zu bewahren. Die Monate, die sie letztes Jahr in Oslo verbracht hatte, konnte sie weiß Gott nicht als glücklich bezeichnen, aber die Stadt war auch gut zu ihr gewesen. Doch das wollte sie jetzt vergessen, wie so vieles andere auch, und wollte sich stattdessen das Idealbild eines nordischen Sommertags für immer einprägen, um es irgendwann wieder abrufen zu können. Vielleicht würde sie das einmal brauchen können.

Gleich hinter der Hafenausfahrt passierte das Schiff Hovedøya, eine große, direkt vor der Stadt gelegene Insel. Als Jornas Blick dieses Stück Land im Fjord streifte, zog sich etwas unmerklich in ihr zusammen, und sie fröstelte in der warmen Brise. Wenn es anders gelaufen wäre, hätte man vielleicht auch sie hier eingesperrt – in diesem Internierungslager, in dem man junge Mädchen und Frauen festsetzte, weil sie im Krieg den falschen Mann geliebt hatten … Doch im nächsten Moment zwang sie sich, diese Gedanken beiseitezuschieben. Sie war nicht auf Hovedøya gelandet, und es hätte auch keinen Grund gegeben, sie dort hinzubringen.

Die Menschen, die um sie herum auf dem Deck standen, waren in Hochstimmung. Manche hatten Jahre auf diese Überfahrt gewartet, waren verzweifelt, hatten gehofft und den heutigen Tag herbeigesehnt wie nur weniges in ihrem Leben. Jorna wollte sich von der Stimmung an Bord anstecken lassen, doch sie fürchtete sich noch immer vor der völlig ungewissen Zukunft, die vor ihr lag. Ein neuer Anfang. Sie war gerade dreiundzwanzig Jahre alt, eigentlich ging das Leben erst jetzt richtig los. Sie wollte ein unbeschriebenes Blatt sein. Keiner kannte sie hier, niemand würde sie auf ihre Vergangenheit ansprechen. Sie war einfach eine junge Norwegerin, die nach New York fuhr, um dort die Ehefrau eines Amerikaners zu werden. Ab heute war sie niemandes Ausgegrenzte mehr.

Jetzt passierten sie Drøbak, die engste Stelle des Oslofjords, und die alte Festung Oscarsborg mit ihren Kanonen, ein gefährliches Nadelöhr. Ein Passagier, der nicht weit von Jorna entfernt an der Reling stand, wies seine Mitreisenden darauf hin, dass es hier war, wo die Norweger es geschafft hatten, ja genau hier, das deutsche Schlachtschiff *Blücher* mit über achthundert Mann Besatzung zu versenken, die Einnahme Oslos zu verzögern und damit ihrem König die Flucht nach England zu ermöglichen, ohne dabei zu erwähnen, dass dies der einzige Erfolg der Norweger gegen die Deutschen gewesen war. Während er das erzählte, hatte er sie intensiv angeschaut, als wolle er ihr einen Vorwurf machen. Aber dann drehte er sich weg und wandte sich wieder den anderen zu.

Jorna blieb Stunde um Stunde an Deck. Lange Zeit fuhr der Dampfer an der Küste entlang, und zum ersten Mal sah sie ganz Südnorwegen vom Wasser aus an sich vorbeigleiten. Auf der Höhe ihrer Heimatstadt Flekkefjord, die vom Meer aus nicht zu sehen war, dachte sie an ihre Eltern und ihre Geschwister, die sie vor ein paar Tagen dort zurückgelassen hatte und die jetzt schon unendlich weit weg waren. Jorna liebte ihr Land, sie liebte die Schönheit Südnorwegens mit seiner Mischung aus Lieblichkeit und Rauheit. Sie liebte die Schroffheit der Felsen, überall von Fjorden und Seen durchschnitten, an deren Ufern aber das Land so voller Blumen leuchtet, wie es sich einer, der den Norden nicht kennt, niemals vorstellen würde. Wo Apfel-, Pflaumen- und Kirschbäume blühen. Sie sah die Orte am Wasser und überall dazwischen verstreut die Einödhöfe der Kleinbauern, die alle gleich aussahen: das weiße Wohnhaus und daneben die rote Scheune, die Wiesen und Felder von Steinmauern begrenzt.

Jetzt stand das Gras hoch. In einigen Wochen würden sie es schneiden und an langen Schnüren auf den Wiesen zum Trocknen aufhängen. Die Einödbauern waren wortkarge, gottesfürchtige Menschen. Wenn man in einer solch einsamen Gegend an einem Haus vorbeikam, konnte man erleben, dass sie nur misstrauisch durch die geschlossenen Gardinen aus dem Fenster schauten, ohne den seltenen Gast begrüßen zu wollen. Ganz anders die Leute in den Orten. Da gab es immer ein fröhliches »Hallo! Hei! Ha det!«, das man sich über die Straße zurief. Da gab es Feiern, Feste und Musik, Bootsfahrten im Sommer und Wanderungen in den Herbstfarben oben, *på fjellet*, in den Bergen weiter im Landesinneren. Im Winter ging man zum Ski- und Schlittschuhlaufen, wenn es nicht gerade wochenlang regnete und man sich besser in die Häuser zurückzog. Hier im Süden sorgte der Golfstrom oftmals für milde, nasse Winter. Im Frühjahr fing das Leben mit den immer länger werdenden Tagen wieder von vorn an, und alles strömte nach draußen.

Während sie in Gedanken Abschied von ihrem bisherigen Leben und von ihrem Land genommen hatte, steuerte das Schiff langsam den offenen Atlantik an, und Jorna ging hinunter in ihre Kabine.

Sie stieg die steilen Treppen hinab, denn die einfachen Kabinen der 3. Klasse lagen tiefer unten im Bauch des Schiffes. Die *S. S. Sta-*

vangerfjord konnte auf eine bewegte Geschichte zurückblicken, jedem Norweger war sie bewusst, und Jorna wollte sich jetzt alles anschauen.

Vor dem Krieg hatte die *S. S. Stavangerfjord* viele Male als Passagierschiff zwischen Norwegen und Amerika verkehrt, hatte zahllose Reisende und Auswanderer nach Amerika gebracht und war für die Norweger damit Teil ihrer Identität geworden, die ohne die Verbindung zu den USA nicht mehr vorstellbar war. So war das Kronprinzenpaar Olav und Märtha 1939 kurz vor Ausbruch des Krieges nach ihrer Amerikareise auf der *S. S. Stavangerfjord* wieder in die Heimat zurückgereist. Die Bilder davon hatte Jorna natürlich in den Zeitungen gesehen. Dann hatten die Deutschen das Schiff beschlagnahmt und setzten es als Transport- und Lazarettschiff ein. Nach der Befreiung, wieder unter norwegischer Flagge, brachte es zunächst die alliierten Truppen zurück in die USA und auch den Mann, den Jorna jetzt heiraten würde.

Jorna ging also hinunter in ihre Drei-Bett Kabine, sie war zwar nicht sehr geräumig, doch einigermaßen ansprechend ausgestattet. Die Betten waren mit ganz neuer Bettwäsche bezogen, und zwischen den beiden unteren, sich gegenüberliegenden Betten befand sich ein Toilettenschränkchen mit einem Waschbecken und einem Spiegel.

Ihre beiden Mitreisenden hatten sich schon eingerichtet. Auf dem Hochbett lag eine blonde, leicht verblühte Schönheit, Jorna schätzte sie auf Ende vierzig. Sie machte einen aufgeräumten, fast fidelen Eindruck und begrüßte Jorna freundlich. »Ich bin Berit aus Philadelphia, das heißt, da habe ich vor sechs Jahren meinen Mann zurückgelassen, eigentlich nur für zwei Monate, und dann sind sechs Jahre draus geworden. Der arme Tropf hat immer noch Sehnsucht nach mir, das ist der Grund, warum ich hier auf dem Schiff bin.

Die Heimkehr der treuen Ehefrau.« Dazu lachte sie herzhaft, und Jorna fragte sich, was sie damit wohl sagen wollte.

»Und du, reist du ganz allein in die große Welt, was treibt dich denn ins Land der größten Fleischklöpse?«, so ratterte sie weiter.

»Ich heiße Jorna. Ich bin aus Flekkefjord und reise auch zu einem Mann, aber wir sind noch nicht verheiratet, das machen wir erst drüben.« Jorna ärgerte sich fast ein bisschen, dass sie dieser Fremden gleich so viel über sich verraten hatte.

»Na, das ist aber reizend. Hoffentlich hast du dir ein gutes Exemplar ausgesucht. Man muss sich schon überlegen, mit wem man sich einlässt. Die sechs Jahre ohne meinen Mann habe ich in Norwegen ganz gut überstanden, wenn man mal von der öden norwegischen Hausmannskost absieht. Ich sage immer, man kommt eine Zeitlang auch ganz passabel ohne seinen Pantoffelhelden aus. Aber wer weiß, was er in der Zeit getrieben hat.« Wieder lachte sie schallend.

Jorna war erstaunt über ein solch loses Mundwerk und nickte der älteren Frau zu, die auf dem anderen Bett unten lag und bislang noch kein Wort gesagt hatte. »Ich bin Anna Sørensen«, erklärte diese. »Mein Mann ist vor drei Jahren gestorben, und ich besuche meinen Sohn in Minnesota, den ich seit zwanzig Jahren nicht gesehen habe. Aber jetzt würde ich gerne etwas schlafen.« Damit drehte sie das Gesicht zur Wand und verstummte.

Unterschiedlicher konnten ihre zwei Reisebegleiterinnen nicht sein, und Jorna nahm sich vor, möglichst wenig mit ihnen zu reden, wenn das überhaupt möglich wäre bei einer Frau wie Berit. Sie holte ihr Nachtzeug aus dem kleinsten der drei Koffer und machte sich zum Schlafen fertig. Sie hatte alles perfekt gepackt in ihr Kofferset, das aus drei unterschiedlich großen schwarzen Koffern bestand. Sie waren am Rand mit einem dunkelroten Lederband paspeliert, hatten Ledergriffe, und jeder trug ihr Monogramm in goldenen Lettern eingeprägt: *J. G.* für Jorna Grønsund. Zusammen mit ihren ausgesucht schönen Kleidern verliehen ihr die drei Koffer ein Flair von Weltläufigkeit, sie wirkte eher wie eine Vergnügungsreisende, nicht wie eine Auswanderin.

Die Überfahrt stand unter einem guten Stern, das stabile Hoch, das seit einigen Tagen herrschte, hatte Norwegen und dem Atlantik sonniges, windstilles Wetter beschert, und der Seegang war kaum zu spüren. Wo sonst die Passagiere in den billigen, tief unten im Schiffsbauch gelegenen Kabinen jedes Gefühl für oben und unten verloren und unter der elenden Seekrankheit litten, weil das Schiff durch riesige Wellentäler und -berge pflügte, herrschte heute Nacht ein seliges Schwanken.

Am nächsten Morgen – sie waren gerade an den Shetlandinseln vorbeigefahren – wachte sie früh auf. Von Berit war nichts zu sehen.

Jorna ging in den Speisesaal, um zu frühstücken. Passend zu ihrer Kabinenklasse war der Raum sehr einfach gehalten. Sie bekam einen Platz an einem der langen Tische mit hölzernen Stühlen zugewiesen. Der Saal war ungefähr zur Hälfte besetzt. Alles war neu und frisch, und zusammen mit dem perfekten Sommerwetter hätte man meinen können, man befände sich auf einer Urlaubsreise im Mittelmeer.

Eine Bedienung brachte Jorna einen leidlich guten Kaffee und etwas Brot und Marmelade. Nach diesem kleinen Frühstück ging sie wieder an Deck, schaute aufs Meer und hing ihren Gedanken nach. Sie war jetzt mitten auf diesem Ozean, an dessen anderem Ende ein Mann auf sie wartete, den sie eigentlich nicht kannte. Dass ihr altes Leben ihr jetzt für immer verschlossen war, und dass sie nur diese Chance hatte, sich mit dem Neuen zu arrangieren, wurde ihr immer bewusster. Wie anders hätte alles sein können mit Heinz. Wenn es ihn noch gäbe, müsste sie diese Reise nicht antreten. Doch es gab kein Zurück. Sie würde heiraten, aber nicht aus Liebe, sondern um sich aus einer ausweglosen Situation zu befreien. Sie fragte sich, ob es ihr lieber wäre, wenn auf der anderen Seite niemand auf sie wartete, wenn sie ganz allein auf sich gestellt wäre. Genau in dem Augenblick hörte sie Berits laute Stimme hinter sich. »Da haben wir ja unsere hübsche junge Dame aus Flekkefjord! Ich muss schon sagen, Jorna, wie du da in deinem weißen Sommerkleid an Deck stehst, könnte so manch ein Verehrer hängen bleiben. Schade, dass die aus der ersten Klasse sich nicht hier unten bei uns blicken lassen. Dafür würden sie ihre Matronen bestimmt gerne stehen lassen.«

Jorna merkte, dass sie rot wurde. Einige Passagiere schauten schon zu ihnen hinüber. Jetzt fing Berit wieder an mit ihrem gestrigen Thema, ob sie sich denn wohl den richtigen Mann ausgesucht hätte. Es war Jorna unheimlich, dass Berit in dem Augenblick dieses Thema auftischte, als sie einen ähnlichen Gedanken gehabt hatte. Jorna konnte das Gefühl nicht loswerden, dass Berit sie aushorchte, wissen wollte, wie und wo sie die letzten Jahre verbracht hatte, ob sie denn keinen netten norwegischen Freund gehabt hätte. Sie gab nur vage Antworten, aber irgendetwas musste sie Berit erzählen. Sie wollte sie nicht verprellen, wo sie doch froh war, dass sie die Überfahrt nicht allein mit der Witwe Anna in der engen Kabine verbringen musste. Anna, die kaum an Deck ging und der die ganze Reise offenbar nur Angst einflößte. Also erzählte Jorna Berit etwas von ihrem Leben, ihrer Arbeit als Telefonistin im Telegrafenamt und ihrer Zeit in der Großstadt Oslo, aber sie passte genau auf, was sie sagte.

Auch die nächste Zeit verbrachte Jorna viel an Deck, es gab Liegestühle, und so konnte sie stundenlang die Sonne anbeten.

Die *S. S. Stavangerfjord* gefiel Jorna. Die Decks bestanden aus Holzplanken, auch die Kommandobrücke war aus Holz, was bei Schiffen dieser Größe nicht üblich war. Der warme Holzton der Planken, das gebrochene Weiß der Reling, der Rettungsboote und übrigen Aufbauten, das polierte Messing der vielen Beschläge, der blaue Himmel mit den ziehenden Wolken und das ruhige Meer – all dies bewirkte, dass Jornas Anspannung nachließ und ihr die Zukunft in viel hellerem Licht erschien. Sogar die Möwen, die das Schiff begleiteten und sich immer wieder auf der Reling niederließen, kamen ihr vor wie freundliche Boten, auch wenn sie genau wusste, dass es harte Burschen waren, die nur auf einen unerwarteten guten Happen lauerten und deren Schnäbel fest zuhacken konnten.

Die Tage vergingen gemächlich. Sie passierten die Südküste Grönlands, und Jorna dachte jetzt nur noch an New York, an ihre bevorstehende Ankunft an den Piers unten am Hudson River und an die Skyline der Hochhäuser, die ihnen schon von Weitem den Weg nach New York zeigen würden. Sie versuchte, sich ihre zukünftige Wohnung in dem kleinen Ort Bridgeton bei Salem in New Jersey vorzustellen, doch es gelang ihr nicht. Was ihr jedoch immer vor Augen stand, war ein Foto von Coney Island, dem Strand, an dem sich zu den besten Zeiten fünftausend Menschen gleichzeitig amüsieren konnten. Das Foto war an einem heißen Sommertag aufgenommen worden, vom Sandstrand selbst war vor lauter Körpern kaum noch etwas zu erkennen gewesen, und sie fragte sich, wie viel Vergnügen es denn sein konnte, in eine solch riesige Menschenmenge einzutauchen und nur so wenig Platz für sich und sein Handtuch zur Verfügung zu haben. Die schiere Masse der Menschen beeindruckte und überwältigte Jorna. Sie würde eins werden mit dieser Masse, würde darin eintauchen und verschwinden, eine von vielen, die unauffällig mit dem Strom schwimmen wie ein Schwarm Fische im Wasser.

In den nächsten Tagen hing Jorna ihren Gedanken nach, dachte an ihre Verwandten zuhause und an die entfernten Familienmitglieder, die sie in Amerika treffen würde. Es war gut zu wissen, dass es da jemanden gab, der einem vielleicht einmal helfen würde, auch wenn die Zeiten für alle nicht einfach waren, so kurz nach dem Krieg. Wie schade, dass ihr Onkel Jacob Edvard und seine Frau Tilla nicht mehr in New York lebten. Der Onkel war viele Jahre der Kapitän der Vanderbilt-Jacht gewesen. Bestimmt hätte er sie einmal auf dieses prächtige Schiff mitgenommen. Als Kind hatte Jorna immer davon geträumt, Onkel Jacob Edvard in New York zu besuchen. Sie hatte sich einen Trip auf einem Luxus-Ozeandampfer ausgemalt, mit vielen Koffern, auf denen natürlich ihr Monogramm eingeprägt war, und der entsprechenden Kleidung. Tagsüber etwas Sportliches für den Spaziergang an Deck und für den Abend elegante Roben, ärmellos, aus fließendem Stoff mit Strassapplikationen, langen Handschuhen und etwas Pelz über den Schultern. In New York würde sie ins *Waldorf Astoria* gehen, ein paar Sehenswürdigkeiten besichtigen, diese herrlichen amerikanischen Steaks essen, von denen alle immer erzählten, und dann wieder heimreisen. Der Traum eines kleinen Mädchens.

Mit Ausschneidepuppen aus Papier hatte sie diesen Traum gespielt, es gab auch so eine Art Kapitän. Kinderträume, die ihr peinlich gewesen wären, wenn jemand davon gewusst hätte. Wie anders lief doch ihre wirkliche Überfahrt jetzt ab. Keine Urlaubsreise mit glücklicher Rückkehr. Das Einzige, was von ihrem Mädchentraum geblieben war, waren die drei schwarz-roten Koffer mit ihrem Monogramm.

Langsam rückte das Ende der Reise näher, morgen würden sie am Ziel sein. Berit wiedervereinigt mit ihrem Mann, Anna Sørensen bei ihrem Sohn, der sie vom Schiff abholen wollte, und Jorna, auf die ein junger Amerikaner namens Otto wartete in Bridgeton, New Jersey, um sie zu seiner Frau zu machen.

Unter den Reisenden entstand jetzt eine nervöse Aktivität und Aufbruchsunruhe. Man verabschiedete sich schon einmal von den Begleitern der letzten Tage, tauschte die besten Wünsche für die Zukunft aus, manchmal auch Adressen mit der dringenden Bitte, sich doch einmal zu melden und zu berichten, wie man es denn im neuen Leben angetroffen habe. Gab Tipps für die besten norwegischen Lokale in Brooklyn, die zumindest vor dem Krieg empfehlenswert gewesen waren. Wo man den einzigartigen süßen braunen norwegischen Ziegenkäse bekommen konnte, den Geitost, den es ja sonst nirgendwo auf der Welt gab, und wo man am besten den nächsten 17. Mai, den norwegischen Nationalfeiertag, begehen sollte.

Sie hatten noch nicht einmal amerikanischen Boden betreten, und schon war ihr Heimatland zu einer Sehnsuchtskulisse geworden. Flach wie eine Tapete, auf die man ausgeschnittene Bilder klebt von Fjorden, Nationalflaggen, Lieblingsgerichten, Trachten und der Hardanger Fiedel, der vierseitigen Violine, die zu norwegischen Volkstänzen aufspielte und die mit ihrem mitreißenden Klang die Leute in den hintersten Tälern zum Tanzen und Herumwirbeln animierte.

Auch Jorna und Berit versprachen, sich gegenseitig ein Lebenszeichen zu senden und zu berichten, wie es ihnen ergangen war. Dann halfen sie Anna, ihre Koffer zu packen, und versprachen ihr wiederum, so lange bei ihr zu bleiben, bis ihr Sohn sie in Empfang genommen hätte und ihre Angst vor der fremden neuen Welt endlich vergehen würde.

Am letzten Morgen stand wieder die Sonne am Himmel. Jeder war früh wach, kleidete sich sorgfältig, um ja bei der Einwanderungsbehörde einen guten Eindruck zu hinterlassen, und brachte sein Gepäck schon einmal in Position. Dann standen alle an Deck, um langsam die Skyline mit dem Empire State Building aus dem Dunst aufsteigen zu sehen. Man zeigte sich den Strand von Long Island und Bay Ridge, das Viertel der Norweger, wo die meisten von ihnen zu Hause sein würden, an der westlichen Spitze von Brooklyn, an der Wasserfront mit Hafenanlagen und Bootswerften, dem ureigenen Geschäft der Nordländer. Bewunderte die Freiheitsstatue und lobte mit Tränen in den Augen das amerikanische Volk, und was es für die Freiheit Norwegens geleistet hatte. Bestaunte die imposante Skulptur der Brooklyn Bridge und blickte mit leichtem Schaudern auf Ellis Island, das für viele Auswanderergenerationen vor ihnen ein qualvolles Nadelöhr gewesen war.

Auch auf sie wartete am Pier des Hudson River ein »General Surgeon«, der mit geschultem Blick prüfen würde, ob niemand eine ansteckende Krankheit einschleppte. Doch er erwartete sie unten am Pier des Hudson River, wo sie alle schon mit einem Fuß in Manhattan waren.

Vor Jorna lag jetzt Manhattan, die Hauptstadt der Welt, die Unvergleichliche, die Senkrechte. Ragte mit ihren Ehrfurcht einflößenden Türmen vor ihr in den Himmel wie nichts zuvor Dagewesenes, ein zweites Babylon aus Beton, Stahl und Glas. Hier schien alles in einem Kampf aus Konkurrenz und Gnadenlosigkeit in die Höhe zu schießen, als ob sich maßlose Kräfte mit brutaler Macht gegenseitig aus der Erde geschoben hätten, ohne Rücksicht auf Vergangenes, Überholtes.

So wollte auch sie es machen. Sie würde das Vergangene hinter sich lassen und etwas Neues beginnen. Dazu musste sie auch Heinz vergessen und die Hoffnung, ihn doch noch einmal lebend zu sehen, endlich begraben.

Alle standen sie an Deck, die neuen Einwanderer aus Europa, mit ihren Köpfen voller sich überstürzender Gedanken und ihren Herzen voller Sorgen und Hoffnungen. Und alle wussten, dass es jetzt für jeden von ihnen galt, die Herausforderung anzunehmen.

Für Jorna Evelyn Grønsund war es eine wirkliche Herausforderung. So betrat sie als eine von ihnen im Alter von dreiundzwanzig Jahren am 11. Juni 1946 amerikanischen Boden. Sie wollte ein neues Leben beginnen.

Das hätte die Geschichte einer amerikanischen Ehe, eines amerikanischen Lebens werden können. Aber es kam alles anders. Meine Mutter Jorna blieb nicht in Amerika, blieb nicht bei ihrem ersten Mann Otto, sondern heiratete 1950 ihre große Liebe Heinz, meinen Vater. Wie es dazu kam, darüber haben die beiden meiner Schwester und mir außer vagen Andeutungen nie viel erzählt. Das amerikanische Intermezzo meiner Mutter mit Eheschließung und Scheidung haben sie verschwiegen und bis zu ihrem Tod als Geheimnis bewahrt. Aber Geheimnisse sind fragile Gebilde, die dazu einladen, verraten zu werden. So auch dieses. Ich erfuhr schon früh davon, durch ein spontanes Verpetzen unter Kindern. Trotzdem behielt ich dieses verratene Geheimnis für mich, ohne meiner Mutter auch nur eine einzige Frage zu stellen.

Im Laufe der Jahre oder besser der Jahrzehnte habe ich mir immer gewünscht, mehr über diese Geheimnisse zu erfahren, habe aber nie den Mut gefunden zu fragen. Erst nach dem Tod meiner Mutter begann ich zaghaft, Erkundigungen einzuholen, anfangs ungeplant, sporadisch, später mit mehr Nachdruck. Dabei erfuhr und entdeckte ich einiges. Es war spannend und bedrückend zugleich, denn es ergaben sich immer neue Fragen – Fragen, die nicht nur meine Eltern betrafen, sondern auch mich. Es erschien mir immer sonderbarer, dass ich dieses Spiel meiner Eltern mitgespielt hatte.

Da entstand bei mir der Wunsch, ihre Geschichte aufzuschreiben. Ich wollte ihr verborgenes Leben ans Licht holen und dabei etwas über mich erfahren. Und ich hatte das unbestimmte Gefühl, dass ich die Pflicht hatte, diese Aufgabe zu übernehmen, dass ich an ihnen und ihrem Schicksal etwas wiedergutmachen musste.

Das war der Anfang dieses Buches. Hier ist die Geschichte von Jorna und Heinz.

Südnorwegen

1923 – 1940

Jorna war am 10. April 1923 in Farsund an der Südküste Norwegens als zweites Kind von Aksel und Henny Grønsund geboren worden. Die Eltern hatten bereits eine Tochter, Aud, die zu dem Zeitpunkt sieben Jahre alt war. Auch hatte es, wie in den meisten Familien damals, schon eine Fehlgeburt gegeben. Das war normal, es kamen nie alle Kinder durch.

Sieben Jahre hatte es also gedauert, bis in der Familie Grønsund das zweite Kind zur Welt kam, und man muss annehmen, dass die Eltern glücklich darüber waren. Der Vater war angestellter Elektriker und konnte seine Familie ernähren, was nicht allen gelang in diesen Zeiten. Aber er wollte weiter vorankommen im Leben. Farsund war jedoch ein kleiner Ort mit begrenzten Möglichkeiten. Die bestehenden Geschäfte waren ausgelastet, und für jemanden ohne allzu viel Geld wie Aksel war es kaum möglich, gegen die Konkurrenz des Bestehenden etwas Neues aufzubauen. In der Nachbargemeinde Flekkefjord dagegen liefen die Dinge zu diesem Zeitpunkt wirtschaftlich etwas besser. Die kleine Stadt hatte immer wieder Blütezeiten und danach harte Einbrüche erlebt. Schon im 17. Jahrhundert gab es einen regen Kontakt mit den Niederlanden, und so steht Amsterdam heute noch fest verankert auf Pfählen, die im Hafen von Flekkefjord verschifft wurden.

Die Großfamilie Grønsund Ende der 30er-Jahre – Jorna links vorn im Gras, Henny und Aksel rechts

Der Fischfang und der Export von Fischen und Schalentieren, besonders Hummer, hatten über Jahrhunderte das Überleben der Menschen im Norden gesichert. Für die einfachen Leute bildete der Hering das Grundnahrungsmittel. »Wenn wir nur Kartoffeln und Heringe haben, können wir nicht verhungern« – diese tiefe Überzeugung bekam eine fast religiöse Dimension. Der Hering war der »Gottesfisch«, denn er garantierte reiche Beute. Draußen im Hidrasund, wo sich der Flekkefjord zum Meer öffnet, spielte sich während der Fangzeit ein ungeheuerliches Schauspiel ab: Hunderte von Booten aller Größe, von den gewaltigen Schonern zu den kleinsten Schaluppen, lagen dicht an dicht auf dem Wasser. Alle warteten voller Anspannung. Und dann kam er, der Hering. Das Wasser war voll von den glatten Körpern der Fische, und wenn ihre weißen Bäuche in der immer größer werdenden Enge nach oben gedreht wurden, glitzerte das Meer wie Diamanten. Aus der Luft wurden sie begleitet von Millionen von Möwen, die ebenso ihre Beute machen wollten, und deren gierigen Schreien. Diese Schreie, die aufgeregten Rufe der Fischer und das Spritzen und Tosen des Wassers, all dies verband sich zu einem den Atem raubenden Jagdfieber, das nur durch ein Ereignis noch gesteigert wurde: Wenn die auf den Plan traten, die für dieses einmalige Schauspiel verantwortlich waren: die Wale. Sie waren es, die die gigantischen Heringsschwärme in den Fjord trieben, um dort nur noch ihre riesigen Mäuler zu öffnen, durch die sich, gewaltigen Trichtern gleich, Tonnen von Fisch in ihre Leiber ergossen.

In den Zwanzigerjahren des 19. Jahrhunderts kamen die Heringe in riesigen Schwärmen und machten viele Händler – und damit auch die Gemeinde Flekkefjord – sehr reich. Die Fischhändler investierten das neue Geld in Fabriken zur Verarbeitung, in Boote, in Ausrüstung und prahlten dann mit ihrem schnell erworbenen Reichtum. Französischer Champagner wurde geordert, und die Zigarren wurden mit Geldscheinen angezündet. Viele Menschen fanden Arbeit in den Fabriken, in denen die Heringe verarbeitet und eingesalzen wurden. Fässer mussten gebaut werden, Holz war genug da, und auch die Kleinindustrie für Fischkonserven hatte sich entwickelt. In der Hauptfangzeit hatten alle Arbeit. Manchmal gab es so viel Fisch, dass es keine Lagerkapazitäten mehr gab, und so kursiert in Flekkefjord heute noch die Anekdote eines Händlers, der seine Heringsfässer der Einfachheit halber auf dem Eis des zugefrorenen Grisefjords zwischenlagern und dort kühlen wollte. Er hatte aber nicht damit gerechnet, dass die salzigen Fässer das Eis zum Schmelzen bringen würden. Über Nacht verlor er seine gesamte Ladung, die unwiederbringlich auf dem Grund des Fjordes landete und ihn in den Bankrott trieb.

Viele glaubten damals, der Boom würde weiter anhalten, und verschuldeten sich, in der Hoffnung, auch in den nächsten Jahren hohe Gewinne einfahren zu können. Aber alles kam anders. 1838 verschwand plötzlich auf unerklärliche Weise der Hering. Die großen Fischströme hatten sich eine andere Route gesucht, waren erst an die Westküste und dann in die kälteren Gewässer Nordnorwegens gezogen und hatten Südnorwegen links liegen gelassen. Die neureichen Fischspekulanten waren ruiniert. Sie blieben auf ihren Schulden sitzen, und mancher verschwand über Nacht aus der Stadt. Aber dabei verloren auch viele einfache Menschen ihre Arbeit und gerieten in Armut. Von den Kanzeln wurden da der Gemeinde die Leviten gelesen, in der Überzeugung, dass Gott seinen Fisch weggenommen hatte, um die sündigen Menschen zu strafen.

Sünde hin oder her – der Fisch hatte doch ein Fundament gelegt, auf dem es sich später recht gut wirtschaften ließ. Gerbereien, Fassmacher, eine Lederfabrik waren entstanden und natürlich die Werften. Die Leute aus Flekkefjord waren geschickte Handwerker und bauten gute Boote. Das alte Wikingerblut. Außerdem hatten die Stadt und ihre Einwohner einen gewissen Charme und verströmten trotz der puritanischen Gesinnung, die auch hier in vielen Kreisen herrschte, Lebenslust und eine eher südliche Freude am Feiern.

Aksel wollte seine Chancen nutzen. Er entschloss sich 1925, mit seiner Familie nach Flekkefjord zu ziehen und sich dort selbstständig zu machen. Es war ein Risiko. Die Zeiten waren schwer, und es gab nicht für alle Arbeit. Auf der anderen Seite des Ozeans tanzten die Menschen während der »Roaring Twenties«, und viele Norweger entschlossen sich, auszuwandern und ihr Glück in Amerika zu suchen. In machen Familien blieb gerade mal ein Kind von zehnen daheim, alle anderen machten sich auf den Weg nach Westen.

Auch zwei aus Aksels Familie. Der eine, sein Bruder Just, blieb für immer in Amerika und wurde ein richtiger Yankee, voller Stolz auf die Errungenschaften und den Wohlstand, zu dem er gekommen war. Diesen Wohlstand sollte er später jedoch wieder einbüßen, als er sein Haus in Miami verkaufen musste, um die Krebsbehandlung seiner Frau bezahlen zu können, denn eine Krankenversicherung gehörte nicht zu den Errungenschaften der schönen neuen Welt. Als Just 1967 zu einer letzten Reise durch Europa aufbrach, sprach er nur noch gebrochen norwegisch, mit starkem Akzent, fast eine sympathische Karikatur eines Auswanderers. Aber seinen Farsunder Dialekt, den er als Kind gelernt hatte, den konnte er immer noch. Auch Aksels Schwester Anna und ihr Mann Gerhard arbeiteten ein paar Jahrzehnte in Amerika und kehrten dann wieder nach Farsund zurück.

Aksel, ein groß gewachsener, schlanker Mann mit einer scharf geschnittenen Nase und einem kritisch-spöttischen Blick aus seinen blauen Augen, entschied sich anders. Er blieb in Norwegen und gründete in Flekkefjord eine Wäscherei und Färberei. Er bekam einen kleinen Kredit von der Bank, man war durchaus bereit, Leuten, die etwas wagen wollten, unter die Arme zu greifen. Und so entstand im Hinterhof der Kirkegaten 36 eine Werkstatt mit verschiedenen Dampfkesseln, Waschtrögen, Spülbecken und großen Bottichen, in denen gewaschen, gereinigt und gefärbt werden konnte.

Zur Werkstatt gehörte eine Wohnung im Vordergebäude, die über eine gewisse Eleganz verfügte. Das Haus war eines der größeren, schöneren in der Altstadt, *hollenderbyen* genannt wegen der alten Handelskontakte zu den Niederlanden. Kirkegaten 36 war eine gute Adresse, daraus ließ sich etwas machen, da wohnten die besseren Leute.

Am unteren Ende des Hofes befand sich eine Scheune. Sie war eigentlich ein Bootshaus mit Platz für zwei Boote, an einem kleinen Kanal gelegen, der den Ort teilte und den größeren Fjord, den Flekkefjord, mit dem kleineren dahinter liegenden Grisefjord verband. Auf diese Weise verfügte das Grundstück der Kirkegaten 36 über eine sehr günstige Lage: Oben hatte man Anbindung an die Straße, war gleich im Ort, und unten konnte man direkt mit dem Boot losfahren auf den Fjord bis ins Meer hinaus, wenn die Größe des Bootes und das Wetter es zuließen.

Das eigene Geschäft und die gute Adresse brachten sofort einen sozialen Aufstieg mit sich, was Aksel durchaus gefiel. In Flekkefjord ließ er später die anderen manchmal spüren, dass er es aus eigener Kraft zu etwas gebracht hatte. Trotzdem würden die ersten Jahre hart sein, aber sein handwerkliches Geschick, seine technische Begabung, Hennys fröhliches Naturell und ihr Fleiß waren gute Voraussetzungen.

Wenn auch die Geräte für die damalige Zeit modern und praktisch waren, so musste trotzdem vieles von Hand geschehen. Manche Kleidungsstücke mussten Aksel und Henny mit langen Holzlöffeln im Wasch- oder Spülwasser bewegen und die schweren Teile nachher in die Schleudertrommel hinüberheben, und schließlich musste alles getrocknet, gebügelt, sortiert und verpackt werden. In der Werkstatt dampfte und kochte es beständig, meist sah man die Hand vor Augen kaum. Henny musste bei der Arbeit ihre schönen schwarzen Haare unter einem Kopftuch tragen, trotzdem waren sie immer feucht, und sie war froh, wenn sie Arbeit im Haus zu erledigen hatte, denn auch davon gab es genug.

Das kleine Geschäft weitete sich langsam aus, und bald waren es nicht nur die Privatleute, die ihre Kleidung zum Waschen und Färben zu den Grønsunds brachten, sondern es kam auch das vornehme Grand Hotel als ein willkommener Kunde dazu. Die Grønsunds hatten ihren Platz gefunden, sie waren jetzt anerkannte Mitglieder der Gemeinde.

Die Familie Grønsund 1944, Jorna rechts

Die guten Jahre

Am Anfang machten Aksel und Henny alles allein, später, in den guten Zeiten, konnten sie Frauen einstellen, die bügelten oder andere Arbeiten übernahmen und wurden so selbst zum Arbeitgeber. Gute Kunden waren die Leute, die einen Trauerfall in der Familie hatten, denn das bedeutete, dass alles schwarz eingefärbt werden musste. Viele Witwen ließen ihre gesamte Kleidung einfärben und trugen schwarz bis an ihr Lebensende.

Mit dem Färben verdiente man gutes Geld, aber die Dämpfe, die dabei entstanden, waren scharf. Henny hielt die Kinder immer davon ab, in die Werkstatt zu kommen, wenn gerade gefärbt wurde. Meistens machte Aksel diese Arbeit allein. Nach dem Krieg ging es ihm gesundheitlich nicht mehr so gut, dieser attraktive, intelligente Mann welkte einfach dahin. Vielleicht haben die ungesunden Dämpfe ihren Teil dazu getan, aber der Alkohol war sicher auch mit im Spiel. Was ihm eigentlich fehlte, auf diese Frage konnte später niemand in der Familie eine Antwort geben oder wollte es vielleicht nicht. Es kann auch sein, dass man es nicht wusste oder nicht erkennen konnte. Oder einfach nicht reden wollte, die Dinge nicht benennen wollte aus Scham. Auch Jorna würde später aus Scham schweigen, ihre Scham hatte nur ganz andere Gründe.

In Flekkefjord vergrößerte sich die Familie zunächst noch einmal. 1927 brachte Henny den Sohn Thor und 1929 die Tochter Liv zur Welt. Die Kinder waren alle wohlgeraten, sie wurden später gute Schüler, besonders die Mädchen, und die Lehrer sparten nicht mit Lob. Aksel achtete darauf, dass die Kinder sich korrekt benahmen, dass sie Haltung zeigten. Bei Tisch mussten sie gerade sitzen, war das nicht so, konnte es passieren, dass er ihnen ein Lineal unter den Pullover schob, um sie daran zu erinnern. Dann fürchteten die Kinder ihn ein wenig, und alle bemühten sich, es ihm recht zu machen. Er hatte eine gewisse Strenge, seine klaren blauen Augen konnten einen durchdringend anschauen, und er ließ sich nicht so leicht von einer einmal gefassten Meinung oder Absicht abbringen, man konnte ihn durchaus starrköpfig nennen. Auf der anderen Seite wurde er auch außerhalb der Familie für seinen besonderen Humor und den Witz bewundert, der ihn von der puritanischen Engstirnigkeit seiner Umgebung unterschied.

In den mageren Anfangsjahren machte er sich einen Spaß daraus, seinen Kindern riesige Weihnachtsgeschenke unter den Baum zu legen. Beim Auspacken kam immer wieder ein neues, kleineres Paket zum Vorschein, und im letzten, ziemlich kleinen Paket befand sich dann eine Orange oder etwas ähnlich Wertloses. Schnell kannten die Kinder dieses Ritual und machten begeistert mit. Unter halb gespielten, halb echten Enttäuschungsschreien banden sie die Schnüre auf, öffneten die Papiere, um sich doch nur um die Auflösung der Spannung gebracht zu sehen, ein weiteres Opfer des kleinen väterlichen Sadismus. Am Ende waren der Feuereifer und die Freude der Kinder beim Auspacken immer noch größer als die Enttäuschung über das Fehlen der Geschenke. Als eigentliche Geschenke gab es etwas Nützliches, etwa einen neuen warmen Wintermantel, gefütterte Stiefel, Schlittschuhe oder ein Paar Ski.

Henny war damals noch eine sehr schöne Frau. Sie hatte einen dunklen Teint, glühend schwarze Augen und Haare wie Kohle, sah also gar nicht aus wie eine typische Nordländerin. Ihre Vorfahren kamen von Lista, der vorgelagerten Landzunge bei Farsund. Es ging das Gerücht, dass vor Hunderten von Jahren dort im Skagerrak bei einem der berüchtigten Stürme ein portugiesisches Boot gestrandet war und die Seeleute einheimische Frauen geheiratet hatten. Auf eine solche Verbindung ging Hennys Familie angeblich zurück.

Ihre Großmutter mütterlicherseits, Tolli Hansen Penne, die schon vor Jornas Geburt gestorben war, stammte aus dem kleinen Flecken Penne, ganz vorn am Wasser auf Lista, und war eine sehr hübsche, energische Frau, die nicht nur viele eigene Kinder geboren und aufgezogen hatte, sondern sich selbst alles über Geburtshilfe beigebracht hatte. Bei Nacht, Kälte und Wind holten sie sie, wenn es irgendwo in der Nähe wieder einmal so weit war. Dann spannte sie ihren Pferdewagen an und kam. Der Ruf der Hebamme aus Penne verbreitete sich rasch, und vielen Frauen leistete sie in der Zeit gute Dienste. Sie war es auch, die, zusammen mit ihren dunklen Haaren und Augen die anpackende Art in die Familie eingebracht hatte, das sogenannte Penne-Blut.

Henny war lebenslustig, fand schnell Freunde und hatte viel Sinn für Geselliges. Irgendwann fing sie an zu rauchen und trank auch ganz gerne das eine oder andere Glas.

Die vier Geschwister 1937, Jorna hinten

Die Grønsunds waren zweifellos eine attraktive und interessante Familie, aber sie stachen auch irgendwie hervor. Deshalb konnte es sein, dass manche der eingesessenen Bürger Flekkefjords sich diese Familie genauer, um nicht zu sagen etwas kritischer anschauten. Nicht dass es direkt etwas zu tadeln gegeben hätte, aber irgendwie waren sie doch ein wenig »anders«. Die Mädchen waren brünett und hatten die dunklen Augen der Mutter geerbt. Thor, der einzige Sohn, war schön, wie ein junger Wikinger nur sein konnte, hatte eine schlanke, kräftige Figur und volles, welliges blondes Haar. Die Frauen der Familie liebten ihn, und vielleicht verwöhnten sie ihn auch ein bisschen zu sehr. Alle Kinder wurden getauft und konfirmiert, aber sonst hatten Aksel und Henny mit der Kirche nichts im Sinn. Aksel war eher ein Freigeist, einer, der auch noch eine leichte Arroganz ausstrahlte.

Aud, die älteste Tochter, musste die Rolle der Vernünftigen übernehmen. Sie wuchs zu einer intelligenten, attraktiven Frau heran, die aber immer für andere da zu sein hatte und sich auch später von dieser Aufgabe nie befreien konnte.

Und dann kam Jorna, die Zweitgeborene. Sie war ein ruhiges Kind, wusste aber immer ganz genau, was sie wollte. Im Winter 1926/27, Jorna war gerade drei Jahre alt, bekam sie eine Lungenentzündung. Kurze Zeit war die Situation kritisch, die Familie befürchtete das Schlimmste und sah Jorna deshalb später manche Eigenart nach. Aber sie erholte sich und war nie wieder richtig krank, erst im hohen Alter bekam sie alle möglichen Leiden. Und immer fror sie. Eine echte Wikingerin war sie nie.

Bei Jorna fruchteten die Erziehungsbemühungen des Vaters am besten. Sie war von Natur aus ordentlich und strukturiert, achtete selbst schon früh darauf, sich tadellos zu benehmen, nicht negativ aufzufallen und immer einen guten Eindruck zu hinterlassen. Das unsichtbare Lineal im Rücken würde ihr bleiben, auch die Selbstbeherrschung. Und der Ausbruch aus diesem Korsett, den sie als Siebzehnjährige wagte, sollte sie mehr kosten, als sie damals ahnen konnte.

Jorna und drei Schulfreundinnen 1938

Die Schuljahre brachten lauter gute Zeugnisse. Jorna hatte eine schnelle Auffassungsgabe, war geschickt bei der Handarbeit, hatte ein Talent für Sprachen und hielt ihre Sachen immer gut in Ordnung.

Neben ihrer Liebe zu allem Heimisch-Gewohnten und neben ihrem Drang, sich immer dem Anlass entsprechend korrekt zu verhalten, zeigte sich bei ihr noch ein anderer starker Charakterzug, den sie sich wohl von ihrem Vater abgeschaut hatte: Jorna hielt sich unbewusst schon früh für etwas Besonderes und verspürte eine geheime Sehnsucht nach einem Leben, das sie im Alltag einer norwegischen Kleinstadtjugend der Zwanziger- und Dreißigerjahre nicht finden konnte. Am Anfang äußerte sich das nur in der Abneigung gegenüber gewissen Speisen oder einer genauen Vorstellung von Aussehen und Kleidung. Später sollte sich diese Neigung auf Essenzielleres beziehen und damit das Leben der ganzen Familie beeinflussen.

Den Haferbrei, den die Kinder in der Vormittagspause zu Hause bekamen – die Wege in Flekkefjord waren kurz – aß Jorna nur, wenn sie großen Hunger verspürte. Und der viele Fisch auf dem familiären Speiseplan ließ sie die Nase rümpfen. Geradezu angewidert war sie von Fischgratin, einem Auflauf aus den Resten vom Vortag unter einer dicken Soße aus Mehl und Sahne. »Wenn ich einmal groß bin, werde ich nie mehr Fischgratin essen«, verkündete sie, als sie noch keine zehn war. Dabei verschränkte sie die Arme vor der Brust und schaute missmutig auf ihren Teller.

Mit fünfzehn hatte Jorna eine Clique von engen Freundinnen. Sie stand zwar nicht im Mittelpunkt, war auch keine Anführerin, aber jemand, den man gerne zur Freundin hatte, eine, die jeden Spaß mitmachte. Die Mädchen nannten ihre Clique »Mixing« und trafen sich abwechselnd zuhause, hörten zusammen die neuesten deutschen und amerikanischen Schlager auf dem Grammophon, lernten die Texte auswendig und sangen dazu, außerdem brachten sie sich gegenseitig das Tanzen bei, damit sie bei den großen Veranstaltungen im Festsaal der »Sparebanken« eine gute Figur abgeben würden. Sie machten Ausflüge zum Badeplatz – im Badeanzug konnten die Mädchen sich sehen lassen –, und selbst dort saßen ihre Frisuren immer perfekt. Auch Bootsfahrten auf dem Fjord, Kostümfeste und gemeinsame Skiausflüge mit Hüttenübernachtungen, Proviantransport im eigenen Rucksack, Lagerfeuer im Schnee und heimliche Knutschereien nach ein paar Schluck aus der Schnapsflasche gehörten dazu.

Jorna genoss diese Jahre. Sie wurde selbstbewusst, fing an, ihr eigenes kleines Leben in ihrem Zimmerchen unter dem Dach zu führen. Dieses Terrain hatte sie für sich allein, mit Abstand zum Rest der Familie. Etwas Eigenes.

Das Wichtigste aber war Mode. Mode, Mode, Mode. Jorna wollte schicker sein als andere. Wollte gesehen werden, wollte die Blicke im Rücken spüren, die Bewunderung, den leichten Neid, das Tuscheln hören. Merken, dass sie besser aussah als andere, sich besser kleidete, anders bewegte, Farben anders kombinierte, wollte zeigen, dass sie genau wusste, wie sie mit einfachen Mitteln eine Wirkung erzielen konnte. »Schaut mich an. Wäret ihr auf die Idee gekommen, aus diesem Stoffrest eine Sommerbluse schneidern zu lassen?« Eigentlich war sie eine Modeschöpferin im Kleinen, es wusste nur noch keiner. Geschick, Geschmack, behände Finger, Kombinationsvermögen und ein Gefühl für Form, darüber verfügte sie.

Täglich hatte sie all die Kleidungsstücke im Geschäft ihrer Eltern gesehen und angefasst. Grobstoffige Overalls der Werftarbeiter, voller Ölflecken, die eine grobe Behandlung brauchten. Zweireihige Herrenanzüge aus solidem Gabardine, ein halbes Leben lang haltbar, kaum kaputt zu bekommen. Kleider älterer Damen, hochgeschlossen aus dunklem Wollstoff, unvorteilhaft geschnitten. Mit weißem abnehmbarem Kragen hingen sie auf den Bügeln, wenn sie, was nicht allzu oft passierte, in die Reinigung gebracht wurden. Sie dort hängen zu sehen, war abstoßend. Die Kleider wirkten so streng, ohne Freude, wie ausgetrocknet. Sie machten aus Frauen lebende Vogelscheuchen. »Etwas wie dich werde ich niemals anziehen«, hatte sie schon als Siebenjährige geflüstert, wenn sie unter ihnen hindurchschlüpfte und das Bügelzimmer querte. Da hingen die schwarzen Krähengewänder in langen Reihen auf Stangen unter der Decke, berührten sie am Kopf, um dann irgendwann mit Hakenstangen heruntergehoben zu werden, wenn ihre ältlichen Besitzerinnen im Laden erschienen und sie abholten. »Raus mit euch, ihr Krähen, fliegt nur heraus!«, rief Jorna ihnen nach. Was nicht ganz korrekt war. Die sauberen Kleider flogen und flatterten nicht, sondern wurden sorgfältig gefaltet und eingepackt. Eine Rolle Papier an der Wand mit Schneidemesser, »ratsch«, und ein Band herumgewickelt. Dann gingen die Damen mit ihren Paketen hinaus, trugen sie in ihre Wohnungen und hängten die Kleider in einen Schrank, der auch sonst nicht viel Schönes beherbergte.

Ab und zu wurden auch ein paar feinere Teile in den Laden gebracht, die den wohlhabenden Damen im Ort gehörten. Zarte, seidige Stoffe in hellen Farben, Gewänder, die man beim Flanieren oder beim Kaffeetrinken anziehen konnte, ungeeignet, um darin zu arbeiten. Sie passten in ein weißes Sommerhaus, dessen Giebel mit spitzenartigen Schnitzereien verziert waren. Dort auf der Terrasse, eine feine Porzellantasse in der Hand und mit dem Blick auf den Fjord, konnte man sie tragen.

Als Jorna etwas älter war, schaute sie diese Kleider genauer an, prüfte vorsichtig die Stoffe, versuchte, die Schnitte zu verstehen. Wenn der Augenblick günstig war, schlüpfte sie rasch in eines hinein, drehte sich vor dem Spiegel und betrachtete sich von allen Seiten. Ihr Vater hatte sie dabei einmal erwischt und natürlich war ihm aufgefallen, wie gut sie darin aussah. »Bilde dir nur nicht ein, du wärst eine feine junge Dame«, war aber alles, was er dazu sagte, und dann zog sie das Kleid schnell wieder aus.

Jorna war diejenige in der Familie, die am stärksten auf ihr Aussehen achtete. Viel Geld für Kleider war nicht vorhanden, aber schon etwas mehr als bei manchen anderen Familien, denn das Geschäft lief jetzt gut. Also ein bisschen Spielgeld für die Mode. Jorna hatte schnell herausbekommen, wie man einem normalen Kleidungsstück durch kleine Änderungen, Abnäher oder Raffungen zu einer eleganten Silhouette verhelfen konnte, ohne dafür allzu viel auszugeben. Sie kaufte geschickt die richtigen Stoffe ein und trug sie zusammen mit Ausschnitten aus Modezeitschriften zur Schneiderin. So entstanden Kleider, die nicht nur in dem norwegischen Städtchen als schick gelten konnten, sondern die Jorna selbst in den Metropolen anerkennende Blicke eingebracht hätten. Manchmal stellte sie sich Reisen in diese Städte vor. Diffuse Vorstellungen, aber irgendwie erregend.

Für eine Norwegerin eher exotisch waren Jornas lange, gewellte dunkle Haare, die sie täglich mit hundert Bürstenstrichen pflegte und die ihr fast ein südländisches Flair gaben, wäre da nicht – und das machte sie wohl noch interessanter – eine gewisse äußere Kühle gewesen. Die jungen Männer im Ort nahmen nach und nach Notiz von ihr, viele versuchten, an sie heranzukommen, aber Jorna blieb zu den meisten auf Distanz. Noch heute sagen die, die sie damals gekannt haben, dass sie das schönste Mädchen Flekkefjords war.

Mit dem Sohn des Besitzers eines Schuhladens war sie befreundet und bekam vom ihm die Vorführschuhe, die sie dank ihrer zierlichen Füße tragen konnte, zum halben Preis. Dass die manchmal trotzdem drückten, nahm sie in Kauf, leidensfähig, wenn es sein musste. Ihr war klar, dass man nur mit guten, gepflegten Schuhen wirklich perfekt aussieht. Die Anzahl ihrer Schuhpaare lag weit über dem, was damals für ein junges Mädchen üblich war, und man nahm das durchaus zur Kenntnis im Ort. Beim Ausführen eines weiteren neuen Paares hörte sie eines Tages den anerkennenden, aber gleichzeitig leicht kritischen Kommentar eines Mannes. »Jetzt hat sie wahrhaftig schon wieder ein neues Paar Schuhe.« Jorna genoss die Aufmerksamkeit mit einer besonderen Mischung aus Stolz und einem leichten Schuldgefühl.

So hätten die nächsten Jahre weitergehen können. Warum auch nicht?

Die Dinge sind dann anders verlaufen. Die große Welt ist nach Flekkefjord gekommen. Aber es waren nicht die Modemagazine, die romantischen Liebesfilme oder die exotischen Reiseberichte, die Jorna diese Welt eröffneten. Es waren Kriegsschiffe aus Deutschland.

Operation Weserübung

April 1940

Am 16. Februar 1940 ging es los. Eigentlich waren die Vorboten des Krieges an dem Tag nach Südnorwegen gekommen, an dem die Engländer das deutsche Handelsschiff *Altmark* kaperten, das britische Kriegsgefangene nach Deutschland transportieren sollte. Das

Schiff hatte sich im Jøssingfjord nahe Flekkefjord versteckt, und den Engländern war ein Überraschungsschlag gelungen. Die norwegische Regierung legte Protest ein gegen diese Verletzung der Neutralität Norwegens, hatte aber insgeheim auf ein Eingreifen der Briten gehofft. Das Ereignis um die *Altmark* schlug hohe Wellen in Flekkefjord, und einige fürchteten, dass Norwegen vielleicht bald seine Neutralität einbüßen würde.

Jorna kümmerte sich wenig um die Aufregung, sie bereitete sich auf ihr Handelsschulexamen vor. Das Wetter war ungemütlich, der scharfe Nord-Ost-Wind blies durch die Ritzen ihrer Dachkammer, und sie legte sich eine Wolldecke über die Beine. »An, auf, hinter, in, neben, über, unter, vor, zwischen« beim Akkusativ. Die Präpositionen im Deutschen waren kein Problem mehr. Lieber noch einmal den Konjunktiv durchgehen: »Sie treffen sich, sie würden sich treffen, sie würden sich getroffen haben.« Sie würden sich getroffen haben? In welcher Situation sagt jemand einen solchen Satz? In der Zukunft, wenn man ein mögliches Ereignis mit einem Zeitpunkt in Verbindung bringen kann? Oder in der Vergangenheit, wenn man ein erwartetes, aber ungewisses Ereignis als mögliche Tatsache darstellt? »In diesem Augenblick würde der Mann seine Frau in dem Café getroffen haben.« Jetzt konnte sie es sich vorstellen. »Ich würde mich getroffen haben, du würdest dich getroffen haben, er, sie, es würde sich getroffen haben. Es? Wir würden uns getroffen haben, ihr würdet euch getroffen haben, sie würden sich getroffen haben.«

Erledigt. Jorna klappte die deutsche Grammatik zu und schaute aus ihrem Fenster. Der Blick ging so gerade noch über die umliegenden Häuser hinaus auf den Grisefjord, alles war grau und trist, die leicht gekräuselte Wasseroberfläche, die noch unbebauten Felsen hinter dem Ort. Nur ihre Laune war erstaunlich gut. Bald würde es Frühling sein, und dann würde die Märzsonne alles in ein Strahlen verwandeln. Anfang April würde sie ihr Handelsschulexamen bestanden haben, ziemlich genau um ihren siebzehnten Geburtstag herum. Ein Examen bestehen, das war genau das, was sie wollte.

Für heute hatte sie ihr Pensum erledigt. Sie legte die Bücher ordentlich aufeinander und ging nach unten in die Küche. »Hoffentlich kommen bald die Engländer«, hörte sie gerade noch ihre Mutter sagen. Ihr Vater saß rauchend am Küchentisch, neben ihm die beiden jüngeren Kinder, Thor und Liv. Die Mutter schälte Kartoffeln, der leicht eingesalzene Fisch lag noch zum Wässern in einer Schüssel, unter dem laufenden eiskalten Wasser.

»Oder der Führer ist doch schneller. *Jawoll, meine Herren. Aufgepasst.*« Das hatte ihr Vater schneidend, in militärischem Ton, auf Deutsch gesagt und dabei sitzend Haltung angenommen.

Henny reagierte empfindlich auf solche Bemerkungen.

»Aksel, hör auf mit deinen Späßen, mir wird ganz angst. Was hätte das bloß für Folgen, auch für uns?«

»Alle Menschen brauchen saubere Kleider, wenigstens ab und zu mal. Kein Grund, sich übermäßig zu sorgen.« Mit dieser Feststellung beendete der Vater das Gespräch und wandte sich Jorna zu, die sich doch noch ein Buch unter den Arm geklemmt hatte, als sie hinuntergegangen war.

»Aha, das Fräulein Buchhalterin!«, begrüßte er sie leicht spöttisch.

»Papa, du weißt doch, dass ich bald meine Prüfung habe!« Die ironische Art ihres Vaters war Jorna manchmal unangenehm, sie wusste nicht, wie sie darauf reagieren sollte. Machte er sich über sie lustig, oder wollte er sie kritisieren? Wie sollte man es ihm recht machen?

»Aber natürlich, du wirst bestimmt die Beste werden.« Sein Ton war jetzt fast normal, nur noch eine ganz kleine Spur von Spott. Sollte das ein Ansporn sein? Wie dem auch sei, eigentlich brauchte sie keinen Ansporn.

In Deutschland wusste man in diesen Tagen, dass die Engländer etwas planten. Aber was wussten die Briten? Waren ihnen Hitlers Pläne bekannt? Sie müssen sie zumindest geahnt haben. Die Route für den Handel mit Erz zwischen Norwegen und Deutschland zu unterbrechen, war jetzt fast eine Notwendigkeit. Man musste den Deutschen zuvorkommen. Und die Deutschen wussten, dass sie handeln mussten.

Auf beiden Seiten saßen die Militärs über den Planungen, und jetzt war es endgültig klar, dass die Neutralität Norwegens für keine der beiden Seiten mehr in Frage kam. Aber wer würde schneller sein?

Hitler war beunruhigt. Der Verlust der *Altmark* und noch mehr der Verdacht, die Engländer könnten ihm in Norwegen zuvorkommen, drängten ihn zu einer Entscheidung. Der »Führer« wollte sich unter allen Umständen vor den Engländern den direkten Zugang zu dem nordischen Erz sichern, ohne das die Deutschen diesen Krieg nicht führen konnten. Anfang 1940 besprach er sich zusammen mit Kommandeuren aus Heer, Marine und Luftwaffe in der Reichskanzlei, und sie planten das »Unternehmen Weserübung«: Dänemark und Norwegen sollten in einer Blitzaktion überfallen werden. Das Unternehmen war riskant. An der größten Kriegsflotte der Welt vorbei einige Hunderttausend deutsche Soldaten unbemerkt und unbeschadet nach Norwegen zu schaffen, war geradezu dreist und hätte leicht zum Desaster werden können. Außerdem waren alle Kräfte für den bevorstehenden Frankreichfeldzug in

Heinz in Zivil

Bereitschaft und warteten auf ihren Marschbefehl. In Berlin wurde entschieden, sechs dieser Divisionen abzuzweigen, fast die gesamte Marine einzusetzen und eine Unzahl von Flugzeugen. Die Besetzung Norwegens konnte beginnen.

An einem heißen Spätsommertag, am 1. September 1939, war Heinz Engelhardt in einem Schwimmbad in Frankfurt, als die Durchsage kam. Alle jungen Männer hatten sich sofort angezogen, einige hatten gejubelt, viele waren sehr still geworden. Mobilmachung. Um 5.45 Uhr hatten die deutschen Soldaten Polen überfallen, es hatte die ersten Toten gegeben, aufseiten der Polen hauptsächlich. Jetzt war Krieg. Die jungen Männer bekamen ihren Stellungsbefehl, mussten einrücken und sich von ihrem bisherigen Leben verabschieden.

Seine Stelle als Verlagskaufmann bei der *Frankfurter Zeitung* würde Heinz aufgeben, seine Wohnung kündigen müssen. Keine Besuche mehr in Äppelwoi-Schänken oder im Theater. Die junge Frau, die bei ihm im Büro arbeitete und die ihm in den letzten Wochen aufgefallen war, würde er nicht mehr zum Tanzen einladen können, wie er es geplant hatte. Die Fahrt über die Alpen, am liebsten nach Venedig, hatte er zwar noch nicht geplant, aber davon heimlich geträumt. Das musste warten. Ab heute würde er ein Soldat sein. Er fragte sich, wie es wohl seinen Eltern bei dem Gedanken erging.

Jetzt, sechs Monate später, erfuhr er, dass seine Kompanie für den Frankreichfeldzug eingesetzt werden sollte. Falsche Fröhlichkeit unter seinen Kameraden. »Mensch, Kinder, Frankreich! In ein paar Wochen werden wir Champagner trinken und ein französisches Fräulein am Arm führen. Schluss mit Sauerbier und Knackwurst!« So machten sie sich Mut. Heinz hatte halbherzig mitgemacht, er wollte kein Spielverderber sein. Sein Vater war 1914 an der Westfront gewesen, er hatte den Ersten Weltkrieg überlebt, hatte seine Frau, seine neunjährige Tochter und seinen vierjährigen Sohn Heinz wieder in die Arme schließen können. Aber er hatte auch von den Schrecken des Krieges erzählt, hatte nicht von Champagner und Mademoiselles berichtet. Frankreich? Es sollte anders kommen.

Am 6. April 1940 wurde der junge Gefreite Heinz Engelhardt mit seiner Kompanie in Hamburg eingeschifft. Erst nach dem Auslaufen teilte man ihnen mit, dass es nicht nach Frankreich gehen würde, sondern nach Norwegen, über den Atlantik, eine gefährliche Fahrt durch die britischen Minen und U-Boote. Auch die Begegnung mit einem englischen Kriegsschiff könnte für alle das Ende im eiskalten Wasser der Nordsee oder des Skagerraks bedeuten, das war allen klar.

Nach und nach überwanden die deutschen Soldaten diesen Schock, und der Gedanke machte die Runde, dass Norwegen vielleicht sogar das kleinere Übel im Vergleich zu Frankreich wäre. Welchen Widerstand würden denn die Norweger leisten können? Hatte denn diese kleine Nation überhaupt eine schlagkräftige Armee? Sie wussten kaum etwas über das Land. Selbst der Oberbefehlshaber des Unternehmens, General Falkenhorst, hatte sich als Erstes einen Baedeker gekauft, nachdem Hitler ihn nach Norden befehligt hatte. Als ob es um eine touristische Unternehmung ginge.

Von alldem bekam man in Flekkefjord nicht viel mit. Jorna hatte am 5. April 1940 ihr Examen der Handelsschule bestanden und hielt nun ihr Zeugnis in der Hand. Jedes Jahr wurden die Ergebnisse der Abschlussprüfung mit Namen in der Zeitung veröffentlicht. In diesem Jahr war es ihr Name, fett gedruckt, nicht nur in der *Flekkefjord Posten*, ganz oben auf der Liste. Sie hatte das beste Ergebnis, wurde als Erste genannt: Jorna Grønsund, Note 1,08. Den Artikel schnitt sie aus, legte ihn zu ihren Zeugnissen und würde ihn ihr Leben lang behalten. Jetzt konnte sie sich überlegen, wie es mit ihr weitergehen sollte. Sie konnte sich eine Stelle aussuchen, jeder würde sie nehmen. Sie war voller Elan, würde ihr eigenes Geld verdienen und ihr Leben selbst in die Hand nehmen.

Das überregionale *Stavanger Aftenbladet* veröffentlichte die Examensergebnisse erst am 9. April 1940. Genau an dem Tag, als die Deutschen Norwegen überfielen. Diese nationale Katastrophe stand übermächtig auf der ersten Seite. Die kleine Notiz über das gute Abschneiden der Jorna Grønsund in ihrem Handelsschulexamen wird nicht mehr auf allzu viel Beachtung gestoßen sein.

Der Überfall

9. April 1940

Den britischen Armeebefehlshabern war natürlich nicht entgangen, dass Deutschland seine Finger nach Norwegen ausstreckte. Sie hatten Anfang April die Küste in der Dreimeilenzone vor Narvik und Stavanger verminen lassen, in zwei Gebieten, welche die die Deutschen passieren mussten. Hier würde man sie aufhalten, um dann leichtes Spiel mit den deutschen Schiffen zu haben. Ihre Operation nannten die Engländer »Wilfred«, nach einer naiven Figur aus einem englischen Comic. Die norwegische Regierung protestierte offiziell, doch als beide Seiten merkten, dass Hitlers Truppen kurz vor der Landung standen, war es zu spät: Die Engländer verpassten den günstigen Zeitpunkt einer Landung, die Norweger wiederum machten nicht mobil, weil sie sich ganz auf die Engländer verließen. Die deutsche Wehrmacht hatte bereits gesiegt.

In Flekkefjord ging währenddessen alles seinen alltäglichen Gang. Es regnete leicht. In der Wäscherei und Reinigung von Aksel Grønsund fiel einer der Kessel aus, eine undichte Stelle hat sich aufgetan. Eines der drei Taxis im Ort hatte einen Motorschaden und würde in den nächsten Tagen keine Fahrgäste transportieren. Im Haus von Schiffsreeder Hansen, der vornehmsten Familie im Ort, bereitete man ein großes Geburtstagsfest vor, eine Kiste Champagner aus Frankreich war gerade geliefert worden. Schulkinder gingen zur Schule, Hausfrauen schälten Kartoffeln und brieten Fisch, Geschäftsleute berechneten ihre Einnahmen, Schiffsbauer schweißten Bootsteile, Beamte stempelten Genehmigungen, Ärzte verschrieben Schmerzmittel, Pfarrer machten Kondolenzbesuche. Eine trügerische Ruhe.

Am 9. April 1940 überfielen die deutschen Truppen Norwegen. In Flekkefjord bekamen es die als Erste mit, die schon um sieben Uhr morgens Radio hörten. Die meisten wollten es nicht glauben, aber um acht Uhr wurde die knappe Meldung wiederholt, und da gab es keinen Zweifel mehr.

Die Nachrichten waren spärlich, und alle möglichen Gerüchte kamen auf. Angeblich hatte es Kämpfe in Kristiansand und Stavanger gegeben, neun Flugzeuge wurden weit draußen auf dem Fjord gesichtet, und gegen zehn Uhr hieß es, dass ein deutsches Schiff in den Fjord eingefahren sei. Zum Schluss war es nur ein norwegischer Lastkahn.

Die Nerven lagen blank. Einige Frauen und Kinder wollten die Stadt verlassen, um bei Verwandten auf dem Land Unterschlupf zu suchen, mehr oder weniger willkommen. In der Schule bekamen die Schüler die Aufforderung, sich auf dem Schulhof zu versammeln, und der Direktor Johan Hovstad hielt eine bewegende Rede darüber, was dem Land jetzt wohl bevorstehe und wie sich jeder zu verhalten habe, nämlich ruhig und beherrscht. Anschließend holten die Eltern ihre Kinder schon nach der zweiten Stunde aus der Schule ab, und die Lehrer waren froh, die Verantwortung für die Sicherheit der Schüler abgeben zu können. An Unterricht war sowieso nicht mehr zu denken. Die Geschäftsleute wussten nicht, ob sie ihre Läden schließen sollten, und ein paar ganz umsichtige Hausfrauen kauften noch ein paar Brote mehr ein.

Ziemlich bald stellte die Eisenbahn, die doch die Anbindung an die große Welt verkörperte, ihren Verkehr ein. Das Postboot blieb im Hafen liegen, und ein paar Tatkräftige fingen an, Keller zu Schutzträumen umzubauen. Eigentlich wusste niemand, mit was man rechnen musste, und wie der Einmarsch der Deutschen ablaufen würde. Aber besser als Untätigkeit war es allemal.

Die wenigsten Sorgen machten sich die Jugendlichen. In Windeseile versammelten sich Hunderte an der Kaimauer und warteten voller Anspannung darauf, was passieren würde. Ganz Eifrige gingen los, kauften Nägel beim Eisenhändler Kjellesvig und verstreuten sie auf den Straßen, um damit den Einmarsch der Deutschen zu behindern.

Aber am 9. April 1940 passierte in Flekkefjord noch nichts. Nachrichten kamen keine mehr durch, überall nur Schweigen und Ungewissheit. Wo immer sich Menschen trafen, lastete Schwere auf ihnen, und viele der Erwachsenen fanden in dieser Nacht kaum Schlaf. Keiner wusste, was sie erwartete, und ob man irgendwie handeln musste. Einige kleinere Sabotageaktionen nahmen ihren Lauf, Brücken wurden gesprengt, man wollte den Vormarsch der Deutschen verhindern oder zumindest erschweren. Einiges war sinnloser Aktivismus, und in manchen Gegenden konnte man die Saboteure gerade noch davon abhalten, eine Brücke zu sprengen, die entlegene Orte mit der Außenwelt verband und deshalb für die Menschen dort überlebenswichtig war. Dann wurde der Sprengstoff wieder eingepackt. Man hoffte stündlich auf neue Nachrichten, aber es kam kaum etwas durch. Auch aus dem Ausland gelangten an diesem Tag nur widersprüchliche Meldungen nach Norwegen. In anderen Gegenden wurde gekämpft, und auch norwegische Soldaten kamen ums Leben. Die norwegische Armee war völlig unvorbereitet und katastrophal ausgerüstet. Es gab nicht genügend Uniformen, geschweige denn genügend Waffen. Sie hatte der deutschen Armee nichts entgegenzusetzen.

Am 10. April riefen die beiden Lokalzeitungen zur Ruhe auf in einer Situation, in der es für Norwegen noch nie so ernst gewesen war. Man hoffte, dass dieses Land seine Freiheit und Selbstständigkeit behalten würde, die es erst 1905 von Schweden errungen hatte.

Es war auch der 10. April 1940, an dem Jorna ihren siebzehnten Geburtstag feierte. Nein, feiern konnte man das nicht nennen, niemandem war nach Feiern zumute. Die Familie setzte sich abends zusammen um den Tisch, gratulierte ihr und wünschte ihr alles Gute. Die Stimmung war gedrückt. Henny hatte ein Geschenk für sie besorgt, vor einigen Wochen schon, eine neue Handtasche aus Leder, dunkelbraun, passend zu ihren braunen Halbschuhen. Von ihrem Vater bekam sie eine Gesamtausgabe der Romane von Bjørnstjerne Bjørnson, dem Literaturnobelpreisträger, dessen Gedicht *Ja, vi elsker dette landet* zur Nationalhymne wurde. Aksel wusste, dass sie gerne las, sich in Romanen verlieren konnte. Obwohl sie sich darüber freute, war Jorna fast ein wenig gekränkt, dass der Einmarsch der Deutschen ihr jetzt gerade in die Quere kommen musste.

Sie war siebzehn, sie hatte ihr Examen bestanden, und eigentlich wartete das Leben auf sie. In ein paar Wochen wollte sie ihre Ausbildung als Telefonistin im Telegrafenamt beginnen. Das war ihr Traum, und mit ihrem guten Zeugnis hatte sie die Stelle sofort bekommen. Es gab für junge Mädchen nicht so viel Interessantes zu tun in Flekkefjord damals, aber im Telegrafenamt, da war sie am Puls der Zeit, da passierte etwas. Eine berufstätige junge Frau mit guten Aussichten. Jorna war in Hochstimmung. Sie würde selbstständig sein, würde über ein kleines eigenes Einkommen verfügen, sich ihre Träume verwirklichen.

Und jetzt kamen die Deutschen. Aber was bedeutete das? Jorna hatte eine ganze Reihe deutscher Filme gesehen und war eher gespannt als beängstigt. In der Schule hatte sie Deutsch gelernt und mit einer Eins abgeschlossen. Ihr Deutschlehrer hatte immer von den Deutschen geschwärmt, von der großartigen Literatur, aber auch von ihrer Ingenieurskunst und ihrer Ordnungsliebe. Er war einmal in Berlin gewesen und hatte damit geprahlt, dass er Unter den Linden spazieren gegangen war und Berliner Weiße getrunken hatte, an einem warmen Maitag, der heißer war als sonst die Hochsommertage in Norwegen. Den Gerüchten, dass er auch eine deutsche Freundin gehabt hatte, wollte sie nie so recht glauben, denn sie fand ihn ziemlich steif und etwas verstaubt. Welches Berliner Mädchen würde denn diesem Lehrer aus Liebe nach Flekkefjord folgen? Er hatte jedoch rote Flecken im Gesicht bekommen, als er von seinem Maitag, der besonderen Wärme, der Prachtstraße und dem herrlich freien Großstadtleben in Berlin erzählte. Von dem Mädchen war da natürlich nicht die Rede gewesen. Aber die Flecken hatten ihn verraten, und die Mädchen kniffen sich gegenseitig unter der Bank, weil sie sich das Liebesabenteuer ihres Lehrers in allen Einzelheiten vorstellten und dabei am liebsten laut losgelacht hätten.

Wie sich dieser Lehrer wohl jetzt verhalten würde? Ob er recht gehabt hatte mit seiner Verehrung für Deutschland und die Deutschen? Vielleicht würde es ja gar nicht so schlimm werden. Das meinten auch manche ihrer Freundinnen, und dass die Erwachsenen übertrieben mit ihren Sorgen. Trotzdem wäre es Jorna lieber gewesen, wenn die Deutschen sich nicht ihr Land ausgesucht hätten. Jetzt würde alles anders werden.

Seit einiger Zeit hatte sie einen Verehrer, Runer. Er war ziemlich verliebt in sie, suchte ständig ihre Nähe. Nach dem Einmarsch der Deutschen hatte er sich schrecklich aufgeregt und wollte in den Untergrund gehen, mit England Kontakt aufnehmen. Sie hatten sich eigentlich verabredet, an ihrem Geburtstag am Nachmittag eine kleine Wanderung auf Lilleheia zu unternehmen, von wo man einen weiten Blick über den Ort und den Fjord hatte. Diesen Felsen mochte Jorna besonders gern. Der Anblick von Flekkefjord in der malerischen Landschaft gab ihr jedes Mal das Gefühl, dass sie hier hingehörte, vermischt mit einer leichten, ihr selbst unverständlichen Melancholie.

An einen romantischen Spaziergang war angesichts der Umstände jedoch nicht zu denken. Runer hatte für nichts anderes Augen und Ohren als den Einmarsch der Deutschen und diskutierte mit seinen Freunden, während Jorna mit ihrer Mutter mittags in der Küche saß und wartete, dass die anderen endlich nach Hause kamen.

In der Küche

Henny hatte den Kessel aufgesetzt, um Kaffee zu machen. Das grob gemahlene Pulver, das mit Wasser direkt im Kessel gekocht wurde wie türkischer Mokka, nur nicht so stark, war schon eine Zeit lang rationiert und würde wohl bald noch schwerer zu bekommen sein. Ein Leben ohne Kaffee, das ist hart für einen Norweger, das war damals so und ist heute noch immer so. Sie trinken ihn am liebsten den ganzen Tag, auch abends, und da ersetzt er ihnen im Alltag den Alkohol. Sie putschen sich damit auf, und der eigentlich ruhige Norweger spürt sein Wikingerblut noch kräftiger durch die Adern fließen. Kaffee ist die kleine Droge, manchmal rast das Herz ein bisschen, aber die Kontrolle bleibt, nicht wie beim Alkohol, der mit seinen Krallen viele im Griff hat. Erst verlieren sie sich selbst an seine Versprechungen und geben dann langsam alles andere auf, ihren Besitz, ihre Familie und zum Schluss ihre Selbstachtung.

Die Küche der Grønsunds bildete das Zentrum der Wohnung, die Verbindung zwischen der Arbeit, die hinten im Hof stattfand, und dem Wohn- und Geschäftsbereich. Jeder musste durch die Küche: Auf der ebenerdigen Seite befand sich die Tür zu dem kleinen Innenhof, der dann in den größeren Hof überging. Dort lagen der Garten, die Wäscherei und die alte rote Scheune, in der die Wäsche zum Trocknen aufgehängt wurde. Auf der anderen Seite führten drei Stufen zu den restlichen, der Straße zugewandten Zimmern, die etwas höher gelegen waren. Direkt neben dieser dreistufigen Treppe befand sich eine schräge, zweigeteilte Klapptür, hinter der eine einfache Holzstiege in den Keller hinunterführte, deren Stufen Henny im Sommer als Kühlschrank benutzte. Auf der Kellerstiege war es immer kalt, und man konnte Butter, Milch, Fisch und Fleisch gut mehrere Tage dort aufbewahren. Neben dem Herd befand sich eine weitere Tür, die zu einer fensterlosen Kammer führte. Hier lagerten die weniger verderblichen Lebensmittel und Vorräte.

Die Küche dominierte ein großer Holzherd, der auch zum Heizen benutzt wurde, außerdem gab es einen riesigen runden Tisch, der den ganzen Raum ausfüllte, und weißlackierte Einbauschränke, die Aksel selbst gebaut hatte. Die Fachböden der Einbauschränke waren mit geblümtem Papier ausgelegt und hatten vorn an den Kanten weiße Litzen. Und an den beiden Fenstern, die auf der einen Seite zum Hof und auf der anderen zum Nachbargrundstück hinausgingen, hingen halbhohe Spitzengardinen, die noch genug Licht hereinließen und auch die Sicht nach außen nicht ganz wegnahmen. Unter den Gardinen standen Blumentöpfe und Porzellangefäße.

Alles war einfach, aber wohnlich. Jorna mochte die Küche. Heute wartete dort ein länglicher Geburtstagskuchen, der eigentlich erst am Abend gegessen werden sollte, wenn alle da waren. Doch Henny schnitt ihrer Tochter schon jetzt einen kleinen Streifen ab. Der Brandteig war mit einer gelben, fetten Eiercreme gefühlt und hatte eine Zuckerglasur, die fast einen halben Zentimeter dick war. Jornas Lieblingskuchen, nur Erdbeersahnetorte mochte sie noch lieber. Aber im April gab es noch keine Erdbeeren.

Henny öffnete die rechte Klappe der Kellertür einen Spalt, holte eine Flasche Milch hoch, führte eine winzige Kelle mit einem geraden Griff in den Flaschenhals und schöpfte vorsichtig den Rahm von der Milch ab für den Kaffee. Sie selbst trank ihn schwarz, aber Jorna mochte ihn lieber weiß.

Es tat Henny leid, dass Jornas Verabredung mit Runer geplatzt war, und sie selbst fühlte sich heute müde und erschöpft. Sie war zwar erst dreiundvierzig, aber die vier Kinder, der Aufbau ihrer Existenz in Flekkefjord und die Arbeit, die anscheinend nie ausging, hatten ihr zugesetzt.

Da war noch etwas, das ihr Sorge bereitete. Aksel hatte angefangen zu trinken. Auch früher trank er schon mal einen Schnaps, wenn es sich ergab oder jemand etwas zu feiern hatte. Aber jetzt nahm er Alkohol regelmäßig zu sich und trank Bier in größeren Mengen. Neulich war sie auf einen ganzen Kasten in der Wäscherei gestoßen, und es hatte ihr nicht gefallen, dass er anscheinend heimlich trank.

Und jetzt war auch noch der Krieg in Norwegen angekommen. Wie hatte sie gehofft, dass er an ihnen vorbeigehen würde, an diesem nicht so gesegneten Land am nördlichen Rand von Europa. Es war auch so schon schwer genug, weil es keine Arbeit gab und die Wirtschaftskrise sie nicht verschont hatte. Viele, die sich nach Amerika aufgemacht hatten, waren auch dort wieder arbeitslos geworden und konnten kein Geld mehr nach Hause schicken. Manche mussten sogar zurückkommen, wie gestrandet, und fielen ihren Angehörigen, die selbst nichts hatten, zur Last.

Heute war ein sonniger Tag, eigentlich etwas zu warm für die Jahreszeit, aber in der Küche war es trotzdem kalt, und Henny fror in ihrer dicken Wolljacke. Durch das Fenster schien die milde Frühlingssonne, und sie hätte am liebsten ihre Kaffeetasse mit auf den Hof genommen und sich dort hingesetzt. Doch sie wollte lieber in der Nähe der Eingangstür zur Straße bleiben, obwohl heute kaum jemand daran dachte, die Wäsche in die Wäscherei zu bringen. Bis jetzt hatten nur ein paar Leute ihre Sachen abgeholt, ganz eilig, so, als ob sie Angst hätten, sie später nicht mehr zu bekommen. Sonderbar. Wie verhalten sich Menschen, wenn sie erfahren, dass sie sich auf einmal in einem Krieg befinden? Was halten sie für wichtig, was packen sie ein, wenn sie fliehen müssen?

Jorna merkte, dass es ihrer Mutter nicht gut ging. Aber alle machten sich Sorgen, sie nahm es deshalb nicht so ernst und hing ihren eigenen Gedanken nach.

»Mama, glaubst du, dass die Deutschen lange bei uns bleiben werden?«

»Das weiß niemand«, antwortete Henny, »ich verstehe nicht, was sie bei uns wollen. Manche sagen, sie brauchen das Eisenerz, um weiter Krieg führen zu können.«

Jorna legte die Kuchengabel hin und schaute ihre Mutter fast wütend an, so, als ob sie auch eine gewisse Schuld träfe am Einmarsch der Deutschen. »Dann sollen sie es einfach kaufen und uns heraushalten aus dem Krieg! Ob dann bei uns in Flekkefjord auch geschossen wird?«

»Gott bewahre!«, rief Henny, so heftig, dass sie selbst darüber erschrak.

»Wir haben ja auch gar keine Soldaten hier«, ergänzte Jorna. »Warum können wir denn nicht neutral bleiben? Ich will nicht in einem Land leben, in dem Krieg herrscht, in dem Menschen erschossen werden und in dem Häuser brennen. Unsere ganze Holländerstadt, das sind doch alles Holzhäuser!«

»Jetzt übertreib mal nicht«, versuchte ihre Mutter sie zu beschwichtigen, »vielleicht wird alles halb so schlimm, und in ein paar Monaten sind sie wieder weg.«

»Das wäre schön.«

Jorna aß noch ein Stück von dem Kuchen und merkte erst jetzt, dass ihre Mutter sich besondere Mühe mit der Füllung gegeben hatte. Sie hatte nicht an Eiern gespart, obwohl diese auch schon rationiert waren.

»Mama, der Kuchen schmeckt wunderbar, ein echter Feiertagskuchen für einen Tag, an dem es außer meinem Geburtstag nun wirklich nichts zu feiern gibt!«

»Seinen Geburtstag kann man sich nicht aussuchen«, stöhnte Henny leise, räumte das Kaffeegeschirr weg und ging dann kurz hinaus in den Hof. In der Wäscherei wartete noch Arbeit auf sie. Jorna ging hoch in ihr Zimmer im Giebel auf dem Dachboden.

Ein eigenes Zimmer

Genau das Zimmer hatte sie haben wollen. Ein eigenes Zimmer. Das war ein echter Luxus! Weit abgelegen vom Rest der Wohnung. Hier residierte sie. Anfangs hatte sie sich etwas gefürchtet in der Nacht allein unter dem Dach, aber jetzt, mit siebzehn, wurde ihr immer bewusster, wie aufregend diese Selbstständigkeit war. Hier oben konnte sie sich ihren Phantasien hingeben, eine junge Dame sein, kein Kind mehr.

Vor ein paar Jahren hatten die Eltern dieses Zimmer und noch eines daneben dazugemietet, weil es für sechs Personen unten langsam zu eng wurde. Das Nebenzimmer hatte Aud gehört, aber jetzt, nach ihrer Hochzeit, stand es leer. So hatte Jorna ihr eigenes Reich bekommen, das sie tipptopp gepflegt hielt und wo sie ihre kleinen Schätze hütete. Auf dem Bett lag eine rosa Decke, und an den Fenstern hingen alte Spitzengardinen. Für sie war es das Paradies, obwohl es im Winter richtig kalt sein konnte. Aber hier oben bestimmte sie. Ihr Vater kam nie herauf, und die Mutter nur manchmal. Wenn sie etwas von ihr wollten, riefen sie aus dem Küchenfenster im Erdgeschoss nach oben.

Gedankenverloren öffnete Jorna den Schrank und begutachtete ihre Kleider. Es gab so eine Art Spiel, das sie schon eine Zeitlang heimlich spielte. Sie nannte es: »die Probe für den Ernstfall«. Sie musste fast lachen über die Zweideutigkeit dieses Ausdrucks, auf einmal war der Ernstfall da.

Ernstfall bedeutete aber bei ihr etwas ganz anderes und zwar: Du hast nur zehn Minuten Zeit, du hast gerade erfahren, dass du zu einer großen Einladung gebeten wurdest und musst dich jetzt so elegant wie möglich anziehen. Natürlich bist du eine andere Person, auf jeden Fall etwas älter, nicht verheiratet, aber berufstätig, und der Ort, an dem du lebst, ist so groß wie Oslo, mindestens aber so groß wie Bergen.

Die Aufgabe bestand darin, dass man seine Kleider in einer neuen, bisher noch nicht ausgeführten Weise kombinieren musste, aber ein Stück durfte man sich dazu phantasieren. So als ob irgendwo im Haus ein geheimer Schrank stünde, aus dem man sich bedienen konnte. Dieser »phantastische Schrank« war voller Kostbarkeiten, eigentlich war er endlos groß und beherbergte alles, was man sich vorstellen konnte. Eine Schatztruhe eben, die sich manchmal bei besonderen Gelegenheiten öffnete.

Leider lieh man die Stücke nur aus, sie mussten alle wieder dorthin zurück, in den gigantischen Kostümverleih, der nur ihr, Jorna Evelyn Grønsund, zur Verfügung stand.

Im März, als es noch richtig kalt war, hatte sie sich zu ihrem grauen Flanellkostüm einen Silberfuchs vorgestellt, den konnte sie auch umlegen, wenn sie im Haus ihre Kostümjacke abgelegt hatte, aber trotzdem ihre Schultern noch wärmen wollte.

Man hatte ihr, dort wo sie eingeladen war, einen Tee serviert. Tee war definitiv vornehmer als Kaffee, und irgendwie hatte sie eine gute Erscheinung abgegeben, die Gastgeber waren jedenfalls voll des Lobes. Einen langen Silberfuchs, so etwas hatte niemand in Flekkefjord.

Jetzt im April war es wärmer, und sie wollte einen frühlingshaften Eindruck erwecken. Deshalb schaute sie in den hinteren Teil des Schrankes, wo sie ihre leichteren Kleider aufbewahrte.

Aber es war eine einzige Enttäuschung. Die Kleider vom letzten Sommer kamen ihr auf einmal alle viel zu kindlich vor, ohne die nötige Eleganz, Schulmädchengewänder, langweilig, brav. Ein blauer Faltenrock, man müsste ihn kürzen und in der Taille einnähen, ein Erbstück, oh Gott. Ein graues Kattunkleid, das könnte man mit einem weißen Spitzenkragen aufmöbeln, aber immer noch ein Touch Schwesternuniform. Blusen mit Plüschärmeln aus rosa Blümchenstoff, man sollte besser Babykleidchen daraus nähen, und ein senffarbenes Strickkleid, das auch schon bessere Zeiten gesehen hatte.

Damit konnte sie nicht auftreten. Außer mit dem seidigen, eleganten Kleid, das ihre Mutter ihr letztes Jahr nach langem Bitten gegeben hatte. Ein Gast aus dem Grand Hotel hatte es gebracht und war abgereist, ohne es jemals wieder abzuholen. Es war etwas Besonderes. Die Trägerin hatte es in New York gekauft, es war ganz schlank geschnitten am Oberteil, und der Rock fiel leicht glockig in grau schimmernden Bahnen bis über die Knie. Dazu fehlte ihr nur eine passende Jacke, möglichst eng, damit ihre schmalen Schultern sichtbar wurden.

Alle Kleider lagen jetzt auf ihrem Bett, so als ob sie packen wollte, aber an Verreisen war ja nicht zu denken. Oder fliehen. Ja, sie stellte sich auf einmal vor zu fliehen, nicht überstürzt, sondern mit richtig gepackten Koffern. Ihre heimliche Sehnsucht hatte immer schon Amerika gegolten, der Überfahrt auf einem Ozeandampfer. Diese großen Liner, auf denen ein unbeschreiblicher Luxus herrschte, mit einer Innenarchitektur aus Jugendstil und Art-déco-Träumen, Speiseräumen für siebenhundert Gäste, drei Stockwerke hoch, wie eine Filmkulisse, aber aus echten, kostbaren Materialien mit Lampen aus Lalique-Glas. Endlose Gesellschaftsräume für jede Art von Zeitvertrieb, Tanzsäle, Schwimmbäder, Tennisplätze. Da wurde die Überfahrt zu einem einzigen Vergnügen. Jorna würde zwar keine dieser riesigen Suiten bewohnen, aber doch eine komfortable Kabine, außen gelegen, mit einem Fenster und genügend Platz für ihre Koffer mit Monogramm. Leider konnte sie sich kein Bild davon machen, wer mit ihr in dieser Kabine war. Und die Vorstellung, ganz allein diese Reise anzutreten, gefiel ihr nicht. Das Spiel machte keinen Spaß mehr, heute nicht.

Heute blieb alles real. Nicht, dass Jorna wirklich Angst hatte, aber sie fühlte eine unangenehme Unruhe. Und plötzlich schämte sie sich, dass sie in einem solchen Augenblick von nationaler Gefahr und großer allgemeiner Unsicherheit auf so dumme Gedanken und alberne Spielereien kommen konnte.

Was war bloß in sie gefahren? Sie räumte alles wieder ein, legte ihre Pullover akkurat aufeinander, noch genauer, als sie es sonst machte, und stellte dabei fest, dass an ihrem Sommermantel ein Knopf locker war, den sie annähen musste. Sie würde das unten in der Küche machen. Bald würden auch die anderen heimkommen, unter Umständen gab es dann Neuigkeiten.

Happy Birthday

10. April 1940

Das Holz der steilen Stufen knarzte, und die Tür, die vom Dachboden zum ersten Stock führte, fiel quietschend hinter ihr ins Schloss. Dort stand das Fenster vom Gang zur Straße offen, ein Windstoß hatte es aufgedrückt. Jorna fühlte sich von dem offenen Fenster wie angezogen, sie schaute hinaus und wurde Zeugin einer Szene, die sie sich vor Kurzem noch nicht hätte vorstellen können.

Der Nachbar von der gegenüberliegenden Straßenseite trieb seine beiden fünf und sieben Jahre alten Kinder und seine Frau aus dem Haus. Es schien, als habe die Frau hastig ein paar Koffer und Taschen gepackt. Blass und mit hektischen roten Flecken im Gesicht stand sie vor ihrer Haustür. Ihr Mann, der in der Nachbarschaft als übervorsichtiger Familienvater bekannt war, hatte sich offenbar entschlossen, Frau und Kinder so schnell wie möglich aus der Stadt zu bringen, vielleicht auf das sichere Land, wo seine Schwester lebte.

Die Kinder, halb besorgt, halb erregt über die neuen Aussichten, hatten auf die Schnelle einiges an Spielzeug mitgenommen, an sich geklammert und sich umgehängt. Das verlieh ihnen ein leicht groteskes Karnevalsaussehen.

Jorna zu Anfang des Krieges

Als er die Kinder sah, schien der Vater selbst kurz am Sinn seiner Aktion zu zweifeln, riss seiner Tochter eine Strickpuppe aus der Hand und warf sie in den Hausflur zurück. Das Mädchen weinte leise, als ein kleiner Lastwagen vorfuhr. Die Familie nahm mit umständlichen Bewegungen ihr wenig komfortables Lager auf der Ladefläche ein und verschwand.

Eine Flucht aus der Kirkegaten im scheinbaren Frieden. Dieses Bild brannte sich Jorna ein: Die Familie in der Nachmittagssonne auf der menschenleeren Straße, um sie herum nur Ruhe und Bürgerlichkeit in weißen Holzhäusern mit Spitzengardinen. Das alles hatte anscheinend nichts miteinander zu tun, aber es passierte.

Sie blieb eine Zeitlang am Fenster stehen und schaute dem Lastwagen nach. Die Szenerie kam ihr völlig unrealistisch vor, wie eine Filmszene im Kino, das sich gleich im Haus neben ihnen befand. Plötzlich hörte sie ungewohnte Geräusche, ein Getrampel, im Gleichschritt, irgendjemand jubelte. Oder war es eher Geschrei? Sie hielt sich die Ohren zu, aber die Geräusche blieben. Sie waren in ihrem Kopf.

In diesem Augenblick öffnete sich die Tür zur Wohnung der Nachbarn, die den ersten Stock bewohnten.

»Hallo Jorna, was machst du da? Du hast doch Geburtstag heute. Herzlichen Glückwunsch!«

Es war die Nachbarin, Frau Kaurin. Sie kam auf Jorna zu und schüttelte ihr ziemlich förmlich die Hand.

»Oh, vielen Dank«, sagte sie stotternd, fast schuldbewusst, als ob sie bei etwas Verbotenem erwischt worden wäre. »Ich gehe jetzt runter, die anderen werden auch bald da sein.«

»Es ist kein schöner Tag zum Feiern, aber deinen Geburtstag konntest du dir ja nicht aussuchen«, meinte Frau Kaurin fast mitleidig. »Ich wünsche dir trotzdem einen schönen Tag, soweit das möglich ist.« Sie nickte noch einmal und ging in die Wohnung zurück.

Jorna hatte sich wieder gefangen. So etwas war ihr noch nie passiert. Sie hatte sich die Geräusche und das alles eingebildet, es musste wohl eine Szene aus einem amerikanischen Film gewesen sein, den sie neulich gesehen hatte. Der Einmarsch der Deutschen in einem Land, das jetzt nicht mehr selbstständig war und für immer zum Deutschen Reich gehören sollte oder so ähnlich. Obwohl sie sich nicht an irgendetwas Konkretes erinnern konnte. Aber das könnte ihnen in Norwegen jetzt auch blühen. Sie hatte gehört, was in Polen passiert war, aber das schien ihr damals so weit weg, als ob es in Norwegen nie geschehen könnte. Aber von einem auf den anderen Tag hatte sich alles verändert.

In diesem Moment hörte sie von der Straße Thors Stimme und hatte es plötzlich eilig, nach unten zu kommen. Er war wohl gerade in den kleinen Durchlass zwischen den Häusern 36 und 34 eingebogen, der in den Hof führte und den alltäglichen Zugang zu ihrer Wohnung darstellte. Thor schien aufgeregt. Er war ja erst dreizehn Jahre alt, hatte aber schon genau mitbekommen, was gerade passierte.

Jorna betrat die Küche, und da saßen sie alle: die kleine Liv, Thor, ihr Vater und auch ihre große Schwester Aud mit ihrem Mann Arthur.

»Jorna, großes Mädchen, komm her und lass dir gratulieren!«, rief ihr Vater ihr entgegen und nahm sie als Erster in den Arm. Die anderen taten es ihm nach, und dann sangen alle gemeinsam ein Geburtstagslied.

Jorna strahlte. Die dunklen Gedanken waren verflogen, und sie schaute erwartungsvoll auf die Päckchen, die auf dem Tisch aufgebaut waren.

»Ich weiß, am liebsten würdest du sofort deine Geschenke auspacken. Aber ein bisschen musst du dich noch gedulden, zuerst soll jeder ein Stück vom Geburtstagskuchen bekommen.« Das war typisch ihr Vater, die Spannung sollte noch ein wenig erhalten bleiben.

Es war wie immer, und trotzdem war es anders als sonst. Alle bemühten sich, dass es aussah wie ein ganz normaler Geburtstagsnachmittag in der Familie. Aber jeder bis auf die kleine Liv war mit seinen Gedanken woanders, jeder fragte sich, wie dieser Tag enden würde, und was die nächsten Tage und Wochen bringen würden. Niemand erwartete etwas Gutes.

Thor war voller Geschichten, die nur so aus ihm herausplatzten. Seine Schulfreunde hatten von geheimen Versammlungen erzählt, dass es angeblich bereits Kämpfe gegeben hatte, und dass viele Norweger schon in den Untergrund gegangen seien.

»Glaub nicht alles, was andere dir erzählen«, wies Aksel seinen Sohn zurecht. »Es bringt jetzt gar nichts, wenn wir uns aufregen. Wir müssen abwarten, was unsere Armee macht, die Regierung und vor allem der König. Ich möchte die Deutschen auch nicht bei uns haben, aber wir sind nur ein kleines Land. Wir werden sehen.«

Mit dieser Bemerkung beendete er die Diskussion.

Fremde Soldaten in der Stadt

Nach und nach erreichten immer mehr Nachrichten den kleinen Ort und vermischten sich mit den Gerüchten. Jeder versuchte, so gut es ging, sich auf den bevorstehenden Einmarsch der Deutschen vorzubereiten. Aber wie? Manche warteten einfach ab, andere ergaben sich schon jetzt in ihr Schicksal, und einige wenige waren entschlossen, in den Untergrund zu gehen und das Vaterland zu verteidigen.

Am 12. April beschlagnahmten die lokalen Behörden alle Lebensmittel auf dem Fährschiff *Bergen*, das an der Kaimauer festlag. Diese waren eigentlich für den Weitertransport bestimmt. Man befürchtete einen Engpass in der Versorgung, denn Flekkefjord war nun abgeschnitten, weder Waren noch Rohstoffe kamen mehr durch.

Jorna saß stundenlang mit ihren Freundinnen Inger und Ulaug zusammen. Sie malten sich aus, wie die Zukunft aussehen würde, obwohl sie kaum wussten, wie sie die Sache einschätzen sollten. Sie waren aufgeregt, manche waren ängstlich, andere spürten sogar einen kleinen verboten Kitzel der Erregung. Die Erwachsenen waren mit sich selbst beschäftigt, keiner kümmerte sich wirklich um die Mädchen. Was hätte man ihnen auch sagen sollen?

Am 13. April vermehrten sich wieder die Gerüchte, die Hamsterkäufe nahmen zu. Einige Geschäftsleute nutzen dies aus und erhöhten die Preise. Jorna wunderte sich, dass sie kaum noch etwas von Runer sah. Nachmittags traf sie ihn zufällig *på krysset*, an der Hauptstraßenkreuzung von Flekkefjord. Alle, die im Ort unterwegs waren, mussten unweigerlich irgendwann einmal dort vorbeikommen. Wer wenig zu tun hatte, blieb einfach eine Zeitlang an der Kreuzung stehen, und alles Weitere ergab sich von selbst.

Jorna ging die Kirkegaten hinunter und sah ihn schon von Weitem, deshalb dachte sie, Runer würde sie jetzt auffordern, mit ihr einen Spaziergang zu machen, schließlich hatten sie sich seit Tagen nicht gesprochen. Aber er hatte anscheinend eine Verabredung, die wichtiger war. Jorna spürte, wie Ärger in ihr aufkam.

»Ich melde mich bei dir, wenn ich wieder Zeit habe!«, versprach er. »Ich kann noch nichts sagen, aber es passiert viel, und wir müssen wachsam bleiben.« Mit diesen Worten verabschiedete er sich von ihr. Er drückte ihre Hand und lächelte sie vielsagend und gleichzeitig schon abwesend an. Jorna blieb einen Augenblick stehen und schaute ihm missgelaunt nach.

Am 14. April appellierten die Behörden an die Bevölkerung, kein Geld zu horten, denn der Zahlungsverkehr drohte zusammenzubrechen. Ab sofort durfte jeder nur noch 50 Kronen von der Bank abheben. Die Geschäftsleute wurden aufgefordert, ihren Kunden Kredit einzuräumen. Das Reinigungsgeschäft der Grønsunds war fast zum Erliegen gekommen, denn saubere Kleidung war das, was die Leute am wenigsten brauchten in dieser Zeit. Aksel machte die wenige Arbeit allein, und Henny kümmerte sich hauptsächlich um Thor und Liv.

Am 15. April kam schließlich eine kleine Gruppe von deutschen Soldaten an, und in einer Besprechung mit Polizeihauptmeister Falkanger wurden die ersten Vorbereitungen für die in wenigen Tagen folgende Einquartierung der Schwadron getroffen. Die Einwohner von Flekkefjord machten sich immer größere Sorgen, und jeder fragte sich, wie er sich und seine Familie am besten vor den Deutschen schützen konnte.

Am 16. April kamen weitere deutsche Soldaten. Die Offiziere quartierten sich im Grand Hotel ein, und die Bevölkerung erhielt genaue Anweisung, wie sie sich zu verhalten hatte. Flekkefjord war abgeschnitten von der Außenwelt: Der Fährverkehr war eingestellt und der Zugverkehr völlig lahmgelegt, weil Untergrundkämpfer die Eisenbahnbrücke in Sirnes in die Luft gesprengt hatten, nicht weit von Flekkefjord entfernt. Einzelne Bauern zogen mit ihren Pferdewagen in die Stadt und lieferten ihre Milch an die Molkerei, anderen erschien der Weg zu gefährlich, und sie entschieden sich, die Milch selbst zu verarbeiten. Alle warteten, und keiner wusste, was sie erwartete.

Heimliche Blicke

20. April 1940

Dies waren jetzt die letzten Tage und Stunden, bevor die Soldaten ankommen würden, die letzten Tage der Freiheit, und die Nerven lagen blank. Die Bürger Flekkefjords, wie alle anderen Norweger, würden sich ab jetzt im Krieg befinden, bewaffnete Soldaten würden mitten unter ihnen sein. Keiner hatte das an diesem Ort je erlebt. Sie mussten sich wohl damit abfinden, doch wie sollte man sich auf so etwas einstellen? Wie sollte man sich verhalten?

Die Deutschen gaben genaue Anweisungen, beschlagnahmten öffentliche Gebäude und Privatwohnungen, und viele fürchteten, es würde sie treffen. Die Unsicherheit und die Spannung wuchsen, jetzt konnte es sich nur noch um ein paar Stunden handeln, und Soldatenschritte würden durch die Straßen des kleinen Ortes hallen. Alle warteten.

Dann forderten die Deutschen alle Einwohner der Stadt auf, sich beim Einmarsch der Truppe am Straßenrand aufzustellen und den Soldaten zuzujubeln. Entlang der Hauptstraße sollten sie stehen, die am Bahnhof vorbei, über die Brücke, durch den Ort bis zum Hauptquartier am Ende der Straße führte. Sie, die neuen Herren, wollten nicht in eine Geisterstadt einmarschieren, sie wollten sie gleich sehen, die Bürger, die demnächst zu ihrem Reich gehören würden. Die Deutschen wollten auch selbst gesehen, vielleicht gefürchtet, in jedem Fall aber bewundert werden. Eine schwierige Gemengelange. Und natürlich musste man als Norweger dem Befehl der Besatzer Folge leisten, es wäre zu gefährlich gewesen, sich der Anordnung zu widersetzen.

Für die Deutschen war der Einmarsch in dieses Land etwas Besonderes, da die Nazis die Norweger als eine »wertvolle Rasse«

betrachteten, von der man sich eine Auffrischung und Verbesserung des »deutschen Blutes« versprach. Aus diesem Grund hatten die Soldaten die strikte Order, die Zivilbevölkerung rücksichtsvoll zu behandeln und eher für Sympathie zu werben. Die Soldaten wiederum, besonders die weniger überzeugten Anhänger des Regimes, waren überglücklich, unbeschadet nach Norwegen gekommen zu sein, und stellten sich auf eine freundschaftliche Beziehung zur einheimischen Bevölkerung ein. Angeblich ging es bei der Besetzung ja auch nur darum, den Engländern zuvorzukommen und ihnen diesen guten Brocken wegzuschnappen. Und weniger gefährlich als in anderen möglichen Kriegsgebieten schien der Einsatz in Südnorwegen allemal zu werden. Man hatte die Engländer ausgetrickst, kaum Verluste gehabt, und bisher war man nicht auf nennenswerten Widerstand der norwegischen Armee getroffen. Manch deutschen Soldaten ergriff angesichts dieser komfortablen Lage ein Hochgefühl der besonderen Art. Besser hätte der Champagner auch in Paris nicht gewirkt.

Ob den Einwohnern Flekkefjords diese psychologische Komponente am 20. April 1940 so bewusst war, ist schwer zu sagen. Die meisten waren den Deutschen gegenüber grundsätzlich nicht unfreundlich eingestellt. Viele sollten sich in den kommenden Jahren mit den Deutschen arrangieren, lebten mit ihnen und kamen dabei selbst gar nicht so schlecht durch den Krieg. Die meisten aber waren große Patrioten und sehnten vom ersten Tag das Ende der deutschen Fremdherrschaft herbei.

Und dann kam der 20. April 1940. Dreihundertzwanzig deutsche Soldaten marschierten im Gleichschritt in Flekkefjord ein. Es war beklemmend ruhig. Über allem lag Totenstille, die Atmosphäre wie kurz vor einem Gewitter, das sich jeden Augenblick entladen konnte. Die Soldaten sahen schon von ferne, dass die Menschen sich links und rechts der Straße aufgestellt hatten, aber als sie näher kamen, mussten sie erkennen, dass die Einwohner von Flekkefjord zwar der Aufforderung gefolgt waren, ihnen aber ihre Rücken zugekehrt hatten. Dies sollte ihr kleiner, wenn auch stummer Protest sein.

Niemand schaute, und niemand sprach ein Wort. Für einen Augenblick war Flekkefjord doch zu einer Geisterstadt geworden, auch die Deutschen spürten die Beklemmung. Nur ein paar wenige einheimische Nazis standen ihnen zugewandt am Straßenrand, den Arm zum Hitlergruß hochgereckt. Da gab der Ortskommandant, Rittmeister Kurzai, seinen Leuten den Befehl, laut zu singen. Und sie sangen, sangen ausgerechnet das Horst-Wessel-Lied, das Lied, das bei den Norwegern verhasst war und das alles andere als geeignet war, den Deutschen hier irgendwelche Sympathien zu verschaffen.

Die alte Brücke von Flekkefjord

Der Trupp näherte sich langsam der Brücke, vor der sich die Menschen immer dichter aufgestellt hatten, aber keiner schaute. Oder schaute doch jemand heimlich? Hielten sich manche nicht an die Vereinbarung? Hinter der Brücke stand eine Gruppe von Mädchen. Auch ihnen hatte man gesagt, wie sie sich verhalten sollten an diesem Tag, auch sie wollten ihren Teil dazu beitragen. Aber es war schwierig, bei einem solchen Ereignis nicht zu sehen, was passierte. Also schauten manche Mädchen doch. Geschickt, fast unmerklich wagten sie mit leicht schräg geneigtem Kopf einen schnellen Blick über die Schulter. Wenn eine zu lange hinguckte, bekam sie von ihrer Nachbarin einen Ellenbogen in die Rippen. Niemand sollte sie ertappen – nicht die Lehrerin, die angespannt in der Nähe stand, nicht die anderen Erwachsenen, die selbst gerne einen Blick gewagt hätten, und die alle spürten, was mit den Händen zu greifen war, und die sich am liebsten die Ohren zugehalten hätten, um das Donnern der Soldatenstiefel nicht zu hören.

Die Mädchen sahen die jungen Männer, spürten deren Erregung und Erleichterung darüber, dass das hier kein richtiger Krieg war. Wenn Krieg so aussah, konnte man vielleicht doch damit leben?

Die Luft schwirrte vor Anspannung, die Gedanken, die Gefühle der Menschen auf beiden Seiten erfüllten die milde Frühlingsluft. Das Neue war eingeschlagen. Die Alten hassten es gleich, aber ein paar junge Mädchen sogen es förmlich ein. Was sie immer geahnt hatten, sahen sie jetzt vor sich: Die deutschen Soldaten waren schön! Man durfte es gar nicht aussprechen, man durfte es nicht einmal denken. Aber selbst die Alten, bei denen sich schon lange keine Liebe mehr gerührt hatte, spürten es. Und das war die eigentliche Niederlage, die sie schon jetzt einstecken mussten: Tausende von jungen Norwegerinnen würden sich in deutsche Soldaten verlieben.

Sieh dich nicht um!

Jorna und ihre Freundinnen standen in der Nähe der Brücke. Der Fjord war an dieser Stelle sehr schmal und trennte den Ort in zwei Teile. Jeder, der in die Stadt kam, musste über diese Brücke, um ins Zentrum von Flekkefjord zu gelangen.

Da standen sie nun, mit dem Rücken zur Straße, mit dem Blick auf eine Hauswand und warteten. Die Ruhe erschien Jorna wie eine quälende Last, nur von Ferne hörte sie Schritte und verhaltenen Gesang. Dann konnte sie aus den Augenwinkeln erkennen, dass die Soldaten immer näher kamen, konnte es auch körperlich spüren, so als ob es ihr auf einmal im Rücken kaum merklich wärmer würde. Jetzt waren sie ganz dicht da, die ersten marschierten an ihnen vorbei, im Gleichschritt. Der Rhythmus der Schritte zusammen mit der Wärme im Rücken, das machte Jorna fast benommen, versetzte sie in eine Art Trance.

Sie hätte nicht hinschauen sollen, sie hätte einfach auf den Boden vor sich gucken sollen. Das wäre doch nicht so schwer gewesen. So war es ausgemacht. Aber Jorna tat etwas, was sie in diesem Augenblick nicht hätte tun dürfen. Sie hörte die warnenden Stimmen der Lehrerinnen, der Erwachsenen nicht mehr. Sie drehte sich um, ja, wahrhaftig, sie drehte ihren Kopf einfach nach hinten, jeder konnte es sehen. Sie hatte alle Scheu verloren, drehte einfach den Kopf und schaute den vorbeiziehenden Trupp an.

War es nun ein Zufall, oder war es eine Fügung? Natürlich war es ein Zufall. Die Dinge passieren einfach so, denn genau in diesem Augenblick ging, besser marschierte ein junger Soldat an ihr vorbei und sah sie an. Später würde er diesen Augenblick verklären, ihm eine besondere Bedeutung beimessen, würde sagen, dass er sofort wusste, dass dieses junge Mädchen die Frau war, die er heiraten wollte. Dass es die große Liebe auf den allerersten Blick war, der sich nichts in den Weg stellen konnte. Die Liebe als Schicksalsmacht. Also doch eine Art Fügung.

Heinz in Uniform

Jorna erwiderte ganz kurz seinen Blick, drehte den Kopf aber schnell wieder weg und spürte auf einmal, dass ihr Verhalten bemerkt worden war, und einige Erwachsene kritisch reagierten. Nein, das heißt, eigentlich spürte sie es nicht, sie sah es, aber es war ihr fast gleichgültig. Ganz nah beugte sie sich zu Turid, die direkt neben ihr stand, und flüsterte ihr zu: »Hast du den Dunklen gerade gesehen, ist der nicht süß?«

»Mein Gott, Jorna, so etwas darfst du doch nicht sagen, du darfst es nicht einmal denken! Schau bloß nicht mehr hin.«

Jorna konnte jedoch nicht anders. Sie drehte langsam den Kopf in die andere Richtung und schaute ihm aus den Augenwinkeln nach.

Das Ganze hatte nicht allzu lange gedauert. Die Soldaten verschwanden in ihren Quartieren, und die Einwohner Flekkefjords wurden von den neuen Herren aufgefordert, sich wieder zu zerstreuen und sich an die Anordnungen der deutschen Machthaber zu halten. Als Erstes verhängten diese eine Ausgangssperre. Ende April waren die Nächte schon ziemlich hell in Südnorwegen, gar nicht so leicht, sich dann im Haus aufzuhalten.

So begann die Zeit der deutschen Besatzung in dem kleinen, idyllischen Ort an der norwegischen Südküste. Jetzt war auch Norwegen ein Teil der großen Tragödie in der Mitte des 20. Jahrhunderts. Nichts würde mehr so sein, wie es vorher war.

Die kalte Schulter zeigen!

Natürlich war sie nicht die Einzige. Außer ihr hatten sich noch einige andere umgeschaut und hatten gesehen, wie schneidig die jungen Soldaten aussahen in ihren Uniformen. In den nächsten Tagen sprachen die Mädchen von nichts anderem, natürlich wagte noch keine, offene Bewunderung zu äußern, und auch Jorna verhielt sich vorsichtig. Sie musste immer wieder an diesen Schwarzhaarigen denken, der sie so direkt angeschaut hatte, aber sie redete nicht darüber. Es zeigte sich dann schnell, dass die Deutschen sehr freundlich und zuvorkommend sein konnten, besonders die einfachen Soldaten. Jorna beobachtete, wie sich einige Mädchen hin und wieder dazu animieren ließen, ein paar Worte mit ihnen zu wechseln. Hinter vorgehaltener Hand sprachen sie untereinander davon. Hatten sie nicht jahrelang Deutsch in der Schule gelernt? Endlich konnten sie es einmal anwenden. Warum sollten sie sich nicht ein bisschen amüsieren? Langweilig war es in Flekkefjord oft genug. Ein kleiner Flirt würde schon erlaubt sein. Bei solchen Unterhaltungen wusste Jorna nicht so recht, wie sie reagieren sollte, denn heimlich dachte sie doch immer wieder an den jungen Soldaten.

Auch spürte sie, dass die Stimmung eine ganz besondere war in diesen ersten Tagen und Wochen. Überall war von Widerstand die Rede, jeder sollte die kalte Schulter zeigen. Viele in Flekkefjord fühlten sich in ihrem Nationalstolz tief getroffen, wollten sich nicht abfinden damit, wieder in Unfreiheit und Abhängigkeit geraten zu sein. Wohin sie kam, wen immer sie traf, die Leute erzählten einem ungefragt, was man machen durfte und was nicht, wie man sich zu verhalten hatte. Im Augenblick bezog Jorna das noch nicht auf sich selbst, es war ja nichts passiert. Aber es gab auch andere Stimmen. Neulich hatte eine Nachbarin sich ganz erleichtert darüber ausgelassen, dass der Überfall in ihrer Region unblutig abgegangen war. Den Leuten in Nordnorwegen sollte es angeblich viel schlechter gehen, da stand man noch im Kampf mit den Deutschen, und Norweger starben. Aber keiner wusste Genaues, und für Jorna war Nordnorwegen ein weit entferntes, unbekanntes Land.

Am 20. April 1940 war sie ziemlich schnell nach Hause gegangen. Sie hatte auf einmal keine Lust mehr, mit ihren Freundinnen zu reden, schon gar nicht über das, was gerade passiert war. Außerdem hatte sie ihrer Mutter versprochen, auf die kleine Liv aufzupassen.

Ja, der junge Soldat hatte ihr gefallen, er hatte sie so offen und freundlich angeschaut. Norweger waren da viel zurückhaltender. Trotzdem – was hatte sie sich nur dabei gedacht?

Kopfschüttelnd schob sie den Gedanken an ihn beiseite. Es waren doch nur ein paar Sekunden, und es kam auch überhaupt nicht in Frage. Sie wollte die Erinnerung an diesen Augenblick so schnell wie möglich wieder loswerden.

»Jorna, ich hab dich was gefragt, hast du mich nicht verstanden?«, hörte sie auf einmal Livs Stimme. Die kleine Schwester saß neben ihr am Tisch und hatte ein Schulheft vor sich liegen. Sie war in der dritten Klasse und wollte, dass Jorna ihr bei einem Schulaufsatz half, den sie schon ins Unreine geschrieben hatte.

»Doch, doch, ich hör dir schon zu, aber ich habe mir gerade überlegt, wie es wohl ist, deutsch mit einem richtigen Deutschen zu sprechen. Ob der mich wohl versteht?«

Liv schaute sie verständnislos an. »Warum solltest du deutsch sprechen?«

»Wir haben doch jetzt so viele Deutsche hier, die werden bestimmt mal mit uns sprechen.«

»Mit mir werden die nicht sprechen, ich habe ja noch gar kein Deutsch in der Schule gehabt. Ich will auch gar nicht mit denen reden, die haben schließlich unser Land überfallen. Die anderen Kinder in der Schule haben gesagt, man soll die Deutschen am besten gar nicht anschauen. Wir müssen ja tun, was sie sagen, aber wir sollen sie nicht beachten. Ach, die Deutschen interessieren mich nicht.«

Statt einer Erwiderung stand Jorna auf und klappte Livs Heft zu. »Lass uns Schluss machen, der Aufsatz ist jetzt gut. Ich schmiere uns noch ein Marmeladebrot, dann gehst du ins Bett.«

Veränderungen im Hause Grønsund

Kurz darauf kam auch Henny nach Hause von ihrer Freundin Jorunn, die mit dem Bürgermeister verwandt war und immer als eine der Ersten wusste, was im Ort los war: Einige Leute hatten Angst, dass sich die Deutschen bei ihnen einquartieren würden. Das Schulgebäude hatten sie schon beschlagnahmt, es war jetzt ihr Hauptquartier, gleichzeitig bot es Platz für ein paar Soldaten. Viele Betriebe würden mit den Deutschen zusammenarbeiten müssen. Sie brauchten natürlich auch Lebensmittel. Überhaupt hatte man gehört, dass manche von ihnen ganz schön hungrig waren. In Deutschland musste es einen echten Fettmangel geben. Oben in Kvinesdal hatten sich ein paar Soldaten angeblich Schokolade gekauft und doch tatsächlich Butter drauf geschmiert und das Ganze dann heruntergeschlungen! Auf Fisch waren sie auch scharf. Außerdem brauchten sie Benzin für ihre Fahrzeuge und Holz zum Heizen. Die Uniformen und die ganze Wäsche würde gewaschen werden müssen. Jorunn meinte, es könnte gut sein, dass die Wäscherei von Aksel Grønsund bald aufgefordert würde, diese Arbeit zu übernehmen. »Wenn die das von einem verlangen, kann man nichts machen, rein gar nichts. Weigern kann man sich nicht. Aber sie bezahlen einen«, meinte sie. »Nicht fürstlich, aber ausreichend. Wir können froh sein, wenn wir nicht enteignet werden. Es hätte alles noch schlimmer kommen können.«

Henny war noch ganz verwirrt von all dem, was Jorunn ihr erzählt hatte. Aksel hielt nicht so viel von Jorunn und ihrem Geschwätz, wie er einmal gesagt hatte. Aber dass die Deutschen vielleicht mit ihrer Wäsche zu ihnen kommen könnten, würde ihn bestimmt interessieren.

Die nächsten Wochen brachten für alle weitere Veränderungen. Allein das Bild der Straßen hatte sich grundlegend gewandelt. Überall sah man jetzt Uniformierte, hörte man Deutsch. Die Soldaten marschierten durch die Stadt oder gingen in ihrer Freizeit in kleinen Grüppchen spazieren. Sie kauften in den Läden ein, benahmen sich höflich und machten einen recht zufriedenen Eindruck. Die Tage wurden länger, und wenn man Glück hatte, sonnig. Dann standen sie an den Häuserecken, unten am Hafen oder am Marktplatz, guckten den Mädchen nach, warfen ihnen bewundernde Blicke zu und versuchten, die eine oder andere anzusprechen. Manchmal hatten sie Glück, oft bekamen sie nur die kalte Schulter gezeigt.

Die Mädchen verhielten sich anfangs vorsichtig, aber die jungen Soldaten waren charmant, in ihren neuen Uniformen sahen sie jetzt, zu Anfang des Krieges, wirklich gut aus, und manch eine fühlte sich doch geschmeichelt und wagte ein paar Worte.

Den norwegischen Behörden war dies sofort unangenehm aufgefallen, und schon kurz nach dem Einmarsch der Deutschen wurden die jungen Mädchen durch öffentliche Bekanntmachungen in den Zeitungen aufgefordert, sich moralisch einwandfrei zu verhalten und jeglichen intimen Kontakt mit Angehörigen der Wehrmacht zu unterlassen.

Jorna versuchte, nicht mehr an das Ereignis vom 20. April zu denken. Sie fragte sich, ob es überhaupt ein Ereignis gewesen war. Trotzdem fühlte sie sich irgendwie anders als sonst, sogar von ihren Freundinnen hielt sie sich fern, blieb öfter allein zu Hause und hing ihren Tagträumen nach.

Runer hatte die Stadt verlassen. Er wollte einige Zeit bei Verwandten verbringen, in der Nähe von Oslo. Jorna wusste, dass er durch einen älteren Freund dort Kontakte zu Kreisen hatte, die den Deutschen sehr kritisch gegenüberstanden. Es musste alles ganz schnell gehen. Am letzten Nachmittag von seiner Abreise stand er plötzlich vor der Tür und wollte mit Jorna sprechen, gerade als ihr Vater in der Küche bei einer Tasse Kaffee saß. Beide waren irgendwie peinlich berührt und brachten außer Floskeln nichts über die Lippen. Er versprach ihr, sich bald bei ihr zu melden. Er wisse noch nicht, wie lang er bleibe, es sei sowieso jetzt alles ganz unsicher. Dann war er weg.

Einerseits war Jorna froh, dass Runer weg war und sie nicht mehr an ihn denken musste, andererseits ärgerte sie sich, dass er sich auf so unpersönliche Weise aus dem Staub gemacht hatte. Er hätte sie doch wenigsten bitten können, mit ihm noch einmal einen Spaziergang zu machen. Dann hätte sie unter vier Augen mit ihm sprechen können. Er hätte ihr sagen können, was er vorhatte oder zumindest ein paar Andeutungen darüber machen können. Aber so wie er sich verhielt, schien sie ihm plötzlich nicht mehr wichtig zu sein. Sollte er doch nach Oslo gehen!

In der Stimmung, in der sich Jorna befand, kam es ihr gerade recht, dass sie schon vor Längerem geplant hatte, für zwei Wochen ihre Tante Tilla und ihre beiden Vettern Jonny und Allen zu besuchen, bevor sie ihre Ausbildung beim Telegrafenamt beginnen würde. Tante Tilla war Hennys Schwester. Auf der Halbinsel Lista in der Nähe von Farsund betrieben Tilla und ihr Mann Jacob Edvard, der immer wieder als Kapitän in den USA gearbeitet hatte, einen Bauernhof. Tilla musste den Hof oft allein bewirtschaften, mit ein paar Helfern. Das Gemüse wuchs prächtig im sandigen Boden von Lista. Riesige süße Karotten und schneeweiße Blumenkohlköpfe, das hatte den Kindern geschmeckt, wenn sie in den Sommerferien einige Zeit bei Tante Tilla verbrachten. Meistens waren Jorna und Thor zusammen dort, und die Freundschaft mit den beiden Vettern Jonny und Allen würde ein Leben lang halten. Sie durften bei der Feldarbeit helfen, die Kühe füttern, auf den behäbigen Pferden reiten, die Karotten ernten und bündeln. Ein Sommerkinderparadies mit Erdbeeren und Schlagsahne.

Erst schien es so, als ob Jorna in der schwierigen Lage nicht würde reisen können, aber ziemlich bald hatte sich der Alltag normalisiert. Mit einer Genehmigung der Deutschen durfte sie einen Bus besteigen und nach Farsund fahren. Der Bus fuhr über kurvige Felsstraßen, direkt am Fjord entlang. Oft war der Weg einspurig, und bei Gegenverkehr musste einer ausweichen, das hieß dann zurückstoßen in eine kleine Ausbuchtung im Fels. Auf der Fjordseite ging es steil hinab, und ein paar am Abgrund platzierte Felsbrocken sollten verhindern, dass man hinabstürzte, manchmal war da auch gar nichts.

Die Fahrt dauerte zwei Stunden, und als Jorna endlich in Farsund ankam, war ihr wie jedes Mal schlecht von den vielen Kurven. Dort hätte sie in den Bus nach Maberg Lista umsteigen müssen, und der ging nur ein paar Mal am Tag. Aber heute hatte sie Glück, ihre Tante holte sie mit dem Auto ab. Tilla war eine emanzipierte Frau. Sie hatte einen Führerschein und ein Auto, sonst hätte sie die Arbeit auf dem Hof nicht allein geschafft, war groß, zupackend und geradeheraus.

»Wie schön, dass du da bist!« Tilla breitete die Arme aus und drückte Jorna an sich. »Ich hab gedacht, diese Deutschen wollen dich gar nicht aus Flekkefjord herauslassen!«, flüsterte sie ihr zu, schaute sich dabei gespielt verschwörerisch um, lachte dann und nahm ihr den Koffer ab, legte einen Arm um ihre Schulter und ging so mit ihr zum Auto, das nur ein paar Meter entfernt von der Bushaltestelle geparkt stand. »Hier hatten wir bis jetzt Glück, es hat sich noch kein Deutscher bei uns einquartiert. Das hätte mir auch gerade noch gefehlt.«

Auf der Fahrt zum Hof erschien Jorna die flache bäuerliche Landschaft von Lista unverändert, Weiden, Felder und Bauernhäuser wechselten sich ab, einige landwirtschaftliche Fahrzeuge waren unterwegs, dazwischen auch ein deutsches Militärfahrzeug. Fast ein gewohntes Bild. Als sie in Maberg ankamen, gab es wie immer ein großes Hallo, und Jorna war froh, ihren Liebling Jonny wiederzusehen, der jetzt neunzehn war. Er hatte ihre Ankunft anscheinend erwartet, denn als das Auto in den Hof fuhr, sprang er schon aus dem Haus und riss die Autotür auf. »Hallo Jorna, willkommen auf Maberg.« Jonny sah gut aus, ein selbstbewusster junger Mann, wollte Kapitän werden wie sein Vater und etwas von der Welt sehen. Sie gingen zusammen die paar Stufen zum Eingang hoch und betraten die große Wohnküche, wo auch Jonnys Bruder Allen auf sie wartete und sie zur Begrüßung umarmte. Allen sollte den Hof übernehmen, irgendwie war das immer klar, er war der Ruhigere, Bedächtigere. Und später, nach dem Krieg, war alles auch so gekommen.

»Jorna, komm setz dich und lass dich bewundern!«, das war die kräftige Stimme von Tante Tilla. »Du bist ja noch schöner geworden!« Sie rückte ihr einen Stuhl zurecht und alle setzten sich. »Sicher hast du Hunger und Durst. Wir haben extra für dich eine Flasche Beerensaft vom letzten Jahr aufgehoben.« Aus einer leuchtend roten Flasche goss sie den dickflüssigen Saft aus Himbeeren und Johannisbeeren in Jornas Glas.

Er schmeckte nach Kindheit, nach heißen Sommertagen im Garten, nach Sonntagsessen, Rinderschmorbraten mit eigenem Gemüse und Karamellpudding mit Sahne von den Kühen, die sie mit Namen kannte. Lauter Köstlichkeiten, von denen es in den letzten zwei, drei Jahren nicht viel gegeben hatte. Auf Lista bei den Mabergs schien alles wie immer.

Jorna erzählte vom Einmarsch der Deutschen in Flekkefjord, vom veränderten Leben in dem Städtchen, von dem vielen Verkehr in den Straßen, von Autos und Motorrädern mit Seitenwägen, von den Soldaten, die überall auftauchten und marschierten und dabei sangen »Dann fahren wir gegen Engeland«, von der nächtlichen Ausgangssperre, die die Deutschen verhängt hatten und die es natürlich jetzt auch auf Lista gab. Nur ihr persönliches Erlebnis vom 20. April 1940 erwähnte sie nicht.

»Ja, und wie benehmen sich denn die Deutschen in Flekkefjord, wie behandeln sie die Leute?«, wollte Tante Tilla wissen.

»Man kann nicht sagen, dass sie schrecklich sind, ich habe noch nicht so viel Negatives über sie gehört, aber wir Jugendlichen erfahren auch nicht alles«, erwiderte Jorna. »Natürlich wäre es besser, sie hätten uns in Ruhe gelassen. Bei uns ist zum Glück nicht gekämpft worden, aber die Leute sagen, woanders hätte es bereits einige Verhaftungen durch die Gestapo gegeben. Ein paar junge Männer sieht man nicht mehr, meine Freundinnen meinen, die sind in den Untergrund gegangen oder wollen nach England rüber. Die Erwachsenen sagen nichts, man darf darüber nicht reden, man darf auch keine Fragen stellen.«

»Und wie geht es deinen Eltern?«, wollte Tante Tilla wissen.

»Im Geschäft war wenig los in den letzten Wochen, ich glaube, sie machen sich Sorgen.«

Tilla runzelte die Stirn: »Du meinst, die Geschäfte gehen schlecht? Es muss sich erst alles normalisieren, dann wird es schon wieder«, versuchte sie ihre Nichte zu beruhigen.

»Wie geht es Thor?«, wollte Jonny wissen und schenkte ihr ein weiteres Glas Saft ein.

»Du kennst ihn ja, er ist furchtbar aufgeregt. Er redet von nichts anderem und kann sich im Augenblick gar nicht auf die Schule konzentrieren, Mama macht sich deshalb auch Sorgen, glaube ich.«

So verlief der Abend, die ganze Verwandtschaft wurde durchgehechelt, alle Neuigkeiten aus Flekkefjord besprochen und am Schluss erkundigte Jorna sich nach den Kühen, die sie noch vom letzten Sommer kannte.

»Siri mussten wir schlachten, es ging ihr nicht mehr gut, aber alle anderen sind noch da, außerdem haben wir vier Kälbchen, die zeigen wir dir morgen. Und du wirst es nicht glauben, wir haben uns zwei Schweine angeschafft, damit wir nächsten Winter nicht verhungern müssen. Aber wir können uns jetzt schon nicht vorstellen, sie zu schlachten. Sie sind so nett und wirklich intelligent, man könnte sich direkt mit ihnen anfreunden.«

Jorna war so müde, dass sie Tillas Stimme kaum noch verstehen konnte, und langsam fielen ihr die Augen zu.

»Mein Gott, Jorna, du siehst ja ganz müde aus und bist käseweiß im Gesicht. Komm, ich habe dir das Bett im Südzimmer im ersten Stock fertig gemacht, da bist du doch am liebsten. Gib mir deinen Koffer.«

Schlaftrunken folgte sie ihrer Tante nach oben. Es war noch hell, und vom Fenster des Südzimmers aus konnte sie über die Felder der Familie hinweg bis zum Sandstrand von Lista sehen. Auf dem

Bett lag wie gewohnt die weiße Baumwollhäkeldecke, auf der weißen Kommode standen die Wasserschüssel und die Kanne aus Porzellan mit der Rosengirlande, und auf dem Boden lagen die Flickenteppiche, die man hier in jedem Schlafzimmer fand.

Die Tage auf Lista waren für Jorna wie eine Reise zurück in die Zeit ihrer Kindheit, zu den Themen, die damals wichtig gewesen waren: die Tiere, die Landwirtschaft, die Gespräche und Spiele mit ihren Vettern. Auf Lista sah sie kaum deutsche Soldaten und fühlte sich wie in einer Zeitblase, herausgehoben aus der Gegenwart. Hier konnte sie sich sicher fühlen, im Augenblick verlangte niemand eine Entscheidung, sie musste nicht Position ergreifen, sich nicht verteidigen, und musste nichts verheimlichen. Sie durfte die einzelnen Tage abrufen und die Angebote, die diese Tage ihr machten, ausleben. Trotz ihrer Jugend war ihr das Irreale dieses Ausflugs in ihre eigene Vergangenheit bewusst. Denn jetzt war ihre Kindheit zu Ende.

Arbeiten für die Deutschen

Die Rückfahrt mit dem Bus ließ die Zeitblase abrupt platzen. Auf dem Weg sah sie überall deutsche Militärfahrzeuge, einige Male wurden sie kontrolliert, Soldaten überprüften ihre Ausweise. Die Mitreisenden erzählten sich leise Geschichten, die sich jetzt überall abspielten. Geschichten von Einquartierungen und Beschlagnahmungen, aber auch ein paar komische Szenen von Deutschen, die versuchten, im Fjord zu angeln, und dabei alles falsch machten. Auf einer schmalen Straße entlang des Fedafjords war vor ein paar Tagen nachts ein Fahrzeug der Deutschen in den Fjord gestürzt, alle vier Soldaten, die darin saßen, waren dabei umgekommen.

»In Deutschland haben sie wohl solche Straßen nicht, auf den Autobahnen geht es anscheinend nur geradeaus«, hatte einer der Mitreisenden hämisch bemerkt. Jorna zuckte zusammen über diese grobe Bemerkung zum Tod von vier Menschen, und dann ertappte sie sich auch bei der Vorstellung, dass vielleicht ihr junger Soldat einer von den vieren gewesen sein könnte, entschloss sich aber sofort, solche Gedanken nicht mehr zuzulassen.

In Flekkefjord holte Thor sie vom Bus ab und half ihr, den Koffer und eine Tasche voller Lebensmittel zu tragen, die ihr Tante Tilla mitgegeben hatte. Als sie in der Kirkegaten ankamen, kochte ihre Mutter gerade das Mittagessen. Es würde heute Kumpe geben, das waren Klöße aus Mehl und Kartoffeln, die eigentlich mit einem saftigen Stück Hammelfleisch gefüllt waren, aber ob es das jetzt gab?

Liv saß in der Küche und machte Hausaufgaben.

»Hei Mama, da seid ihr alle, wie schön es ist, wieder zuhause zu sein!«

Henny nahm ihre Tochter in den Arm und sagte: »Wir freuen uns auch, dass du wieder da bist. Aber du hast ja viel mehr Gepäck als bei der Abfahrt?«

»Ja, Tante Tilla hat mir einiges für dich mitgegeben! Frischen Salat aus dem Gewächshaus und wunderbare Eier und ganz viel Hellekake.« *Hellekake* waren trockene Pfannkuchen aus Kartoffelteig, die auf der elektrischen Herdplatte gebacken wurden. Man konnte sie eine Zeitlang lagern und dann mit Käse oder Zimt und Zucker oder einer Art süßem gestockten Eierbrei mit Sauermilch essen. Sie alle liebten sie.

Während sie ihre Mitbringsel auspackte, merkte Jorna, dass ihre Mutter sie eindringlich ansah.

»Was ist los, Mama?«

»Ich sage es dir lieber gleich. Die Deutschen waren bei uns. Wir sollen für sie arbeiten, sie schaffen es nicht, ihre Wäsche selbst zu waschen und zu reinigen. Die Arbeit wird natürlich bezahlt, und höchstwahrscheinlich haben wir dann sogar viel mehr zu tun als bisher.«

»Dann müsst ihr euch ja keine Sorgen mehr wegen der Reinigung machen!«

»Schon. Aber was werden die anderen sagen, wenn wir mit den Deutschen Geschäfte machen? Wir können uns ja nicht weigern, trotzdem werden einige es uns verübeln. Und Neider gibt es immer.«

»Ihr habt ja gar keine Wahl, was soll man euch da vorwerfen?«

Jorna hatte das Gefühl, dass sie nun endgültig in die Realität zurückgekehrt war. An den jungen Soldaten hatte sie in den letzten beiden Wochen bei Tante Tilla nur manchmal im Dämmerschlaf gedacht, tagsüber war es ihr gelungen, ihn ganz aus ihren Gedanken fernzuhalten. Jetzt aber stellte sie sich vor, dass er demnächst in den Laden kommen könnte, um ein Paket gewaschener und gebügelter Hemden abzuholen, und sie würde ihn ganz zufällig bedienen. Sie würde ihn flüssig und freundlich auf Deutsch ansprechen, und er würde ihre guten Deutschkenntnisse loben. Dann würde er sie vielleicht fragen, ob sie manchmal ins Kino nebenan ging. So würde es eine Zeitlang hin und her gehen, bis er den Laden verlassen und dabei sagen würde: »Auf Wiedersehen, Fräulein Grønsund.«

Auf Wiedersehen, Fräulein Grønsund.

»Jorna, ich hab dich was gefragt!«, unterbrach ihre Mutter ihren Tagtraum. »Wo bist du denn mit deinen Gedanken? Hol die Butter aus dem Keller und bring deine Sachen nach oben, wir essen bald.«

Die nächsten Wochen waren aufregend. Alles im Ort hatte sich verändert. In den Straßen drängte es sich viel mehr als sonst, die deutschen Soldaten waren überall. Sie planten Befestigungsanlagen, organisierten das tägliche Leben und gaben Geld für Lebensmittel aus. Für manche Läden kein schlechtes Geschäft. Unter den Norwegern blühte eine Art Schwarzhandel mit Zigaretten, die die Deutschen mitgebracht hatten.

Die, die in diese neuen Aktivitäten eingebunden waren, gewöhnten sich schnell an die Situation und arrangierten sich. Andere dachten nur daran, wie man die Eindringlinge so schnell wie möglich wieder aus dem Land treiben könnte.

Der junge Soldat tauchte natürlich nicht persönlich mit seinen Hemden in der Reinigung auf. Alle paar Tage kam ein Militärfahrzeug in der Kirkegaten vorgefahren und brachte große Mengen von Wäsche und Uniformen oder holte die fertige Wäsche, schön gebügelt und verpackt, wieder ab. Jorna bewegte sich ein wenig unschlüssig durch diese veränderte Situation. Sie hatte noch zwei Wochen Zeit, bis sie mit ihrer Arbeit auf dem Telegrafenamt beginnen würde, beschäftigte sich irgendwie und erledigte Dinge, für die ihr später die Zeit fehlen würde. Sie ging bei der Schneiderin vorbei, um sich ein Kostüm nähen zu lassen, das hatte ihre Mutter ihr versprochen. Nach und nach traf sie alle Freundinnen und hörte sich den neuesten Klatsch an. Man erzählte sich, dass ein Mädchen, das etwas außerhalb in Drangeid wohnte und das Jorna vom Sehen kannte, eine Beziehung mit einem deutschen Soldaten begonnen hatte.

»Die braucht sich hier bei uns nicht mehr blicken lassen«, kommentierte Ellen diesen Bericht mit Nachdruck, was in gewisser Weise lächerlich war, denn die Mixing-Mädchen hatten mit ihr nie etwas zu tun gehabt. Turid blickte Jorna in dem Moment in die Augen, sagte aber nichts. Jorna fühlte, wie sie etwas ärgerlich wurde. Hatte Turid den anderen von dem kurzen Ereignis erzählt, wollte sie sie etwa warnen? Kurz darauf wechselten sie das Thema, aber Jorna hatte ihre gute Laune verloren.

In der nächsten Zeit ertappte sie sich immer wieder dabei, dass sie die deutschen Soldaten insgeheim genauer betrachtete. Gelegenheiten, bei denen sie das tun konnte, ohne selbst beobachtet zu werden, gab es genügend. Wenn ein Trupp durch die Straßen marschierte und man stehen bleiben musste, bis sie vorbei waren, oder bei Straßenarbeiten oder einfach, wenn sie Wache hielten oder in kleinen Gruppen patrouillierten. Dann schaute sie schnell alle einzeln an, ob er dabei war, aber sie konnte ihn nicht entdecken. Vielleicht war er auch gar nicht mehr da, war woanders stationiert worden, Flekkefjord nur ein Durchgangsort für ihn gewesen.

Sie wusste es nicht, konnte auch niemanden fragen. Und selbst wenn sie es gewagt hätte – was hätte sie dann fragen sollen? *Wo ist der hübsche junge Soldat mit den großen dunklen Augen, der mich, das gerade siebzehn Jahre alte norwegische Mädchen, damals am 20. April so freundlich angeschaut hatte? Der Soldat, der vielleicht einmal bei uns in der Wäscherei stehen würde? Der meine Mutter nach ihrer zweitältesten Tochter fragen würde? Dem ich beim Einkaufen begegnen würde? Der mich bitten würde, ihm doch einmal ein paar norwegische Wörter beizubringen? Der zuhause in Deutschland vielleicht eine Freundin oder sogar eine Ehefrau hatte? Dem ich eigentlich aus dem Weg gehen müsste? Den ich, verdammt noch mal, ganz schnell aus meinen Gedanken streichen müsste?*

Und wem hätte sie diese Fragen stellen können? Die Frage nach einem Menschen, den sie gar nicht kannte? Eine lächerliche Vorstellung. Das Beste war, die Sache schnell zu vergessen. Ganz abgesehen davon, wie gefährlich das alles sein würde. Man hatte sie ja schon gewarnt. Es war ganz klar, was mit den Mädchen geschehen würde, die glaubten, selbst entscheiden zu können, wen sie lieben und was sie mit ihrem Körper, mit ihren Gedanken, mit ihren Gefühlen machen durften. Denen würde man auch die kalte Schulter zeigen und sie damit aus der Gemeinschaft ausschließen. Was nach dem Krieg passieren würde, das blieb im Ungewissen, aber dass man sich an ihnen rächen würde, daran ließen die anderen keinen Zweifel.

Zwei Norwegerinnen beim Rudern

Juni 1940

Am 1. Juni stand Jorna morgens um 6 Uhr auf. Schon am Abend vorher hatte sie ihre Kleidung zurechtgelegt, ihre Schuhe geputzt und die braune Lederhandtasche gepackt, die sie zum Geburtstag bekommen hatte. Um 7.50 Uhr verließ sie das Haus in der Kirkegaten und ging den kurzen Weg durch den Ort zum Telegrafenamt, um dort ihre erste Stelle anzutreten.

Ihr Herz klopfte, sie war aufgeregt, sie wollte ihre Sache unbedingt gut machen, und sie war stolz, dass sie eine Arbeit gefunden hatte. Die meisten aus ihrer Klasse hatten das noch nicht geschafft.

Wie erwartet, hatte sie sich ganz schnell eingearbeitet, das Morsealphabet gelernt, auch die Technik des schnellen Umstöpselns, und wusste genau die richtigen Sätze zu den passenden Kunden zu sagen. Sie war morgens immer vor den anderen da, räumte auf und bereitete die Arbeitsplätze so vor, dass die Kolleginnen direkt loslegen konnten. Nach kurzer Zeit war sie bei ihnen und ihren Vorgesetzten beliebt, auch die Kunden freuten sich, wenn sie Jornas Stimme am Telefon hörten. Man kannte sie jetzt im ganzen Ort.

Der junge Soldat tauchte jedoch auch im Telegrafenamt nicht auf. Jorna hätte ihn also vergessen können, wenn … Wenn sie nicht an einem schönen Sonntag im Juni mit ihrer Freundin Inger zum Rudern gegangen wäre … Wenn nicht auch der junge Soldat an diesem Sonntag seinen freien Tag gehabt hätte … Wenn er nicht mit einem Kameraden bei Sonnenschein am Fjord gesessen und ausgerechnet dort die Füße ins Wasser gehalten hätte, wo Jorna und ihre Freundin mit dem Ruderboot unterwegs waren …

Vielleicht hat Jorna ihn aus der Ferne erkannt. Vielleicht ist sie mit Absicht dort hingerudert, wo er saß. Vielleicht fühlte sie sich von den beiden Gestalten am Ufer angezogen. Vielleicht war es auch ganz einfach ein Zufall. Ein unbeabsichtigtes Zusammentreffen, das nicht zustande gekommen wäre, wenn es geregnet hätte, oder wenn Jornas Freundin ihre Eltern doch zu einem Besuch bei den Großeltern hätte begleiten müssen.

Das Treffen ist zustande gekommen. Es kam zustande. Es war zustande gekommen. Es hatte einfach zustande kommen müssen.

Er wusste, dass er sie wiedersehen würde, angeblich hatte er seit ihrer ersten Begegnung bei der Brücke gewusst, dass sie einmal seine Frau werden würde. So erzählte er es immer allen in den Jahren danach. Eine kühne Behauptung, die man nachher leicht machen konnte und die auch nicht ohne gewisse Anmaßung war. Was hat er sich eingebildet, dieser junge Soldat? Hat er geglaubt, dass die Sache so leicht werden würde? Dass man als Besatzer nach Norwegen kommen, sich dort in ein junges Mädchen verlieben und erwarten konnte, dass diese Liebe erwidert würde?

Anscheinend hat er das wirklich geglaubt. Aber war es nicht rücksichtslos von ihm, sich einer siebzehnjährigen Norwegerin zu nähern und damit in ihr Leben und das ihrer Familie einzugreifen, so wie man das all den deutschen Soldaten vorwerfen müsste, die eine Beziehung zu einer Norwegerin eingegangen waren?

Sie glaubten, dass sie als Freunde kamen. Die Nazipropaganda hatte ihnen eingebläut, dass Norweger Arier seien, rasseverwandt und damit wertvoll, und dass man alles tun müsse, um einen guten Kontakt zur Zivilbevölkerung aufzubauen. So kam es, dass manche Soldaten, besonders die, die in Südnorwegen stationiert waren, sich fast wie im Urlaub fühlten, und dann selbst überrascht und enttäuscht waren, wenn sie feststellen mussten, dass viele Einheimische ihnen mit Ablehnung und Verachtung entgegentraten.

All dies mag das Verhalten der Soldaten begründen und entschuldigen, aber es gibt nur eine wirkliche Erklärung, die zählt, die sowohl für die deutschen Soldaten als auch für die norwegischen Frauen galt. Dass man jung ist und sich verliebt, so einfach ist das. Und dass alles andere dann nicht mehr zählt, nur die Sehnsucht nach dem anderen, die Liebe.

Und so ist es geschehen, am 16. Juni 1940, an einem sonnigen Tag, begegneten sich Jorna und Heinz zum ersten Mal. Einen Tag später, am 17. Juni, unterbreitete Frankreich Deutschland ein Waffenstillstandsangebot, am 22. Juni wurde es unterschrieben, genau elf Jahre, bevor die erste Tochter dieser beiden Menschen, die sich gerade kennenlernten, geboren wurde.

Aber selbst die größten geschichtlichen Umwälzungen können nicht verhindern, dass zwei jungen Menschen dies völlig egal ist, dass sie in diesem Augenblick gerade damit anfangen, ein Paar zu werden, dass sie sich unsterblich in einander verlieben, alles vergessen, was sie trennt, Nationalität, Familie, gesunder Menschenverstand.

•

Es war ein herrlicher Tag, ein richtiger nordischer Sommertag, warm, aber trotzdem klar, keine Wolke am Himmel, nur strahlendes Blau. Auf dem Fjord war es still, einzelne kleine Wellen kräuselten das silbrig-bläuliche Wasser, und selbst die Möwen standen bewegungslos auf den flachen Felsen, ohne einen Laut von sich zu geben, als ob die Zeit für ein paar Sekunden lang stehen geblieben sei.

Jorna hatte die beiden Soldaten gesehen, hatte aus der Ferne die Größe und Statur des Kleineren genau taxiert. Sie war sofort entschlossen, die Sache selbst in die Hand zu nehmen. Der Zufall war eingetreten, wer weiß, ob er sich ein zweites Mal so leicht einstellen würde. Jetzt war es an ihr zu handeln. Sie steuerte auf die beiden zu, sie musste näher herankommen, um ganz genau sagen zu können, wen sie da vor sich hatte.

»Inger, lass uns in Grønnes an Land gehen, vielleicht treffen wir da jemanden von den anderen.« Grønnes war einer der beiden Badeplätze von Flekkefjord.

»Wenn du meinst. Ich dachte, wir wollten noch ein bisschen weiter auf den Fjord hinausfahren, so still, wie das Wasser heute ist.«

»Ja, das machen wir schon noch«, beruhigte Jorna sie.

Er könnte es sein. Heute trug er keine Kopfbedeckung, und seine schwarzen Haare glänzten in der Sonne. Die beiden Soldaten unterhielten sich, schienen erst keine Notiz von den Mädchen im Ruderboot zu nehmen, doch irgendwann wurden auch sie aufmerksam. Und noch bevor Jorna wusste, dass es sich bei dem Schwarzhaarigen mit den dunklen Augen um »ihren« Soldaten handelte, hatte er sie wohl schon erkannt.

»Jorna, du fährst ja genau auf die zwei Soldaten zu! Die gucken schon!«

»Das macht doch nichts, sie sitzen ja an der Anlegestelle, da müssen wir auch an Land.«

»Und wenn sie uns ansprechen, was machen wir dann? Wir sollen uns doch von ihnen fernhalten!«

»Dann reden wir eben ein bisschen mit ihnen, das wird wohl kein Verbrechen sein.«

»Von mir aus, wenn du unbedingt willst. Mein Deutsch ist sowieso so schlecht, ich kann nicht mit ihnen sprechen.«

Ja, Jorna wollte unbedingt. Sie hatte ihn erkannt, er war nicht mehr so blass wir damals beim Einmarsch, er hatte Farbe bekommen. Die frische Luft in Norwegen hatte ihm offenbar gutgetan, er sah noch besser aus, als sie ihn in Erinnerung hatte.

Es waren nur noch wenige Ruderschläge bis zur Kaimauer. Inger protestierte nicht mehr, mit einer Mischung aus Bedenken und Bewunderung ließ sie Jorna machen und beobachtete, was passierte. Drei Schläge noch. Inger müsste eigentlich gleich aufstehen und das Tau an der Treppe festmachen, doch sie blieb bewegungslos sitzen und guckte bloß. Für einen Augenblick drohte die Situation peinlich zu werden, aber bevor es dazu kommen konnte, war der Schwarzhaarige schon aufgesprungen. Er beugte sich zu ihnen herab, lächelte Jorna aufmunternd an, streckte die Hand aus und sagte auf Deutsch: »Kann ich Ihnen helfen, mein Fräulein? Geben Sie mir das Tau, dann kann ich es für Sie festmachen.«

Einen Moment lang sah es so aus, als ob er ihr die Hand reichen wollte, um ihr aus dem Boot zu helfen. Er zögerte kurz, vielleicht wäre diese Berührung der Hände doch zu aufdringlich gewesen, hätte sie in eine unangenehme Situation gebracht. Das kurze Zögern hatte gereicht. Jorna war von allein auf die erste trockene Stufe der Leiter getreten, hatte sich umgedreht und Inger ihre Hand gereicht, der jetzt nichts anderes übrig blieb, als auch aus dem Boot zu steigen, alles andere wäre sehr sonderbar gewesen.

Da standen sie sich nun auf der Kaimauer gegenüber: zwei norwegische Mädchen und zwei deutsche Soldaten. Unter anderen Umständen wäre es eine befremdliche Situation gewesen. Aber so wie der Schwarzhaarige sich ihnen gegenüber verhielt auf seine freundliche, sogar etwas galante Art, mit der Offenheit und dem Respekt, mit dem er ihnen begegnete, war das Eis gleich gebrochen. Selbst Inger schien in seiner Gegenwart ihre ablehnende Haltung zu verlieren und lächelte sogar etwas.

»Das ist wirklich ein herrlicher Tag heute! Man kann gut verstehen, dass ihr mit dem Ruderboot unterwegs seid.«

Der Schwarzhaarige hatte schnell zum Du gewechselt, das »Sie« und »mein Fräulein« schienen ihm jetzt doch zu förmlich. Sicherlich hatte er schon mitbekommen, dass die Norweger das Sie spärlicher benutzten als die Deutschen.

»Ich heiße Heinz, und mein Kamerad heißt Fritz. Schön, euch kennenzulernen.«

In Jornas Kopf überschlugen sich Tausende von Gedanken. Sie dachte an die Begegnung auf der Brücke, das Gefühl, das sie damals verspürte. Ein Gefühl, das sie noch nie gehabt hatte. Sie dachte aber auch an die unverhüllten, ausgesprochenen und unausgesprochenen Warnungen und gleichzeitig an ihre Gleichgültigkeit den Warnungen gegenüber, die sie selbst überraschte, die ihr aber eine nie gekannte Euphorie und einen ganz neuen Mut bescherte. Sie wollte sich nicht aufhalten lassen, sie war wie in einer Art Rauschzustand.

Heinz hatte bewusst langsam und deutlich gesprochen, und so hatte Jorna zu ihrer Freude alles verstanden und konnte gleich antworten. Deutsch war ja gar kein Problem.

»Ich bin Jorna, und das ist mein Freundin Inger.«

Heinz strahlte sie an, ohne ein Wort zu sagen. Ja, sie war es! Er hatte sie gefunden, die junge Frau, mit der er den Rest seines Lebens verbringen würde. Jetzt war alles nur noch eine Frage der Zeit. Er würde sie nicht mehr aus den Augen verlieren. Das, was er sich so sehr gewünscht hatte, war eingetreten: Die junge Frau vom Straßenrand, die ihm damals einen heimlichen Blick zugeworfen hatte, der sein ganzes Leben auf den Kopf stellte, stand vor ihm, aus Fleisch und Blut! Ein nordisches Schneewittchen, die Haare nicht wie Ebenholz, sondern wie reines Mahagoni, die Haut nicht elfenbeinweiß, sondern haselnussbraun. Aber die Lippen – sie waren rot wie Blut, wie im Märchen. Er konnte seinen Blick kaum von ihr losreißen. Später hatte er immer wieder von dieser Begegnung gesprochen.

Ja, wollte er denn gar nichts mehr sagen? Da redete Jorna einfach weiter und vergaß völlig ihre sonstige Zurückhaltung.

»Inger und ich waren zusammen in einer Klasse. Jetzt sind wir mit der Schule fertig, und ich arbeite im Telegrafenamt. Inger arbeitet in einem Geschäft für Kleider, für Damen.«

»Ah, in einem Damenoberbekleidungsgeschäft!« Jetzt sagte Fritz auch einmal etwas.

»Ja, *Damenoberbekleidungsgeschäft*. Eines dieser langen deutschen Wörter, unser Lehrer hat uns davon erzählt. Wie Donaudampfschifffahrtskapitän oder so.« Alle lachten.

Jetzt hatte auch Heinz sich gefangen. Er war aus seinen Träumen in die nicht weniger schöne Wirklichkeit zurückgekommen und konnte wieder an dem Gespräch teilnehmen:

»Du sprichst gut Deutsch, Jorna. Da hat euer Lehrer euch ja einiges beigebracht. Sprichst du auch Deutsch, Inger?«

»Leider nur ganz wenig, ich wollte lieber Englisch lernen.« Inger sagte dies etwas trotzig, und Heinz oder Fritz hätten jetzt eine abfällige Bemerkung über die Engländer machen können, so wie: »Na, dein Englisch nützt dir jetzt nicht mehr viel« oder: »Leider war der Tommy nicht schnell genug, sonst hättest du jetzt dein Englisch aufpolieren können.«

Aber keiner wollte die gute Stimmung kaputt machen, und so sagte Heinz nur: »Ich würde gern etwas Norwegisch lernen. Es kann ja gut sein, dass wir länger hier bleiben. Jorna, vielleicht könntest du mir ja ein paar Wörter beibringen?«

Inger schaute betreten zu Boden, aber Jorna antwortete ihm gleich. »Ich weiß nicht, ob ich eine gute Lehrerin wäre. Mit meiner Schwester mache ich manchmal Hausaufgaben, aber sie ist eine hervorragende Schülerin.«

»Leider war ich kein hervorragender Schüler, doch mit dir als Lehrerin könnte es ja klappen«, erwiderte Heinz und sah sie dabei schelmisch an.

Wieder lachten alle. Auch Inger lächelte jetzt, aber Jorna merkte, dass sie gehen wollte.

»Ich glaube, wir müssen wieder los. Wir wollten noch ein bisschen raus auf den Fjord.«

»Schade! Ich hoffe, wir sehen uns noch mal im Ort. Wohnst du direkt in Flekkefjord?«

Jorna überlegte, was sie jetzt sagen sollte, sie konnte Heinz ja schlecht ihre Adresse geben.

»Ich wohne unten beim Kino. Das kennst du doch sicher.«

»Ja, klar. Da sind mehrere Läden, ein Uhrmacher, eine Imbissstube und auch eine Reinigung, glaube ich.«

Jorna hatte das Gefühl, dass sie rot wurde. »Das sind meine Eltern, ihnen gehört die Reinigung.«

Sie hatte ihm einfach gesagt, wo sie wohnte, als ob es das Normalste auf der Welt wäre! Jetzt kannte er ihre Adresse, wusste, wie er sie finden konnte. Sie spürte, wie Inger sie anschaute mit diesem »Das hättest du nicht tun dürfen«-Blick, der ihr auf einmal ganz egal war.

»Dann sehen wir uns bestimmt mal.«

Inger blickte Jorna noch strenger an, als wollte sie sagen: »Pass auf, was du sagst!«

Jorna nahm das Tau, mit dem das Boot an der Treppe befestigt war, und lächelte Heinz zum Abschied zu. »Jetzt müssen wir aber wirklich los. Auf Wiedersehen, oder wie wir Norweger sagen: *Ha det*! Das heißt ›Mach's gut!‹«

Inger saß schon im Boot und warf noch einmal einen Blick auf Fritz, der offensichtlich nicht recht wusste, wie er sich verhalten sollte. Er und Inger wirkten wie Statisten, während alle Aufmerksamkeit sich auf die beiden anderen konzentrierte, die um sich herum alles zu vergessen schienen. »*Ha det*, Jorna. Und hoffentlich bis bald!«, rief Heinz ihr nach.

Jorna und Inger ruderten schweigend los. Erst als sie weiter draußen waren, schaute Inger Jorna vorwurfsvoll an.

»Du hast ihm deine Adresse gegeben.«

»Das habe ich nicht, aber er hat es ja gleich gewusst. Außerdem hätte er sie sowieso herausbekommen, man kann hier nichts geheim halten. Findest du das schlimm? Er war doch nett und höflich. Und er hatte feine Manieren.«

»Ich weiß nicht, ob das jetzt schon schlimm ist, aber es könnte schlimm werden. Aber recht hast du schon, er war wirklich sehr nett und auch besonders freundlich. Wie fandest du denn den anderen? Er hat kaum etwas gesagt, war aber auch sympathisch. Ach, ich hab ja so wenig verstanden. Das Beste ist, sich das alles aus dem Kopf zu schlagen. Wir erzählen unseren Eltern lieber nicht, dass wir mit zwei deutschen Soldaten gesprochen haben.«

»Da gibt es ja auch nicht viel zu erzählen. Was machst du morgen?«

»Ich fange morgen erst mittags an zu arbeiten, am Vormittag muss ich meiner Mutter im Haus helfen. Aber du kannst mich am Nachmittag nach deiner Arbeit im Laden besuchen, dann ist die Chefin nicht da. Wir haben neue Sachen bekommen, die sind noch im Lager. Sind ein paar schöne Stücke dabei, vielleicht auch für dich etwas.«

»Ja, das mache ich.«

Entgegen ihren Ankündigungen fuhren Jorna und Inger dann doch nicht mehr so weit hinaus auf den Fjord. Sie unterhielten sich über alle möglichen Belanglosigkeiten, erwähnten die Begegnung mit den beiden Soldaten aber nicht mehr.

Als Jorna nach Hause kam, war die Wohnung leer, auch von den Nachbarn war weit und breit niemand zu sehen, was ungewöhnlich war, denn der Hof war meistens voller Leute. Bei schönem Wetter saß eigentlich immer jemand mit einer Tasse Kaffee oder einer Zigarette in der Hand auf der Bank. Hier wurden die letzten Neuigkeiten aus dem Ort weitergegeben, und man hatte immer Gesellschaft.

Heute waren alle unterwegs. Vielleicht waren sie auf ihren Hütten oder auf dem Fjord. Vielleicht aber auch bei Verwandten auf den umliegenden Höfen, um zu sehen, ob da schon etwas frisches Gemüse oder ein paar Eier zu bekommen wären. An solch einem schönen Sommertag blieb kein Norweger im Haus, bis auf ein paar Alte und Gebrechliche.

Jorna war es ganz recht. Sie stellte ihre Tasche in der Küche ab und ging gleich wieder hinaus, an der Werkstatt vorbei, und schaute kurz in das kleine Gewächshaus, wo die Tomatenpflanzen schon die ersten grünen Früchte trugen. Hier war es brütend heiß. Dann weiter unten an die Elva, wo die rote Scheune stand, in der die Wäsche zum Trocknen hing.

Jorna setzte sich auf die Mauer beim Anleger in die Nachmittagssonne. Seit sie sich von Inger verabschiedet hatte, hatte sie im Stillen immer wieder die Sätze wiederholt, die Heinz zu ihr gesagt hatte. »Kann ich Ihnen helfen, mein Fräulein?« Das klang so sanft, so geschmeidig, nicht wie das Deutsch, das ihr Vater manchmal nachäffte, mit den vielen kehligen Lauten und den schnarrenden

Rs und CHs, wie in »Achtung, Achtung, meine Herrschaften!« Dazu nahm er Haltung an, knallte die Hacken zusammen und drückte die Schultern nach hinten wie die Karikatur eines preußischen Soldaten. Manchmal sprach Aksel auch einfach so ein Phantasiedeutsch, bei dem er einfach an alle möglichen Wörter ein – en dranhängte, und es klang wirklich ein weinig wie Deutsch.

Heinz' Deutsch war ganz anders als das ihres Vaters. Oder hörte es sich für sie nur so an? Vielleicht waren es auch seine Augen, diese großen dunklen Augen, die sie so intensiv angeblickt hatten und die ihm bald den Spitznamen »Samtauge«, »fløyelsøyne«, im Ort einbringen sollten. Ja, natürlich trug er auch eine Uniform, die stand ihm ziemlich gut, und er gefiel ihr in dieser Uniform, obwohl sein ganzes Wesen, seine Ausstrahlung nichts Militärisches hatte. Seine Gesichtszüge waren eher weich, hatten nicht so etwas Scharfes, Kantiges wie die ihres Vaters zum Beispiel.

Und auf einmal wusste sie es: Sie hatte sich total verknallt, sich eigentlich schon im allerersten Moment auf der Brücke in ihn verliebt. Auf einmal packte sie so eine Lust ihn wiederzutreffen, am liebsten wäre sie sofort zu Fuß nach Grønnes gelaufen, um zu sehen, ob Heinz immer noch dort auf dem Kai saß. Sie wollte ihm sagen, dass sie ihm natürlich sehr gerne ein bisschen Norwegisch beibringen würde, und ja, klar, rudern könnten sie auch zusammen. Auf Lilleheia könnte sie ihn mitnehmen, damit er den Blick über die Stadt und den Fjord mit ihr genießen könnte. In ein paar Wochen könnten sie da oben Himbeeren pflücken, Ende August würde es massenweise Blaubeeren geben, und, und … Und am allerliebsten würde sie mit ihm dort im Gras liegen und ihn küssen.

Jetzt hatte sie es gedacht, was sie vorher nicht gewagt hatte, jetzt war es raus. Es wusste zwar niemand, aber für sie war es auf einmal Wirklichkeit, so als ob es schon längst geschehen wäre. Sie erschrak vor sich selbst. Was war mit ihr passiert, hatte sie völlig die Kontrolle verloren? Es fühlte sich wunderschön an, aber es machte ihr auch Angst. Inger hatte gesagt, dass es auf Grønnes noch nicht schlimm war. Aber war denn jetzt, zwei Stunden später, schon der Zustand gekommen, bei dem es schlimm war, jetzt wo sie selbst wusste, dass es passieren musste, dass eigentlich alles schon passiert war? Es war zwecklos, noch irgendwelche Zweifel zu haben, alles war entschieden. Von jetzt an gab es Heinz in Jornas Leben.

Heinz. Ein Deutscher. Einer der Soldaten, die ihr Land besetzt hatten. Der Feind. Sie hatten den Norwegern ihre Freiheit genommen, den König vertrieben, sie zu Befehlsempfängern in ihrem eigenen Haus gemacht. Wenn man sich mit einem von ihnen einließ, dann war man eine Verräterin, genauso so schlecht wie ein *Quisling*, ein norwegischer Nazi. Die Zeitungen waren voller Warnungen an die jungen Mädchen, dass man nicht glauben dürfe, dass Politik und Liebe nichts miteinander zu tun hätten. Sie wusste das, alle redeten darüber. Aber was sollte sie machen? Heinz war doch jetzt da.

»Heinz.« Sie hatte seinen Namen laut ausgesprochen. »Ach, Heinz, wie schön, dass du nach Norwegen gekommen bist.«

Die Sonne war hinter der Scheune verschwunden. Jorna saß jetzt im Schatten, und plötzlich war ihr kalt. Sie stand auf, drehte sich um und sah, dass oben im Hof ihre Eltern standen und zu ihr hinunterschauten. In diesem Augenblick wurde ihr klar, dass sie niemandem etwas sagen durfte. Nicht ihren Eltern, nicht ihrer großen Schwester, nicht ihren Freundinnen. Ab jetzt hatte sie ein Geheimnis. Nicht so ein kleines Geheimnis wie ihre Phantasiespiele mit dem großen Kleiderschrank oder der Fahrt über den Atlantik mit riesigen Überseekoffern. Jetzt hatte sie ein echtes Lebensgeheimnis.

Sie ging schnell hoch zu den anderen und begrüßte sie, erzählte von der Bootsfahrt, von dem herrlichen Tag auf dem Wasser, fragte ihre Eltern, was sie gemacht hatten, und versuchte, ganz normal zu wirken. Nur ihre Mutter schaute sie fragend an.

»Du scheinst einen schönen Tag gehabt zu haben, du strahlst so.«

»Ja, es war auch schön, da draußen auf dem Wasser kann man den Krieg einfach vergessen.«

»Wenn das so leicht wäre«, stöhnte ihre Mutter, »aber du bist ja noch jung und hast schon recht. Du solltest dir eigentlich noch keine Gedanken machen.«

Der Abend verlief wie alle Abende. Später kamen Aud und ihr Mann Arthur vorbei, um zu hören, was es Neues gab. Jorna sagte nicht viel, aber es fiel niemandem auf, und gegen elf gingen alle ins Bett, obwohl es immer noch taghell war. Mittsommer. In einer Woche war Sankt Hans, der längste Tag.

Am nächsten Morgen wachte Jorna früh auf. Heute überlegte sie sich besonders genau, was sie anziehen würde. Sie musste schließlich davon ausgehen, Heinz zu jeder Tageszeit irgendwo zu treffen. Er wusste jetzt, wo er sie finden würde, und dann wollte sie besonders schön sein. Sie warf einen letzten Blick in den Spiegel und ging zufrieden nach unten. In der Küche trank sie ein Glas warme Milch, schmierte sich ein Butterbrot mit Käse und wickelte es sorgfältig in Pergamentpapier ein.

»Bis heute Abend, Mama! Nach der Arbeit schau ich noch bei Inger vorbei, sie haben neue Ware bekommen, und für meinen ersten Lohn würde ich mir gerne ein schönes Kleid kaufen.«

»Tu das, solange es noch Kleider zu kaufen gibt! Ich habe gehört, es würde schon alles knapper. Irgendwann haben die Leute nichts mehr anzuziehen und wir nichts mehr zu reinigen, außer den Sachen von den Deutschen.«

»Mama, jetzt mach dir nicht so viele Sorgen! Es wird schon alles wieder gut werden!« Mit diesen Worten öffnete Jorna die Tür und trat hinaus in die Sonne.

Das smaragdgrüne Kleid

In Telegrafenamt lief alles wie gewohnt, und nach Dienstschluss ging Jorna zu Inger in den Laden. Ihre Freundin führte sie in den hinteren Raum, der als Lager diente und in dem alles verstaut war, was gerade nicht verkauft werden konnte. Hauptsächlich wollene Winterkleidung, aber auch die neuen Kleider, die die Chefin am nächsten Tag in den Verkauf geben wollte. Sie war sich sicher, dass an Sankt Hans viele Frauen gerne ein neues Kleid ausführen und alles schnell ausverkauft sein würde. Die Deutschen erlaubten den Norwegern zwar nicht, großartig zu feiern, aber man wollte ihnen zeigen, dass man sich nicht unterkriegen ließ, und dass Sankt Hans hierzulande ein wichtiger Tag war. Fast so wichtig wie der 17. Mai, der norwegische Nationalfeiertag, an dem die Deutschen alle Aufmärsche, die Umzüge der Musikkapellen und das Schwenken der Fahnen verboten hatten.

Jorna schaute die einzelnen Kleider aufmerksam und kritisch durch, prüfte sorgfältig Stoff, Schnitt und Größe. Inger hatte recht gehabt, ein paar Modelle waren sehr schön, keine schwarzen Krähenkleider für schlecht gelaunte Bibeltanten, sondern für junge Mädchen, die sich für ihren Liebsten schön machen wollten.

Ein Kleid aus einem leichten, fließenden Wollstoff gefiel ihr besonders gut. Es war smaragdgrün, hatte Ärmel bis über die Ellenbogen, einen spitz zulaufenden Kragen und einen Rock mit zwei Kellerfalten, außerdem schien es genau ihre Größe zu haben.

»Inger, das Grüne hier gefällt mir sehr gut! Meinst du, ich könnte es mal anprobieren?«

»Ja, zieh es nur an, wir schließen gleich, heute kommt niemand mehr. Wenn du es angezogen hast, kannst du vorkommen und dich draußen im Spiegel anschauen. Aber sei bloß vorsichtig damit.«

Das hätte sie ihr nicht sagen müssen. Behutsam nahm Jorna das Kleid vom Bügel, zog es über den Kopf und drehte die Arme auf den Rücken, um den Reißverschluss hochzuziehen, ohne dabei etwas von dem Stoff einzuklemmen. Sie arrangierte den Kragen, schloss den schmalen Gürtel, schlüpfte wieder in ihre Schuhe und war fertig. Das Kleid passte ihr, als ob ihre Schneiderin es ganz auf sie zugeschnitten hätte. Jetzt musste sie sich nur noch vorn im Spiegel sehen, um sicher zu sein.

Inger hatte schon auf sie gewartet, und noch bevor Jorna sich selbst im Spiegel anschauen konnte, sah sie am Gesichtsausdruck der Freundin, dass sie die richtige Wahl getroffen hatte.

»Du siehst toll aus! Die Farbe steht dir phantastisch, sie passt zu deinen dunklen Haaren.«

Jorna ging zum Spiegel. Inger hatte recht. Das Smaragdgrün ließ sie strahlen, der Schnitt ließ sie auf einmal wie eine weltläufige junge Dame aussehen, nicht wie eine Siebzehnjährige, die gerade mit der Schule fertig war. Sie musste dieses Kleid unbedingt haben.

»Hast du eine Ahnung, was es kosten soll?«

»Das weiß ich leider nicht, aber ich nehme an, die Chefin wird es nicht so teuer machen. Diese kleine Größe passt nicht vielen, und die Farbe ist ziemlich auffällig. Wahrscheinlich bist du sowieso die einzige im Ort, die es tragen kann. Komm morgen Mittag in deiner Pause vorbei, dann hat sie es sicher ausgezeichnet und in den Verkaufsraum gehängt.«

»Das mache ich, Inger, vielen Dank!«

Auf einmal schaute Inger sie kritisch an und biss sich auf die Unterlippe, als wüsste sie nicht genau, ob sie das, was sie jetzt dachte, wirklich aussprechen sollte.

»Wenn du dieses Kleid anhast, wird Heinz dich noch verliebter anschauen. Vielleicht solltest du es lieber nicht kaufen.«

»Ach, Inger, was redest du denn da? Das Kleid hat überhaupt nichts mit ihm zu tun.«

Als Jorna das sagte, wurde ihr bewusst, dass das eine glatte Lüge war. Sie durfte ab jetzt nicht immer die ganze Wahrheit sagen, musste lernen, sich zu verstellen, zu schweigen. Das war nicht leicht. Wie gerne hätte sie ihrer Freundin von ihren Träumen erzählt, ihr berichtet, was sie alles mit Heinz unternehmen wollte, welche norwegischen Wörter und Sätze sie ihm beibringen wollte. Stattdessen musste sie tun, als wäre er ihr völlig gleichgültig.

Liebe Mutter,
war das der erste Moment des bewussten Verschweigens, die Geburt deines Geheimnisses? Du hast geschwiegen, du hast jahrelang geschwiegen, du hast Jahrzehnte lang geschwiegen. Du hast eine um die andere Gelegenheit verstreichen lassen, bei der du etwas hättest sagen können. Du hast bis über deinen Tod hinaus geschwiegen.
Hat dein Verschweigen an diesem Augenblick begonnen? Oder ist diese Erklärung nur ein Versuch meinerseits, deine Beziehung zu deinem Geheimnis zu entschlüsseln? Seitdem ich von deinem Verschweigen weiß, frage ich mich, wie du es aushalten konntest, einen solch wichtigen Teil deines Lebens vor mir und meiner Schwester geheim zu halten. Keiner von uns hätte dich jemals verurteilt für das, was du getan hast.
Oder täusche ich mich in mir selbst? Hätte ich es an deiner

Stelle genauso gemacht? Haben dir nicht alle Erfahrungen immer von Neuem den Beweis angetreten, dass es besser ist zu schweigen, dass einmal Gesagtes nicht mehr zurückgeholt werden kann? »Sag es nicht, es geht sie nichts an, sag es ihnen nicht, sie würden es doch nicht verstehen. Sprich es nicht an, sprich es nicht aus.« War das die Schleife in deinem Kopf? Lag diese Haltung in deinem Charakter, und haben die Dinge, die dann passiert sind, diesen Charakter noch verstärkt?
Ist meine Art, am liebsten immer alles gleich zu erzählen, wirklich Offenheit oder eher Naivität, nachgeborene Unbedarftheit? Oder bin ich einfach nur das Gegenprogramm, die Antithese?
Ich spürte, nein, ich wusste, dass da etwas war, und war zu feige, zu rücksichtsvoll, etwas zu sagen, zu fragen, und wollte selbst unbewusst immer ganz anders sein als du. Jetzt bist du mein Geheimnis, mein Entschlüsselungsvermächtnis. Ich weiß, dass du uns schützen wolltest. Das ist dir gelungen, dafür danke ich dir. Wenn wir gewusst hätten, wie deine norwegischen Landsleute damals über dich gedacht haben, hätte uns das die Selbstverständlichkeit genommen, mit der wir uns dort immer willkommen gefühlt haben.
Aber jetzt will ich es wissen. Will wissen, was du gedacht haben könntest, deine Gefühle, deine Antriebe, deine Tricks, deinen Überlebenswillen kennenlernen. Ich werde am Ende nicht sagen können, dass ich dich entschlüsselt hätte, ein großer Teil deines Geheimnisses wird dir bleiben. Und wenn ich auch mehr über mich selbst als über dich herausfinde, so wird mir eines immer klarer: Du warst eine mutige Frau, bis zum Schluss.

Am nächsten Tag ging Jorna in der Mittagspause zu Inger in den Laden und kaufte das Kleid. Es war tatsächlich erschwinglich, und am Abend hing das smaragdgrüne Kleid in Jornas schmalem Kleiderschrank und wartete darauf, zum ersten Mal ausgeführt zu werden.

Auch Jorna wartete. Sie wartete auf die nächste Begegnung mit Heinz.

Heinz hält Ausschau

Heinz hatte in seiner Freizeit einige Spaziergänge durch den Ort gemacht, hatte sich immer wieder, soweit sein Dienstplan es erlaubte, aufgehalten an Stellen, an denen Jorna vielleicht vorbeikommen würde. Er war am Telegrafenamt vorbeigeschlendert, hatte sich auf eine Bank gesetzt in dem kleinen Park, der daneben lag, er war die Kirkegaten heruntergegangen, an der Reinigung der Grønsunds vorbei bis zum Kino, hatte dabei die Hausnummer 36 genauer beobachtet und sich überlegt, hinter welchem Fenster wohl Jornas Zimmer war. Auch seinen Kameraden Fritz hatte er gebeten, nach ihr Ausschau zu halten und ihm sofort Bescheid zu geben, falls er sie irgendwo sah. Aber vergeblich.

Heinz musste sich also etwas ausdenken. Er könnte in das Damenoberkleidungsgeschäft gehen und Inger einen Brief für Jorna geben, war sich aber nicht sicher, wie sie reagieren würde. Ihm war gleich aufgefallen, dass Inger ihm gegenüber reservierter war als Jorna. Außerdem hätte er dann eine Mitwisserin.

Er könnte Jorna eine Nachricht in den Briefkasten der Familie werfen. Aber selbst wenn er den Absender wegließe, könnten die Eltern Verdacht schöpfen, sie zur Rede stellen, den Brief gleich ganz kassieren oder öffnen.

Am besten wäre es, er schickte ihr einen Brief an ihre Arbeitsstelle, natürlich ebenfalls ohne Absender. Aber auch das könnte argwöhnisch betrachtet werden.

Jorna mit Hut

»Und wenn ich sie einfach anrufe? Sie sitzt ja praktisch an der Schaltstelle! Sie ist das Mädchen an den Stöpseln, das Fräulein vom Amt, diejenige, die die Verbindungen herstellt, die Menschen zusammenführt!«

Eine romantische Vorstellung. Vielleicht könnte sie diejenige sein, die ihr eigenes Schicksal lenkt? Ein siebzehnjähriges Mädchen als Schicksalsfügerin? Er hatte sie noch gar nicht kennengelernt, und schon fing er an, diese Frau zu romantisieren. Ihre Jugendlichkeit hatte so etwas Bestimmtes, er traute ihr zu, dass sie es am Ende selbst in die Hand nehmen würde.

Er fand dann jemanden, der sie anrief, quasi dienstlich, das würde niemandem auffallen, und dabei konnte er ihr eine Botschaft übermitteln. Es klappte, sie hatte schnell reagiert, es war wirklich niemandem aufgefallen. Die beiden hatten jetzt einen unauffälligen Kommunikationskanal und konnten sich heimlich treffen. Aber wie und wo? Das musste Jorna sich ausdenken.

Norwegian Woods

Auf nichts hatte Jorna in ihrem bisherigen jungen Leben so gewartet wie auf diese Botschaft und sich dabei die ganze Zeit überlegt, wo sie sich mit Heinz treffen könnte.

Zuallererst musste es natürlich ein Ort sein, der absolut geheim war, an dem sie vor einer unerwarteten Entdeckung sicher waren, auch sollte niemand sie sehen auf dem Weg dorthin, und niemand durfte hören, worüber sie sprachen. Das war das Wichtigste. Aber es musste auch ein schöner Ort sein, der Heinz gefallen würde, der ein wenig romantisch wäre. Romantisch und irgendwie typisch norwegisch.

Natürlich bot die Umgebung Flekkefjords lauter Plätze, die unendlich romantisch waren: glatt polierte Felsbänke mit Ausblick auf den gesamten Fjord, knorrige Kiefernwäldchen mit moosigem Boden, glasklare Seen mit kleinen Inselchen, auf denen ein wenig Heidekraut und eine einzelne Esche standen. Doch wie sollte sie ihn zu diesen Plätzen dirigieren?

Da fiel ihr das Bootshaus ein. Genau das, was sie suchte. Ein älterer Onkel ihres Vaters hatte ein hölzernes Motorboot, mit dem er zum Fischen auf den Fjord fuhr. Das Bootshaus stand etwas abseits, und da der Onkel sich vor Kurzem ein Bein gebrochen hatte, konnte Jorna sich ziemlich sicher sein, dass er in den nächsten Tagen dort nicht auftauchen würde.

Das war ihr Platz, dorthin würde sie Heinz bestellen. In dem Bootshaus würden sie absolut sicher sein. Sie wusste, wo der Schlüssel war, keiner würde sie dort entdecken. Doch dann kamen ihr Zweifel. Wäre das nicht viel zu gefährlich? Konnte sie das überhaupt wagen, sie würde ganz allein mit ihm dort sein, eigentlich kannte sie ihn doch gar nicht? Sie wäre ihm wirklich ausgeliefert in dieser Situation. Er war doch der Feind, das sagte ihr der Verstand, aber ihr Gefühl sagte ihr etwas ganz anderes. Ihr Gefühl vermittelte ihr so viel Zutrauen zu ihm, dass sie ihm jetzt schon bis ans Ende der Welt folgen würde wie einem Menschen, den man seit frühester Jugend kennt. Nur – würde er sich womöglich denken, dass sie kein anständiges Mädchen wäre, weil sie sich gleich für das erste Treffen einen solchen Ort ausdachte?

Nein, das Bootshaus musste sie sich für ein späteres Treffen aufbewahren, der Sommer war ja noch lang. Also doch ein Spaziergang, vielleicht oberhalb der Bucht, in der das Bootshaus lag? Sie würde es ihm zeigen, und dann könnten sie bei einem nächsten Treffen dort hingehen. Ja, das war es.

Drei Tage später, abends um neun Uhr, sollte es sein. Die Sonne schien noch, es hatte sich etwas abgekühlt, aber eine Strickjacke genügte. Jorna hatte ein einfaches Sommerkleid ausgesucht. Das schöne neue Kleid wäre viel zu auffällig gewesen, das musste noch warten. Sie hatte Heinz ausrichten lassen, er solle an eine Wegkreuzung hinter dem Ort kommen, Richtung Austad, am Friedhof vorbei. Bei der ersten Kreuzung müsste er den rechten Weg nehmen, und nach ein paar Metern würde sie im Wald auf ihn warten. Sie hatte alles genau erklärt, aber konnte jemand, der die Gegend nicht kannte, diesen Weg auch finden? Jorna überlegte hin und her, wie sie sichergehen konnte, dass Heinz nicht zu spät abbiegen würde oder an sonst einer Stelle eine falsche Abzweigung nehmen könnte.

Sie war früher losgegangen, damit sie ihn von einer etwas höher gelegenen Position aus von Ferne beobachten konnte, und falls er vom Weg abkam – was hoffentlich nicht passierte – sie ihm würde folgen können. Auch wollte sie sicher sein, dass niemand sie selbst beobachtete, wenn sie in den Waldpfad einbog. Das schien geklappt zu haben. Beim Gehen merkte sie, wie ihr Herz klopfte, und das kam nicht von ihren schnellen Schritten! Sie musste sich ein bisschen beruhigen. Jetzt hatte sie die Wiesen der Bauern hinter sich gelassen und war in dem Waldstück angekommen, das sie sich ausgesucht hatte. Immer wieder schaute sie nach hinten, es sollte ihr jetzt bloß keiner gefolgt sein. Keiner außer Heinz natürlich. Wem immer sie hier begegnete, er würde sich wundern, ein Mädchen in ihrem Alter zu der Uhrzeit hier allein anzutreffen.

Sie hatte Glück gehabt. Ein bisschen weiter oben verbarg sie sich hinter einem dichten Gebüsch, bis sie ihn plötzlich kommen sah.

Man hätte meinen können, er mache einen Abendspaziergang, ohne ein besonderes Ziel. Zwischendurch schaute er sich um. Außer einem älteren Bauern, der in einiger Entfernung noch etwas an einem Schuppen reparierte, war zu dieser Stunde niemand mehr unterwegs. Heinz beschleunigte seine Schritte und wollte gerade in den Weg einbiegen, den Jorna ihm beschrieben hatte, als plötzlich ein deutsches Militärauto von der Straße nach Kristiansand kommend hupte und anhielt. Heinz blieb stehen und sah sich zu dem Auto um. Jorna erschrak. War ihr erstes heimliches Treffen schon vorbei, bevor es überhaupt begonnen hatte?

Heinz ging den Weg ein Stückchen zurück, rief den Soldaten im Auto etwas zu, drehte sich aber wieder um, nachdem er ihnen noch einmal zugewunken hatte, und ging weiter. Jorna atmete auf. Gleich würde er bei ihr sein!

Sie kam hinter dem Gebüsch hervor, ging ein paar Schritte und stand an dem verabredeten Platz: neben einem großen Findling auf einer Lichtung.

Sekunden später kam Heinz hinter den Bäumen hervor, und plötzlich standen sie sich gegenüber. Zum ersten Mal allein, nur sie beide. In einem norwegischen Stückchen Wald.

Für ein paar Momente schauten sie sich an, lächelten, und keiner von beiden sagte etwas. Jorna hätte eine Ewigkeit dort stehen und ihn anschauen können. Doch dann durchbrach Heinz das Schweigen.

»Jorna, wie schön, dass wir uns treffen! Du hast dir einen wunderbaren Platz ausgesucht. Unten von der Straße kann man gar nichts sehen.«

»Gut, dass du den Weg so schnell gefunden hast. Ich hatte Angst, deine Kameraden hätten dich mitgenommen in die …« Jorna fiel das richtige deutsche Wort für Kaserne nicht ein.

»Nein, sie haben gefragt, ob sie mich in den Ort mitnehmen sollen. Ich habe ihnen gesagt, dass ich noch etwas spazieren gehen will. Das war alles.«

Wieder entstand eine Pause. Damals am Fjord, als sie zu viert miteinander gesprochen hatten, war es ihr viel leichter gefallen zu reden. Jorna empfand auf einmal eine große Scheu. Sie standen sich immer noch auf der Lichtung gegenüber, und für einen Augenblick wusste sie nicht, wie sie da herauskommen sollte. Jorna starrte Heinz an, ohne ein Wort zu sagen.

Er spürte ihre Unsicherheit und zeigte auf den Findling.

»Komm, setzen wir uns auf den Stein, er ist sicher noch ganz warm von der Sonne.«

»Ja, das machen wir in Norwegen immer«, erwiderte Jorna erleichtert. »Wenn man glatte Steine hat, braucht man keine Stühle und keine Tische, und Steine haben wir hier bei uns ja genug.« Dabei zeigte sie auf die Felsen, die überall auf der Lichtung herumlagen.

Jetzt saßen sie nebeneinander, immer noch mit einem gehörigen Abstand, aber etwas entspannter. Sie konnten einander ansehen oder auch einfach in die Landschaft gucken, wenn es zu schwierig wurde, sich direkt in die Augen zu blicken.

Am liebsten wollte Jorna ihren Blick gar nicht abwenden von seinen dunklen Augen, die sie so liebevoll anblickten, aber auch verschmitzt lächeln konnten. Heinz schien die Situation zu genießen, auf den Augenblick hatte er lange gewartet, deshalb wollte er jetzt alles richtig machen und dieses junge Mädchen bloß nicht in eine unangenehme Situation bringen.

In Jornas Kopf herrschte ein einziges Durcheinander. Hier allein mit ihm zu sitzen hatte sie sich in jeder Sekunde seit ihrer letzten Begegnung vorgestellt. Niemand dabei, vor dem man sich verstellen musste. Sie hatte Heinz und sich als Paar überallhin geträumt, sich einen phantastischen Luftschlossroman zusammengesponnen. Aber jetzt, bei ihrem ersten Treffen zu zweit, hatte sie plötzlich

Scheu. Scheu, sich lächerlich zu machen, Scheu, etwas Kindisches, Unpassendes zu sagen, etwas falsch zu machen mit diesem wunderbaren Mann, der mit seinen sechsundzwanzig Jahren so viel reifer und erfahrener wirkte als sie.

Und da war auch noch ihr Gewissen, das sie nicht ganz zum Schweigen bringen konnte. »Er ist unser Feind!«, flüsterte es ihr zu. »Wenn du dich mit ihm einlässt, überschreitest du eine Grenze. Wage es nicht. Du versündigst dich an deiner Familie, an deinem Land!« Alle diese Dinge hatte Jorna immer und immer wieder im Kopf hin und her gewälzt, ohne eine Antwort darauf zu finden.

Heinz spürte ihre Anspannung und tat dann einfach das, was er am besten konnte: Er begann zu erzählen. Er erzählte von sich, von seinen Kameraden, davon wie sie sich hier fühlten, was sie erlebten, wie ihr Tagesablauf war, dass er die Norweger bewunderte, dass er unwahrscheinlich glücklich war, hier hingekommen zu sein, aber dass er wesentlich lieber als ein Besucher denn als Besatzer in Flekkefjord aufgetaucht wäre. Und wie froh er war, dass sie hier nicht kämpfen mussten. Auch von Deutschland erzählte er ein wenig, von der Stadt Frankfurt, in der er zuletzt gelebt hatte, und von seiner Arbeit in dem großen Verlag.

Jorna hörte ihm gebannt zu, und langsam verschwand ihre Anspannung. Manchmal, wenn sie ein Wort nicht verstand, erklärte er es ihr und lobte sie für ihr gutes Deutsch. Irgendwann zog er eine Tafel Schokolade aus der Tasche, norwegische Schokolade, die er ihr mitgebracht hatte.

Jorna strahlte: »Vielen Dank, ich liebe Schokolade, vor allem diese! Lass sie uns gleich hier zusammen essen.«

Sie öffnete das Papier, brach zwei Stückchen ab, hielt eines Heinz hin und steckte sich das andere in den Mund. Während die süße, weiche Masse sich warm in ihrem Mund ausbreitete, schloss Jorna kurz die Augen und sagte: »Du isst also auch gerne Süßes. Da passen wir ja gut zusammen.«

Im selben Moment erschrak sie. Das war wohl ein bisschen mutig, gleich so etwas Persönliches zu sagen, sie kannte ihn ja kaum!

Aber Heinz ergriff sofort die Gelegenheit und schaute sie sehr intensiv an. »Ich fände es wunderbar, wenn wir beide zusammenpassen, denn seitdem ich dich damals am Straßenrand gesehen habe, denke ich nur daran, wie ich dich wiedertreffen könnte. Vom allerersten Augenblick an hast du mir gefallen, gefallen wie keine andere. Ich habe mich noch nie so verliebt. Es hört sich vielleicht für dich komisch an, aber ich habe das Gefühl, dass ich nur nach Norwegen gekommen bin, um dich hier zu treffen.«

Jorna spürte, wie sie rot wurde. Was sollte sie darauf sagen? Es wäre ihr schon auf Norwegisch schwergefallen. Auf Deutsch war es noch viel schwerer. Stockend meinte sie schließlich: »Das hast du sehr angenehm gesagt«, wusste aber im selben Moment, dass »angenehm« nicht der richtige Begriff war. Eigentlich hatte sie ein Wort gesucht wie »wunderbar«, irgendetwas, das ihre Gefühle ausdrücken könnte. »Ich glaube, das war das falsche Wort«, meinte sie etwas verschämt.

»Nein, Jorna, das war es ganz und gar nicht!«, entgegnete Heinz und versuchte, ihre Hand zu ergreifen, die sie neben sich auf den Felsen gelegt hatte. »Ich finde es mit dir auch sehr, sehr ›angenehm‹ und würde am liebsten ewig mit dir hier sitzen bleiben.«

Jorna ließ es ein paar Sekunden lang geschehen, dann zog sie ihre Hand vorsichtig weg, um auf ihre Armbanduhr zu blicken.

»Es ist schon fast zehn Uhr!« Sie sprang erschrocken auf. »Ich muss schnell nach Hause, meine Eltern machen sich sonst Sorgen!«

»Wie schade! Aber du hast recht, du darfst nicht zu spät kommen. Deine Eltern wissen bestimmt nicht, dass du mich hier triffst.«

»Natürlich nicht! Es ist gefährlich, was wir beide hier machen.«

»Umso mehr danke ich dir, Jorna, dass ich dich treffen durfte.«

Sie standen sich jetzt dicht gegenüber. Heinz ergriff Jornas Hände wie zum Abschied oder, um sie noch dichter bei sich zu haben. Fast hätte Jorna es sich gestattet, sich von ihm so weit herüberziehen zu lassen, dass ihre Lippen aufeinandergestoßen wären, aber sie hatte das Gefühl, dass sie damit noch warten müsste.

Heinz spürte das. »Werden wir uns wiedersehen? Können wir uns vielleicht noch einmal hier verabreden? Das wäre sehr ›angenehm‹.«

Beide mussten lachen, und am liebsten wäre Jorna ihm jetzt endgültig um den Hals gefallen. Aber dann machten sie nur ein weiteres Treffen aus, für den nächsten Montag um dieselbe Uhrzeit, und trennten sich schnell.

Jorna ging als Erste den Waldweg hinunter und da, wo die Wiesen wieder begannen, blickte sie sich prüfend um, ob irgendjemand sie beobachtet hatte. Es war niemand da, deshalb wagte sie es, sich noch einmal umzudrehen und Heinz zuzuwinken, ganz vorsichtig. Er folgte ihr mit einigem Abstand und konnte wohl gerade noch sehen, wie sie sich auf Trolldalen zubewegte, die enge, in den Fels gehauene Straße, die direkt nach Flekkefjord hineinführte. Jetzt, kurz nach Mittsommernacht, war es zu dieser Uhrzeit noch ziemlich hell, nur das Licht war etwas diffuser. Der Vollmond stand hoch am Himmel wie eine silberne Sonne und gab so dem Ganzen eine märchenhafte Anmutung. Bevor sie die Straße erreichte, drehte Jorna sich ein letztes Mal um und blieb kurz stehen. Sie sahen einander aus der Ferne, sie winkten nicht, aber beide spürten, dass sich zwischen ihnen ein feines Band gespannt hatte. Dieses Band sollte unsichtbar sein für andere, sie beide würde es mit der Zeit immer fester aneinander binden.

Jorna ging jetzt ganz schnell – die Strecke konnte sie in einer knappen halben Stunde zurücklegen –, ging am Bahnhof vorbei, dann über die Brücke und rechts in die Kirkegaten hinein. Zuhause begrüßte sie kurz ihre Eltern, versuchte aber so schnell wie möglich hoch in ihr Zimmer zu kommen. Sie erzählte, dass sie Turid getroffen habe, was immerhin die halbe Wahrheit war, denn am frühen Abend hatte sie tatsächlich bei ihr vorbeigeschaut. In dem Augenblick wurde Jorna klar, dass sie ab jetzt sehr vorsichtig sein musste – nicht nur bei der Wahl ihrer geheimen Treffpunkte, sondern auch in dem, was sie wem sagte.

Am folgenden Montag trafen sich Jorna und Heinz ein weiteres Mal auf der Lichtung bei dem Findling. Diesmal konnte es Jorna kaum erwarten. Heinz war schon da, und die beiden fielen sich sofort in die Arme. Eine Ewigkeit verharrten sie so. Dann küssten sie sich zum ersten Mal, konnten nicht genug voneinander bekommen, hielten sich fest, schauten sich in die Augen. Alle Beklemmungen, alle Hemmungen waren verflogen. Bis dahin hatte keiner von ihnen ein Wort gesagt, aber jetzt sprach es Jorna aus: »Jeg elsker deg.« Das musste niemand mehr übersetzen. Heinz nahm ihren Kopf in die Hände und sagte: »Ich liebe dich auch. Jeg elsker deg. Jeg elsker deg. Jeg elsker deg. Ich lasse dich nie wieder gehen.«

Ab jetzt wollte Jorna jede Sekunde, in der sie sich aus ihrem gewohnten Leben wegstehlen konnte, mit Heinz genießen.

Im Bootshaus

Inzwischen war das Wetter unsicher geworden, Mitte September setzte eine Regenperiode ein. Im Wald wurde es herbstlich und ungemütlich, da verabredeten sie sich im Bootshaus. Jorna hoffte, dass bei dem Regenwetter nicht allzu viele Bootsbesitzer da sein würden, und wollte Heinz um acht Uhr abends dort treffen. Sie würde wieder vor ihm da sein, das Bootshaus aufschließen und dort auf ihn warten.

Zwischen den Planken des Bootshauses gab es unzählige Ritzen, durch die man den ganzen Steg im Blick hatte, ohne selbst gesehen zu werden. Jorna hatte Heinz eingeschärft, den Steg nur zu betreten, wenn niemand zu sehen war. Dann würde sie schnell die Tür öffnen, ihm ein Zeichen geben, und er könnte unauffällig ins Bootshaus kommen. Das sollte funktionieren, sie musste nur vorher sicher sein, dass niemand in der Nähe war.

Schon um halb acht war Jorna am Steg. Sie fand den Schlüssel unter dem Bänkchen neben der Tür, guckte sich um, es war anscheinend niemand in der Gegend, schloss die Tür auf und betrat das Innere des Bootshauses. Es war verhältnismäßig groß, denn auch das Boot hatte eine beachtliche Größe. Alles war so, wie sie es kannte. Der hintere, offene Teil des Bootes war mit einer Plane bedeckt, obwohl es im Bootshaus geschützt lag. Aber der Onkel pflegte das Boot wie seinen Augapfel.

Sofort sprang sie auf das Heck, löste ein paar Haken der Plane und konnte dann in das Boot hineinsteigen. Die Plane war schwer, aber es gelang ihr, zumindest eine Seite des Bootes freizulegen, sodass man sich darin bewegen und sich auf die hölzernen Bänke setzen konnte. Im Bug gab es eine Art niedriger Kajüte, in der man sein Gepäck verstaute und auch zu zweit eine Nacht auf See verbringen konnte, wenn man auf einer längeren Fischtour unterwegs war.

Dann holte sie ein paar dunkelblaue Polster aus der Kajüte, legte sie auf die Bänke und auch auf die beiden Stühle, die vorn zu beiden Seiten der Kajütentür in Fahrtrichtung standen. In der Mitte des Bootes, zwischen den Bänken, befand sich der Motorblock. Er war von einem hölzernen Kasten umschlossen und konnte auch als Tisch dienen.

Zur Wasserseite hin war das Bootshaus offen. Da der Himmel bedeckt war, fiel heute nur wenig Licht ins Innere, was vielleicht gar nicht schlecht war. Wenn irgendjemand vom Wasser aus hineinschauen würde, hätte er nur ein Boot gesehen, aber kaum die beiden Menschen, die sich darin befanden.

Jorna war zufrieden. Alles war so, wie sie es sich vorgestellt hatte. Sie stellte die Thermosflasche mit Tee und die zwei Becher, die sie mitgebracht hatte, auf den Tisch, und spürte auf einmal, wie aufgeregt sie war. Jetzt müsste er bald kommen! Hoffentlich hatte er ihre Wegbeschreibung verstanden.

Dann stieg sie wieder aus dem Boot und ging zu der Stelle, von der aus sie den Steg im Blick hatte. Der dichte Bewuchs und das neblig-trübe Wetter machten die Gegend ziemlich düster, und so konnte sie nicht sofort erkennen, dass sich ganz am Endes des Weges langsam eine Gestalt aus dem dichten Grün der Landschaft heraus auf sie zubewegte. Aber jetzt sah sie ihn, es war ein junger Mann, ein Deutscher in Uniform. Es war Heinz!

Jorna zitterte. Hoffentlich begegnete ihm jetzt niemand! Hierhin verirrte sich selten ein deutscher Soldat, er wäre aufgefallen. In diesem Augenblick blieb Heinz kurz stehen, guckte sich um, um sich zu vergewissern, dass niemand ihn sehen konnte, und ging weiter auf das Bootshaus zu. Er konnte sie nicht sehen und war sich nicht ganz sicher, welches der Bootshäuser das Richtige war. Da öffnete sich langsam die Tür des dritten, er sah den Arm einer jungen Frau und eine Hand, die ihm zuwinkte. Der Rest des Körpers blieb verborgen.

Da war sie also, keine zehn Schritte mehr von ihm entfernt, seine heimliche Liebe. Heinz schaute sich ein letztes Mal um. Die

Luft schien rein, und nach ein paar weiteren Schritten schloss sich die Tür hinter ihm. Danach lag der Steg genauso verlassen da wie vorher. Außer ein paar Vögeln und einer Katze, die manchmal abends hier herumstreunte auf der Suche nach Fischabfällen, war nichts zu sehen. Heute gab es keine Fischabfälle, heute blieben die Fischerboote an Land.

Heinz betrat das Bootshaus und schaute sich um. Seine Augen mussten sich erst an das Dämmerlicht gewöhnen, aber Jorna konnte er sofort erkennen. Sie fielen sich in die Arme, hielten und küssten sich.

»Wie schön, dass du das Bootshaus gleich gefunden hast, ich war schrecklich aufgeregt«, flüsterte Jorna ihm ins Ohr.

»Den Weg zu dir werde ich immer finden, ich muss nur meiner inneren Stimme folgen, ich hab es ja immerhin von Deutschland bis nach Flekkefjord geschafft!« Dabei kicherte er und biss sie leicht in ihr Ohrläppchen.

Schließlich löste er sich aus Jornas Umarmung und schaute sich um.

»Das Boot ist prächtig.«

»Psst! Wir dürfen nur flüstern, ich glaube, ich habe gerade etwas gehört. Vielleicht ist jemand im Bootshaus nebenan.«

»Auf dem Weg hierher habe ich niemanden gesehen, aber du hast recht, lass uns lieber vorsichtig sein.« Er ging bewundernd um das Boot herum. »Meine Güte, der Onkel hat das Boot aber wirklich gut in Schuss gehalten. Alles sieht aus wie frisch lackiert und glänzt selbst in dieser Dunkelheit. Es muss toll sein, damit an einem sonnigen Abend auf den Fjord zu fahren zum Fischen.«

»Heinz, du weißt doch, dass wir Norweger abends nicht mehr herausfahren dürfen auf den Fjord.«

»Ja, ich weiß. Jorna, es tut mir leid, was wir Deutschen euch alles antun. Aber wenn wir nicht nach Norwegen gekommen wären, dann hätten wir beide uns niemals gefunden.«

»Da hast du recht. Aber jetzt komm rein ins Boot! Ich zeige dir die kleine Kajüte, und dann setzen wir uns auf die Bank, trinken Tee, hören dem Regen zu, wie er auf das Dach prasselt und stellen uns vor, wir fahren bei Sonnenschein auf den abendlichen Fjord und haben gerade einen riesigen Fischschwarm entdeckt.«

»Das wäre phantastisch, frischer Fisch. Aber ich habe uns auch etwas zu essen mitgebracht, ein paar Brote und etwas Käse.«

»Oh gut, ich habe ziemlichen Hunger, wir dürfen nur keine Krümel hinterlassen, das Boot muss wieder blitzsauber sein, wenn wir gehen. Magst du einen Tee?«

Jetzt saßen sie da bei ihrem Picknick, leicht schaukelnd in dem Boot, dicht nebeneinander, spürten die kleinen Wellen an die Planken klatschen und hörten die Regentropfen auf dem Dach. Jorna erzählte ihm von der Arbeit auf dem Telegrafenamt, und Heinz, der einen langen Brief von seiner Schwester Gisela bekommen hatte, berichtete ihr die neuesten Nachrichten aus Deutschland.

Plötzlich zuckte Jorna zusammen, sie hatte Stimmen gehört. Sie legte Heinz den Zeigefinger auf die Lippen und lauschte. Eine Stimme kannte sie, es war der Bootseigner von nebenan. Was wollte er hier unten, er konnte doch abends nicht herausfahren? Wollte er es heimlich tun? Vielleicht hätte ihn auch niemand gesehen, hier hinten waren keine Posten.

Jorna stieg vorsichtig aus dem Boot und legte das Ohr an die Holzwand. Sie waren zu zweit und suchten anscheinend etwas, das sie am Morgen, als sie mit dem Boot draußen gewesen waren, vergessen hatten, konnten es aber nicht finden und fluchten.

Ihr wurde heiß und kalt. Denen wollte sie auf gar keinen Fall begegnen, wenn die nur bald ihr Zeug finden würden!

Dann wurde es wieder ruhiger, aber Jorna hörte, dass die beiden immer noch da waren. Sie flüsterte Heinz ins Ohr und machte ihm Zeichen, was zu tun war. Jorna wusste, dass dieser Nachbar manchmal auch bei ihrem Boot nach dem Rechten schaute, wenn der Onkel nicht konnte. Er wusste, wo der Schlüssel lag, und wenn er ihn nicht an seinem Platz fand, würde er misstrauisch werden.

In dem Augenblick fiel ihr auf, dass sie einen Fehler gemacht hatte und erstarrte: Sie hatte vergessen, die Tür von innen zuzusperren! Der Nachbar müsste bloß die Tür öffnen und dann, ja dann würde am nächsten Tag jeder im Ort wissen, wo Jorna Grønsund die Frechheit besessen hatte, den letzten Abend zu verbringen. Wo hatte sie bloß den Schlüssel hingelegt?

»Heinz, hast du den Schlüssel gesehen? Ich muss die Tür von innen verschließen«, flüsterte sie kaum hörbar, und ihre Stimme zitterte dabei.

Wenn sie nicht so verzweifelt gewesen wäre, hätte sie über die Absurdität ihrer Situation gelacht. Jetzt kam es anscheinend darauf an, wer in welchem Bootshaus zuerst fündig würde. Heinz hatte keinen Schlüssel gesehen, er hatte in der Dunkelheit nur Augen für Jorna und für das Boot gehabt. Sie tasteten alles ab – den Motorblock, den Boden unter der Bank. Nichts. In diesem Moment fiel Jorna noch eine Stelle ein: der Balken neben der Tür, wo sie den Schlüssel normalerweise ablegte. So lautlos wie möglich stieg sie aus dem Boot, schlich über die Planken zur Tür und tastete die Balken ab. Und tatsächlich, da lag er! Mit zittrigen Händen steckte sie den Schlüssel in die Tür, drehte ihn vorsichtig um und zog ihn wieder heraus. Sie hatte es geschafft.

Genau in dem Augenblick wurde es nebenan wieder laut. Der Nachbar hatte jetzt offenbar endlich gefunden, was er gesucht hatte – ein Messer – und fluchte noch einmal kräftig, dass das verteufelte Teil sich zwischen zwei Planen versteckt hatte. Jetzt räumten sie alles wieder zusammen – Jorna hielt ihr Ohr an die Wand, um nur alles ganz genau mitzubekommen –, befestigten wieder die Plane und gingen dann nach draußen auf den Steg. Jorna hörte, wie sie die Tür schlossen, und konnte jetzt auch ihre Stimmen besser verstehen. Was sie hörte, ließ sie noch mehr erstarren. Sie sprachen über das Boot des Onkels, aber dann sagte der Nachbar, dass er jetzt wirklich keine Lust mehr hätte, nach dem Rechten zu schauen, außerdem habe er erst vor Kurzem alles kontrolliert, jetzt reiche es ihm.

Jorna spürte, wie sie an ihr vorbeigingen, nur durch ein paar dünne Bretter getrennt, und sich dann langsam entfernten. Erst jetzt wagte sie es, ihnen durch die Ritzen nachzuschauen. Sie waren weg, die Gefahr war vorüber! »Heinz, Gott sei Dank, sie sind weg! Ich habe tausend Ängste ausgestanden. Lass uns schnell zusammenräumen, ich will nur weg hier.«

»Es tut mir leid, ich habe gemerkt, wie aufgeregt du warst«, erwiderte Heinz und nahm sie in den Arm, sie, die noch ganz steif vor Schreck war. »Schade, es war so schön hier. Aber du hast recht, lass uns schauen, dass wir hier wegkommen.«

So endete ihr romantischer Ausflug ins Bootshaus. Jorna war sich nicht sicher, ob sie noch einmal mit Heinz dort hinwollte, es war einfach zu gefährlich. Sie würden andere Plätze finden, davon war sie überzeugt.

Heimlichkeiten

Der Anfang ihrer Beziehung war so voller Glück, dass Jorna die Heimlichkeiten und die Erregung, die damit verbunden waren, nicht wie eine Last erschienen. Sie gehörten einfach dazu.

Im Sommer machten es die hellen Nächte und die Ausgangssperre niemandem leicht, ungesehen etwas Verbotenes zu tun. Denn wenn endlich eine dunkle Nacht über Flekkefjord lag, musste jeder Norweger zuhause bleiben, die allgemeine Ausgangsperre begann um Mitternacht.

So kam es den beiden ganz gelegen, dass Jorna manchmal Nachtdienst hatte und Heinz als Soldat nicht an die Ausgangssperre gebunden war. Während der Ausgangsperre waren sie ziemlich sicher vor unerwünschten Zeugen, und die Straßen waren dunkel, sie konnten bei Neumond unheimlich dunkel sein. Keine Straßenbeleuchtung, keine erhellten Fenster, nicht mal der kleinste Streifen von Licht, denn bei Dunkelheit herrschte absolutes Verdunklungsgebot. In den Straßen patrouillierte eine Bürgerwehr, die dafür zu sorgen hatte, dass kein noch so winziger Lichtstrahl an den Fenstern zu sehen war. Die Männer waren ausgestattet mit winzigen Lämpchen, die kaum die paar Meter vor ihren Füßen erhellten. Es war ein unangenehmer Job.

Jorna und Heinz machten Spaziergänge in Gegenden, in denen kaum einer wohnte. Sie liefen getrennt los und kamen getrennt zurück. Fiel es denn keinem auf, dass Jorna auf einmal so viel spazieren ging? Irgendwann fiel es doch auf, noch bevor Jorna selbst es wahrhaben wollte. Vielleicht waren es aber weniger ihre ständigen Spaziergänge, die auffielen, eher war es ihr Glücklichsein, das ihr ganzes Wesen eingenommen hatte, das sie ausstrahlte, das sie umgab wie eine abgeschlossene Hülle, ein Glückskokon. Auch wenn niemals irgendjemand sie mit Heinz gesehen hätte, was natürlich sehr unwahrscheinlich war, musste allein dies jedem auffallen. Jorna hatte die Liebe ihres Lebens gefunden. Heinz verkörperte alles, wonach sie sich sehnte. Wärme, Witz, Offenheit. Man merkte es ihm an, dass er aus den großen Städten kam, sogar etwas von Kunst verstand. Über Munch hatten sie gesprochen, den großen norwegischen Maler. Heinz konnte auf Menschen zugehen, ja, er liebte die Menschen, war voller Mitgefühl, konnte sich gut in andere hineinversetzen. Deshalb konnte er auch komisch sein, Jorna zum Lachen bringen. Seine Begeisterung für Norwegen, für die norwegische Landschaft kannte keine Grenzen. Er schwärmte ihr aber auch von Deutschland vor, erzählte von seiner Jugend in Düsseldorf, wo er mit seinem Freund Rolf ziemlich viel Unfug getrieben hatte beim Spielen unten am Rhein und er einmal fast ertrunken wäre, wenn

Heinz' Eltern um 1910

Rolf nicht aufgepasst und ihn im letzten Augenblick aus dem Wasser gezogen hätte. Wo seine Mutter mit ihren Freundinnen nachmittags zum Kaffeetrinken auf die Königsallee ging oder auch zum Charleston tanzen, immer schick gemacht und voller Lebensfreude. Von den edlen Geschäften auf der Königsallee und den eleganten Damen, von Ausflugslokalen und vom Leben im Rheinland besonders in der Zwanzigerjahren. Von den Jahren während der Wirtschaftskrise erzählte er auch, erwähnte, dass seine Mutter in der Küche immer ein paar Essensreste und Brot zur Seite gelegt hatte für die Bettler, von denen immer mehr kamen.

Jorna gefielen seine Erzählungen, sie machten sie neugierig auf dieses mit Norwegen verfeindete Land. Sie liebte ihr Land, aber es war ihr unmöglich, in diesem Besatzungssoldaten den Feind zu sehen, der er für ihre Landsleute war. Vielleicht gab es ja auch ein anderes, freundlicheres Deutschland.

Ihr Glück war übergroß, und so viel Glück in einer glücklosen Zeit konnte nicht unbemerkt bleiben. Es war also nur eine Frage von kurzer Dauer, bis ihr heimliches Glück entdeckt würde, bis ihre Glücksblase platzen würde.

Winterliebe

Als die Tage unweigerlich kürzer und kälter wurden, mussten sich Jorna und Heinz etwas ausdenken. Die Familie Grønsund besaß eine Hütte, die sie meist nur im Sommer benutzten. Die Hütte befand sich etwas außerhalb von Flekkefjord in der Nähe von Grønnes, dort, wo sich Jorna und Heinz zum ersten Mal getroffen hatten, nicht weit vom Fjord, etwas oberhalb und verborgen im lichten Wald.

Der Schlüssel lag versteckt unterhalb des Dachvorsprungs, man konnte einfach vorbeischauen und aufschließen. So machte man das in Norwegen. Eine Gemeinschaft, in der man sich gegenseitig vertraute und eigentlich die Tür auch gleich offen stehen lassen konnte, in der man einander aber auch kontrollierte und in der sich niemand hinter seinen verschlossenen Türen verstecken sollte.

Die Hütte war so romantisch, dass Heinz bei ihrem ersten gemeinsamen Besuch dort aus dem Staunen kaum mehr herauskam. Eine kleine norwegische Hütte, nichts Komfortables, aber einladend und gemütlich. Alles bis auf das gemauerte Fundament war aus Holz, und auf dem Dach wuchs Gras. Die Hütte stand auf einer kleinen Lichtung, zur Südseite hin breitete sich eine Wiese aus, auf die man im Sommer einen Klapptisch und ein paar Stühle stellen konnte und wo an warmen Sonntagen die Familie ihr mitgebrachtes oder manchmal auch dort zubereitetes Essen zu sich nahm. Auf der Wiese lagen große Findlinge, auf denen die Kinder herumturnen konnten. Zwischen ein paar kleineren Steinen gab es eine offene Feuerstelle. Im Sommer, wenn sie den Ofen in der Hütte nicht anfeuern wollte, kochte Henny ihren Kaffee dort, in einem rußschwarzen Kessel, Wasser und grobgemahlener Kaffee gemischt. Das Wasser aus der Pumpe war sauber und köstlich. Aksel grillte dicke Fleischwürste, die er der Länge nach auf einen Stock spießte und übers Feuer hielt. Das Fett zischte, und die Wurst bekam meist eine schwarze, aufgeplatzte Haut, die man abpellen musste. Oft verbrannte man sich auch die Finger an ihr. Aber alle waren verrückt danach, besonders Thor, der auch später als Erwachsener diese Wurst liebte und für seine Kinder im Sommer beim Baden grillte.

Links hinter der Hütte, ein paar Schritte entfernt, stand das Plumpsklo. Im Sommer, wenn die Sonne darauf schien, war es warm und gemütlich auf dem Holzsitz mit dem runden Loch, trotz der

Fliegen und des Geruchs. Im Winter musste man sich überwinden, denn es pfiff durch alle Ritzen und war wenig behaglich. In der Hütte selbst gab es außer einer Eckbank, einem Tisch und ein paar Stühlen nicht viel Mobiliar. Im hinteren Teil, leicht abgetrennt, befanden sich ein paar Bettkojen. Die kleine Küche bestand aus einer Holzplatte mit einem eingelassenen blechernen Waschbecken und einer Wasserpumpe, ein paar einfachen Holzregalen darüber, einigen alten Töpfen und ein wenig zusammengesuchtem Geschirr. Der Ofen konnte mit Holz beheizt werden, von dem es genug hinter der Hütte gab. Wenn das Feuer brannte, stand immer ein großer Kessel mit Wasser bereit zum Kochen, Spülen und zum Waschen. Strom gab es keinen, Kerzen waren die einzige Beleuchtung und im Sommer mit seinen kurzen Nächten brauchte man selbst diese nicht.

Jetzt im Winter, als Jorna und Heinz sich heimlich hier hinschlichen – eine knappe Stunde vom Ort entfernt –, kamen sie mit Taschenlampen. Bei Neumond hätten sie den Weg von der Straße zur Hütte durch den dunklen Wald sonst nie gefunden. In der Hütte zündeten sie Kerzen an, ganz sparsam, nicht mehr als drei. Erst traute sich Jorna nicht, den Ofen einzuheizen, es hätte jemand den Rauch sehen können. Es gab zwar keine Häuser in der Nähe, aber man konnte nicht wissen, wer alles vorbeikam. Den Rauch hätte man auch vom Fjord aus gesehen, und wer die Hütte kannte, würde den Rauch schnell zuordnen können. Da war es ganz gut, dass die Deutschen den Norwegern verboten hatten, zwischen 19 Uhr und 6 Uhr mit Booten auf dem Fjord unterwegs zu sein

So wurde die Hütte zu ihrem Liebesnest, und gegen die Kälte wärmten sie sich gegenseitig, aber die Treffen waren riskant, und Jorna fürchtete ständig, dass es doch einmal herauskommen würde. Erst kürzlich hatte ihre Mutter gesagt, dass mal wieder jemand bei der Hütte nach dem Rechten sehen solle. Jorna war zusammengezuckt und hatte sie dabei genau beobachtet. War das ein Hinweis, ahnte ihre Mutter etwas, wollte sie sie warnen? Aber Henny erschien dabei ganz arglos.

Jorna war gewarnt. Sie musste vorsichtig sein, durfte keine Spuren hinterlassen und durfte dort auch von einem Fremden nicht entdeckt werden. Obwohl sie es nicht wahrhaben wollte, hinterließen diese Anspannung und die Heimlichkeiten der letzten Monate jetzt doch ihre Spuren bei ihr, die Leichtigkeit des Sommers war vergangen. Am liebsten hätte sie ihren Eltern alles erzählt. Sollten es doch alle wissen, auch ihre Freundinnen!

Die Eltern sollen es wissen

Irgendwann war es nicht mehr zu übersehen. Jorna hatte sich verändert, und ihre Freundinnen von der Mixing-Clique sah sie kaum noch. Erst machten sie sich nur Gedanken, dann sprach es eine aus: »Was ist nur mit Jorna los? Kann es stimmen, dass man sie mit einem deutschen Soldaten gesehen hat? Es gibt da solche Gerüchte. Weiß jemand etwas darüber?«

Inger hatte bisher niemandem von der Begegnung beim Rudern erzählt, sie wollte es am liebsten vergessen. Aber irgendwann würde sie Jorna nicht mehr decken können. Und ganz egal, wie die Dinge um sie und Heinz standen, musste Jorna sich jetzt entscheiden.

Doch Jorna hatte in ihrer Glücksblase gelebt und dachte am liebsten gar nicht an die Zukunft, dachte nicht darüber nach, was ihre Freundinnen vielleicht wussten, und wie sie reagieren würden. Sie wollte sich keine Gedanken darüber machen. Sie wusste genau, dass sich die Dinge irgendwann einmal ändern würden, dass die Heimlichkeit, die sie im Augenblick noch mit Haut und

Haaren genießen konnte, zerstört und sie brutal aus ihrem Glück herausgerissen würde. Irgendwann würde der Tag der Abrechnung kommen. Das spürte sie, auch wenn sie es nicht wahrhaben wollte, und deshalb war sie nicht bereit, sich die schönsten Wochen ihres Lebens vorzeitig von Sorgen trüben zu lassen.

Es blieben ihr und Heinz nur ein paar Wochen, wenige Monate. Kurz nach Weihnachten, als die Nächte im Norden immer länger und dunkler geworden waren, war die Zeit der Geheimhaltung vorbei. Jetzt, als sich die Dunkelheit fast völlig ausgebreitet hatte, kam ihr Geheimnis ans Licht.

Es waren ihre Freundinnen, die sich überlegt hatten, sie endlich anzusprechen und zu einem Treffen, nein, eher einer Unterredung, zu bitten.

Henny saß in der Küche, als es klopfte. Es war Turid.

»Hallo, Turid, schön, dass du vorbeikommst. Wie geht es dir? Wir haben uns lange nicht gesehen. Jorna ist leider noch nicht da. Soll ich ihr etwas ausrichten?«

»Ja, wir haben sie auch lange nicht mehr gesehen und würden sie gerne mal wieder treffen. Sie soll sich doch mal melden.«

»Ihr habt sie lange nicht gesehen? Das wundert mich. Ich werde es ihr sagen, sie kommt sicher bald nach Hause. Grüß deine Eltern von mir, ich hoffe, es geht ihnen gut.«

»Danke! Bei uns ist so weit alles in Ordnung, nur der Oma geht es immer schlechter, die Gicht.«

»Das tut mir leid. Sag ihr gute Besserung. Auf Wiedersehen, Turid.«

Dieses kurze Gespräch bestätigte alles, was Henny seit einiger Zeit befürchtete. Irgendetwas stimmte nicht mit Jorna. Sie hatte sich verändert und anscheinend auch nicht immer die Wahrheit gesagt. Jorna hatte ihre Freundinnen so lange nicht mehr gesehen? Wo sie doch immer wieder den Kontakt mit ihnen erwähnt hatte? Wenn das nicht stimmte, was hatte sie dann in all der Zeit gemacht, warum hatte sie nicht darüber gesprochen?

Vielleicht konnte sie gar nicht darüber sprechen? Es würde sich doch nicht um einen Mann handeln? Sie hatte sich verliebt. Aber warum hatte sie das nie erwähnt? Ihren Freund Runar musste sie doch nicht verheimlichen. Was war jetzt anders?

Henny wagte es kaum, ihren Gedanken zu Ende zu denken. Aber es konnte nur das sein. Ihrer Tochter war es so ergangen wie einigen anderen jungen Frauen aus dem Ort, wie vielen Frauen in ganz Norwegen: Sie hatte sich gegen alle Warnungen in einen deutschen Soldaten verliebt, in einen Besatzer, in einen Feind. Damit war sie von einem auf den anderen Moment ein schlechtes Mädchen geworden, eine Landesverräterin, hatte eine Linie überschritten, hinter die sie nie mehr zurücktreten konnte.

Henny klopfte das Herz bis zum Hals. Sie wollte sich nicht ausmalen, was das bedeutete für ihre Tochter, dieses schöne, kluge und tüchtige, aber doch so reservierte Mädchen, das ihnen niemals irgendeinen Anlass zu Sorge gegeben hatte. Wo sollte das hinführen? Würden jetzt alle mit dem Finger auf Jorna zeigen, sie schneiden, ihre Türen verschließen, die ihr bisher immer offen gestanden hatten? Würde die ganze Familie darunter leiden müssen, auch ihre Geschwister? Wie würde das auf Thor wirken? Er liebte Jorna über alles und würde sie immer verteidigen. Aber würde er das in Zukunft vor Fremden tun müssen, er, ein Junge von gerade mal dreizehn Jahren?

Henny hätte Jorna am liebsten sofort zur Rede gestellt, unter vier Augen, ohne Aksel vorher etwas zu sagen. Vielleicht war es noch nicht zu spät, vielleicht ließ sich alles rückgängig machen, vielleicht wusste noch niemand davon, vielleicht war es nur eine momentane Verwirrtheit, und Jorna bereute ihren Schritt bereits selbst. Eine heimliche Liebe zu einem deutschen Soldaten? Das passte doch so gar nicht zu ihr! Oder täuschte sich Henny?

Als Jorna an diesem Abend nach Hause kam, saßen Henny und Aksel am Küchentisch. Es hätte ein Abend wie viele werden können, sie hätten etwas zusammen gegessen, sich danach erkundigt, was am Tag so alles passiert war in der Reinigung und im Telegrafenamt, hätten Neuigkeiten ausgetauscht. Aksel hätte einen seiner typischen Witze gemacht und Jorna gefragt, ob sie heute im Amt auch Telepathie gelernt habe und jetzt Gedanken lesen könne und man sich in Zukunft vor ihr in Acht nehmen müsse, oder so etwas Ähnliches. An diesem Abend hätte er damit gar nicht so falschgelegen. Jorna konnte die Gedanken ihrer Mutter lesen, konnte an ihren Augen ablesen, dass sie es wusste, konnte spüren, dass eine einzige riesige Frage in der Luft hing: *Kind, was ist bloß los? Sag, dass es nicht wahr ist, sag, dass meine Befürchtungen übertrieben sind, dass ich phantasiert habe, bitte, bitte sag, dass alles nicht stimmt.*

In dem Augenblick, als sie die Küche betrat, wusste sie, dass sie ihnen eine Antwort geben musste. Vielleicht war ihr auch klar geworden, dass ihre Tarnung aufgeflogen war, dass es sich nur noch um eine kurze Zeit handeln konnte, und dann würde einer sie bei ihren Eltern verraten. Dem wollte sie zuvorkommen.

Aber was kann man in so einem Moment seinen Eltern sagen, wo jedes einzelne Wort, das man wählt, jeder Satz, jede Wendung, jeder Ausdruck der Augen, sei es ein Lächeln, sei es ein ernster Blick, jegliche Äußerung nur die schlimmsten Ahnungen dieser beiden Menschen bestätigen wird, wo es nichts gibt, was deren Ängste besänftigen kann?

»Ich muss mit euch sprechen, aber ich möchte nicht, dass Liv und Thor dabei sind. Sind die beiden schon im Bett?«

Jorna war erstaunt über ihren eigenen Mut, die Sache so direkt anzugehen.

»Liv schläft schon, und Thor ist in seinem Zimmer«, erwiderte Henny. »Was gibt es?«

Jorna nahm sich einen Stuhl, setzte sich, holte tief Luft und schaute erst ihre Mutter, dann ihren Vater an. »Ich weiß nicht, wie ich es euch sagen soll, und ob ihr mich verstehen werdet.«

»Jorna, hast du dich verliebt?«, platzte es aus Henny heraus, als ob sie die Antwort so schnell wie möglich hören wollte.

Jorna war etwas überrascht, wie schnell sie zu dem eigentlichen Thema gekommen waren, und stockte kurz. »Ja, so ist es. Ich habe den wunderbarsten Mann der Welt kennengelernt. Ich glaube, ihr würdet ihn auch mögen.«

Diese Behauptung war mehr als mutig, eigentlich war sie eine Provokation. Warum sollten ihre Eltern diesen Mann mögen, in dem sich alle ihre Probleme vereinigt hatten?

Henny schien, obwohl sie genau auf diesen Satz gewartet hatte, darauf ohne Antwort zu sein, Henny saß ihr regungslos gegenüber, und in ihrem Kopf waren alle Gedanken zum Stillstand gekommen.

Aksel, der weniger als seine Frau auf dieses Gespräch vorbereitet war, aber jetzt trotzdem zu wissen glaubte, worum es ging, gab sich nicht so schnell geschlagen.

»Warum meinst du, dass wir diesen Mann mögen werden, hast du denn eine so gute Wahl getroffen?«

»Ich hätte sicher eine viel bessere Wahl treffen können, aber ich hätte kaum einen lieberen Menschen finden können.«

»Kennen wir ihn? Ist er aus Flekkefjord?« Aksel schaute sie scharf an, und normalerweise hätte Jorna jetzt Angst vor seiner Kritik gehabt. Aber sie war sich einer Sache noch nie so sicher gewesen und sagte deshalb ganz ruhig: »Er heißt Heinz, er ist ein Deutscher. Wir kennen uns seit einigen Monaten. Er hat mir viel über sich und seine Familie erzählt, ich vertraue ihm und liebe ihn über alles, auch wenn ich weiß, dass ihr nicht glücklich über meine Wahl sein werdet.«

Jorna hatte sie kalt erwischt. Dieses offene Geständnis und die Entschlossenheit, mit der sie ihnen gegenübersaß, machten ihre Eltern für einen Augenblick wehrlos. Hier saß ihre siebzehnjährige Tochter, deren ganze Ausstrahlung keinerlei Zweifel daran ließ, dass sie von dem, was sie tat, überzeugt war. So überzeugt, dass es fast nutzlos schien, irgendeinen Versuch dagegen zu unternehmen.

Aksel war der Erste, der sich wieder fing. »Hast du dich also auf die Seite des Feindes geschlagen. Sind dir die Norweger nicht gut genug?«

»Papa, ich habe mich nicht gegen die Norweger entschieden, ich habe mich für Heinz entschieden! Du hast mir immer beigebracht, dass man den Rücken gerade halten und als Mensch zu seiner Entscheidung stehen muss.«

Aksel starrt seine Tochter aus seinen stahlblauen Augen an. »Ich weiß nicht, ob du da etwas verwechselst. Sich selbst und seine Familie zu besudeln, ist etwas anderes.«

»Papa, es tut mir so leid, wenn ihr in Zukunft Probleme deswegen haben solltet. Ich habe mir schon überlegt, ob es nicht besser wäre, wenn ich nach Stavanger oder Oslo gehen und dort meine Ausbildung abschließen würde. Dann hätten die Leute hier nicht so viel über uns zu reden. Es wäre natürlich traurig, von Flekkefjord und von euch wegzumüssen, außerdem würde es viel Geld kosten. Ich bräuchte ein Zimmer und müsste mich selbst versorgen.«

Jorna schossen die Tränen in die Augen. Was hatte sie nur verbrochen? Sie wollte ihren Eltern das doch nicht antun! Wenn sie sie doch ein wenig verstehen könnten!

Henny hatte bisher geschwiegen. Sie kannte ihre im Sternzeichen des Widders geborene Tochter und wusste um ihre Entschlossenheit und Durchsetzungskraft, aber damit hätte sie nicht gerechnet.

»Ja, wir werden sicher Schwierigkeiten bekommen, viele werden uns das nie verzeihen«, schleuderte Henny ihr in ungewohnter Heftigkeit entgegen. »Jeder weiß, dass wir keine Quislings sind, auch wenn wir für die Deutschen arbeiten. Das ist schlimm, obwohl es immer mehr Leute tun, und aber wir hatten keine Wahl. Man kann nicht ablehnen, wenn die Deutschen einen auffordern, für sie zu arbeiten. Aber eine Tochter, die mit einem Deutschen zusammen ist, das ist noch viel schlimmer. Dazu wird man nicht gezwungen, das kann man ablehnen.« In diesem Moment konnte Henny kaum mehr weiterreden und schluchzte. Um sie zu trösten, streckte Jorna eine Hand nach ihr aus, aber Henny schüttelte sie ab. »Und glaubst du, dass deine Freundinnen das akzeptieren werden? Hast du dir überlegt, was das heißt, wenn sie nichts mehr mit dir zu tun haben wollen? Wenn du durch den Ort gehst, und jeder weiß, dass du mit einem Deutschen zusammen bist? Die meisten werden dich schneiden, sie werden tuscheln, wenn sie dich sehen. Bei der Arbeit wirst du sicherlich auch schief angesehen. Mein Gott, das kann dir doch nicht gleichgültig sein!«

Henny war klar, dass sie Jorna mit solchen Argumenten wohl kaum würde beeinflussen können. Aber sie war erst siebzehn und hatte keinerlei Lebenserfahrung, wie konnten sie ihr klarmachen, worauf sie sich da eingelassen hatte?

»Vielleicht gehört Norwegen in Zukunft zu Großdeutschland, und solche Verbindungen sind dann ganz normal, kein Mensch wird sich mehr aufregen, und dem Führer gefällt es.« Der Sarkasmus in Aksels Stimme war nicht zu überhören. Er hatte sich wirklich etwas anderes für seine Tochter vorgestellt. Warum musste es ausgerechnet ein Deutscher sein? Sie hätte doch alle Chancen gehabt, einen Norweger zu finden, der etwas darstellte, der eine Frau wie sie an seiner Seite zu schätzen wusste. Aksel hatte sehr wohl mitbekommen, wie die Männer im Ort auf Jorna reagierten. Wie ihr die Blicke folgten, wie beliebt sie war. Ja, sie war etwas Besonderes, und das hatte sich dieser Deutsche herausgepickt. Ganz ohne Skrupel.

»Was bilden die Deutschen sich ein? Erst überfallen sie unser Land, spielen sich auf als unser Freund, dem wir womöglich dankbar sein sollen, und dann mischen sie sich auch noch in unser Privatleben ein, in unsere Familien!« Aksel starrte ins Leere, sein Gesicht weiß und starr wie eine Maske, aber dann blickte er Jorna direkt in die Augen. »Überleg es dir gut, vielleicht kannst du es rückgängig machen. Es weiß ja noch niemand. Aber wenn es erst mal raus ist, musst du dich auf einiges gefasst machen. Ich glaube, du kannst dir gar nicht vorstellen, was das bedeuten wird. Ob es dann noch so schön ist, in deiner Haut zu stecken?«

Ohne ein weiteres Wort stand er auf und verließ die Küche. Er wusste, dass Jorna Wert auf seine Meinung legte und hatte eine gewisse Hoffnung, dass sie es sich vielleicht doch noch anders überlegen würde. Sie war doch sonst so vernünftig.

Jorna saß jetzt genauso starr da, und ihre Augen füllten sich mit Tränen, dann aber schien wieder neue Energie in sie zu kommen. »Oh, Mama, ich will es nicht rückgängig machen! Du wirst es verstehen, wenn du ihn erst kennengelernt hast. Jeder wird das verstehen, er ist so ein wunderbarer Mensch! Und die anderen sind mir egal. Wenn ich Heinz nicht haben kann, ist mir alles andere egal. Dann gehe ich weg von hier. Heinz ist das Einzige, was für mich zählt. Bitte, Mama, das musst du mir glauben. Ich möchte ihn euch so gerne zeigen. Einen Menschen zu lieben ist doch nichts Böses!«

»Nein, an sich ist es nichts Böses, aber du hast dir den Falschen ausgesucht«, erwiderte Henny und stöhnte aus tiefster Seele. »Ich wünschte nur, du könntest das verstehen. Wir wissen doch gar nichts über ihn. Natürlich sind nicht alle Deutschen schlechte Menschen, aber viele sind Nazis. Willst du mit so einem zusammen sein?«

»Mama, wir sprechen nie viel über Politik. Ich weiß nur, dass er kein Nazi ist, und sein Vater auch nicht. Über Hitler hat er nie etwas Positives gesagt.«

»Das kann ja alles sein, aber die Leute in Flekkefjord wird das nicht interessieren. Die Deutschen haben unser Land überfallen. Die jungen Mädchen und Frauen sind aufgefordert worden, sich von ihnen fernzuhalten, du hast es gelesen in den Zeitungen.« Dann stand Henny auf, auch sie war jetzt kreideweiß im Gesicht, und fast flehentlich sagte sie: »Ich hoffe, du wirst uns nicht alle unglücklich machen, Jorna.« Ohne die Gläser, die noch auf dem Tisch standen, abzuräumen, ging sie zur Tür, und es erschien Jorna für eine kurzen Augenblick, als ob Henny ihren Mantel nehmen wollte, um diese Wohnung für immer zu verlassen. Aber sie drehte sich nur noch einmal zu ihr um und sagte mit unendlich müder Stimme: »Ich weiß mir auch keinen Rat mehr. Am besten, wir gehen jetzt alle schlafen. Morgen sehen wir weiter.«

Jorna wischte sich die Tränen aus den Augen. »Gute Nacht, Mama, schlaf gut. Und mach dir bitte keine Sorgen.«

Wie gerne hätte sie sich ihrer Mutter in die Arme geworfen und sich von ihr trösten lassen, aber sie spürte, dass Henny das nicht gewollt hätte.

Jorna putzte sich in der Küche die Zähne, ging dann schnell in das zentrale Treppenhaus, von dort in den ersten Stock mit dem großen Fenster zur Straße, von dem aus sie vor ein paar Monaten die flüchtende Nachbarsfamilie beobachtet hatte. Inzwischen waren sie längst wieder zurückgekehrt. Dann öffnete sie die kleine Tür zum Speicher, hinter der eine steile, schmale Stiege zu ihrem Zimmer führte.

Es war düster, sie hatte diesmal den Lichtschalter an der Tür nicht herumgedreht. Sie kannte den Weg ja gut. Als die Tür hinter ihr zufiel, merkte sie jedoch, dass nur Schemen zu erkennen waren. Durch eine kleine Dachluke fiel ein wenig fahles Mondlicht, und in der Dunkelheit wirkte der hohe, vollgestellte Raum auf einmal unheimlich.

Der Speicher hatte mehreren Parteien als Möbellager und Abstellraum gedient, überall standen Schränke, Transportkisten und Überseekoffer von Amerikaheimkehrern. Kleidersäcke hingen an kräftigen Haken im Gebälk, und ein blinder Spiegel lehnte in einer Ecke. In der Dunkelheit gaben die weichen Konturen den dicht gedrängten Möbelstücken etwas Geisterhaftes, fast Lebendiges. Ein langer, nur halb gefüllter Sack hing schlaff an seinem Haken und schien sich verschwörerisch zu einem monströsen Schrank hinunterzubeugen, auf dem runde, topfartige Gegenstände gelagert waren, und der so als Ganzes wie eine mehrköpfige Gruppe erschien, auf welche die von dem Sack verkörperte Figur einredete. Die allgemeine Düsternis verlieh der Szenerie eine so bedrohliche Eindringlichkeit und Intensität, dass Jorna urplötzlich stockte und auf die Gruppe starrte, die vorwurfsvoll auf sie herunterzublicken schien.

In demselben Augenblick hörte sie, wie die Nachbarin direkt unter ihnen die inneren Fensterläden zuklappte und die von den Deutschen verordneten Verdunklungsvorhänge zuzog. Jorna verspürte plötzlich eine Angst, wie sie sie seit ihrer Kindheit nicht mehr empfunden hatte, denn diese Geräusche klangen auf einmal wie die Stimmen der Gruppe, die sich vor ihr zusammengerottet hatte und die ihr zurief: »Und jetzt ist aber Schluss! … Schluss!« Das musste der zweite Vorhang gewesen sein.

Ein solches Erlebnis hatte Jorna das letzte Mal gehabt, als sie als sechsjähriges Mädchen mit ihrer Mutter bei einer älteren Tante in Farsund zu Besuch war, und sie sich in der Nacht in dem fremden Haus fürchtete, als die dunklen Möbel und die schweren Vorhänge ihren gespensterhaften nächtlichen Tanz vorführten, und Jorna bewegungslos unter der schweren Decke lag, bis sie endlich eingeschlafen war.

Bis zu ihrem Zimmer waren es nur noch fünf Schritte, die sie mehr schlich als ging, als ob das leiseste Geräusch sie an ihre Verfolger hätte verraten können. Sie schloss die Tür hinter sich, dabei fiel ihr ihr eigenes Herzklopfen auf, ging dann ans Fenster und zog als Erstes die schwarzen Vorhänge zu, nicht ohne gleichzeitig ihre Nachttischlampe anzuknipsen. Sie war jetzt wieder bei sich, nichts erinnerte hier an das Erlebnis vor der Tür, nichts schien mehr bedrohlich. Jorna hätte fast über sich selbst gelacht, doch dann musste sie an ihre Eltern denken und an das, was sie ihnen antat.

Die nächsten Tage und Wochen brachten trübes Wetter. Es war ein kalter, regnerischer Winter, die Wolken kamen grau und schwer vom Atlantik. Die Zeit der Spaziergänge, der Bootstouren, der sonnigen Ausblicke auf den Fjord waren längst Vergangenheit. Es gab nur noch wenige Orte, an denen sich ein heimliches Liebespaar treffen konnte.

Der Krieg dauerte an, jeder in Flekkefjord konnte zusehen, wie er sich in der Situation einrichtete. Keiner musste hungern, aber viele Lebensmittel wurden knapp. Fleisch, Fisch, Milch, Eier, Kartoffeln und Kaffee waren inzwischen rationiert. An Weizenmehl war kaum noch zu kommen, und ab 1941 sollte es dann eine neue Mehlmischung geben, gestreckt mit Roggen und Kleie. Das daraus gebackene Brot war feucht und lag schwer im Magen, sodass ihm die Leute bald den Spitznamen »Furzbrot« gaben.

Obwohl die Versorgungslage langsam schwieriger wurde, ging es vielen Norwegern, die freiwillig oder gezwungenermaßen für die Deutschen arbeiteten, wirtschaftlich besser als vor dem Krieg. Die Deutschen hatten schon ab dem Sommer 1940 angefangen zu bauen: Entlang der gesamten Küste ließen sie Befestigungsanlagen errichten, Unterstände und Schützengräben in den Fels hauen, scheinbar für die Ewigkeit. Für all diese Vorhaben brauchten die Besatzer dringend Arbeitskräfte. Ab 1942 arbeitete jeder fünfte norwegische Arbeiter auf einer deutschen Baustelle.

Auch die Grønsunds hatten viel zu tun, und ihre Einnahmen wuchsen. Der Vater blieb Jorna gegenüber seit jenem Abend in der Küche wortkarg. Jorna versuchte immer wieder, mit ihrer Mutter zu sprechen und sie davon zu überzeugen, sich den jungen deutschen Soldaten wenigstens einmal anzuschauen. Manchmal glaubte sie, es könnte ihr gelingen.

Liebe Mutter,
ich weiß, wie dein späteres Leben verlief, ein normales bürgerliches Leben als Ehefrau in einer harmonischen Beziehung, ganz klassisch, traditionell – bis dass der Tod euch scheidet – mit Zuneigung, Treue, Sorge, vielleicht auch Problemen. Deshalb fällt es mir schwer, dir jetzt diese Frage zu stellen. Wenn du damals, im Frühjahr 1941, im ersten Jahr deiner Beziehung zu Papa, gewusst hättest, was diese Beziehung noch mit sich

bringen würde, wie sie dein Leben weiter umkrempeln würde – hättest du dich dann gegen ihn entschieden? Wärst du dann vernünftig geworden? Hättest du die Pflicht deinem Land gegenüber höher gestellt als dein persönliches Glück?
Nein, du hättest es niemals getan. Trotzdem ist dann alles anders gekommen, als du gedacht hast. Du konntest Papa erst einmal nicht heiraten, sondern du heiratetest Otto, den Amerikaner, den du vielen verheimlicht hast.

»På hytta«: Auf der Hütte

Es war ein kalter, sonniger Sonntagnachmittag im Januar. Jorna wusste, dass ihre Eltern beschäftigt waren und sie es wagen konnte, sich mit Heinz auf der Hütte zu treffen. Sie hatte eine Thermosflasche mit Tee eingepackt, und jetzt saßen sie vor der Hütte in der Wintersonne und aßen die Brote, die Heinz mitgebracht hatte.

Sie erzählte Heinz vom Gespräch mit ihren Eltern, und er redete ihr zu, es immer wieder zu versuchen, mit ihnen zu sprechen. Er wollte ihre Eltern unbedingt kennenlernen, wollte ihnen erklären, dass es ihm ernst war mit ihrer Tochter.

»Jorna, noch etwas anderes möchte ich deinen Eltern sagen, nein, um etwas möchte ich sie bitten. Ich möchte ganz offiziell bei ihnen um die Hand ihrer Tochter anhalten, ich möchte sie bitten, dich heiraten zu dürfen, und vorher möchte ich dich heute hier in der Hütte am Fjord fragen, ob du meine Frau werden willst, die Frau eines Deutschen, der einen so langen Weg zurückgelegt hat, nur um dich hier zu finden?«

Jetzt hatte er ihr gesagt, was er ihr schon seit Langem hatte sagen wollen. Und er erzählte ihr auch von dem Brief, in dem er seinen

Eltern bereits geschrieben hatte, dass er die Frau, die er über alles liebte, gefunden hatte. Jornas Eltern sollten sich keine Sorgen machen. Wenn der Krieg vorbei war, würden sie beide heiraten, und er würde sie mit nach Deutschland nehmen. Natürlich könnten sie auch vorher heiraten, wenn das einfacher für alle wäre.

Heinz ahnte, dass die Begegnung mit Jornas Eltern nicht leicht werden würde, dass es nicht leicht würde, eine Ebene zu finden, auf der sie einander verstehen könnten. Aber er war voller Zuversicht und Hoffnung, am Ende würden sie ihn mögen. In diesem Augenblick spürte Jorna, dass sie auf einmal ganz ruhig wurde, so als ob sich eine Gewissheit in ihr ausbreitete, dass das, was sie tat, das Richtige war. Sie hatte es immer gefühlt, aber jetzt wusste sie es. Jetzt wusste sie, dass sie ihren Weg gehen würde, und dass niemand und nichts sie davon abhalten würde, denn sie würde den Weg nicht allein gehen.

»Ja, Heinz, ich möchte dich heiraten, und ich werde mit dir nach Deutschland gehen.«

Dann lagen sie sich ganz lange und still in den Armen, spürten nicht die Kälte in der ungeheizten Hütte, spürten nicht die Zeit, die verging, nur den Moment. Der Moment war der jeweils andere. Als sie sich langsam voneinander gelöst hatten, fingen sie an zu planen. »Jorna, was hältst du davon, wenn ich einfach mal im Laden vorbeikomme? Ich könnte zumindest deine Mutter kennenlernen, und wenn sie mich mag, ist das Eis schon zur Hälfte gebrochen. Ein bisschen Norwegisch kann ich ja schon, und du könntest mir noch ein paar Sätze beibringen.«

»Ja, vielleicht machen wir es so. Irgendwie glaube ich, dass sie sich sowieso damit abgefunden haben. Sie beide sind darüber überhaupt nicht glücklich, aber mein Vater sagt gar nichts mehr, und mit meiner Schwester Aud habe ich auch schon gesprochen. Es sieht so aus, als ob sie mich unterstützt. Offenbar merken sie alle, dass es mir ernst ist.«

Heinz strahlte: »Dann wird es vielleicht gar nicht so schwer, sie zu überzeugen, wir müssen es versuchen.«

»Aber Heinz, du weißt, ich will unbedingt meine Ausbildung fertig machen! Es ist mir sehr wichtig, dass ich einen Beruf habe. Dann bin ich von niemandem abhängig, und ich könnte von Flekkefjord weggehen und mir in einer anderen Stadt eine Arbeit suchen. Wir könnten uns nicht mehr so oft sehen, aber wenn du frei hast, besuchst du mich. Keiner würde uns dort kennen und über uns reden.«

Jorna schaute ihn trotzig an. Manchmal hatte Heinz ein schlechtes Gewissen, was er dieser jungen Frau alles antat, aber der Gedanke, auf sie verzichten zu müssen, war ihm unerträglich. Er war fest davon überzeugt, dass sie es irgendwie schaffen würden. Irgendwann würde der Krieg vorbei sein, irgendwann würde er sie heiraten können. Er nahm sie in den Arm und hielt sie lange ganz fest.

»Ich würde dich schrecklich vermissen, wenn wir uns nur alle paar Monate sehen könnten. Ich werde mit deinen Eltern sprechen.«

»Wir müssen es versuchen.« Jorna war aufgestanden und machte sich daran, die Thermosflasche und die Becher wegzuräumen. »Aber jetzt gehen wir lieber rein, es wird kalt.«

Liebe Mutter,

Mütter und Töchter sind sich ähnlich. Sie sind sich manchmal so ähnlich, dass es zwischen ihnen zu Rivalitäten kommt. Töchter sehen all das, was sie an sich hassen, die eigenen Fehler und Unzulänglichkeiten, im Spiegel der Mutter und kritisieren sie dafür, was sie eigentlich an sich selbst verändern müssten. So war es natürlich auch bei uns beiden. Wir waren uns sehr ähnlich. Das fing beim Aussehen an. Als junges Mädchen, aber auch noch später, erlebte ich bei Besuchen in Flekkefjord immer wieder die gleiche Reaktion bei Leuten, die dich aus deiner Jugend kannten: »Ganz wie Jorna! Halldis sieht genau so aus, wie Jorna damals ausgesehen hat.« Besonders deine früheren Freundinnen sagten das zu mir, und es schmeichelte mir. Warum das so war, wusste ich nicht, aber es fühlte sich für mich sehr positiv an, ich fühlte mich irgendwie zugehörig. Später wurde mir klar, warum das so war: Ich hatte dich immer als eine Frau erlebt mit vielen Freundinnen. Das war bei mir genauso und ist es heute noch. Lange wusste ich ja nichts davon, wie es dir im Krieg und noch danach ergangen war. Deshalb konnte ich auch nicht wissen, dass Freundinnen noch einmal eine viel existenziellere Bedeutung für dich bekamen, nach dem, was du mit siebzehn, fast achtzehn Jahren erlebt hast. Die Zurückweisung durch deine Freundinnen muss ein Schock für dich gewesen sein. Nachdem ich davon vor nicht allzu langer Zeit in Flekkefjord erfahren habe, ist mir bewusst geworden, dass vieles von deinem Verhalten, auch in deinen letzten Lebensjahren, das wir nicht einordnen konnten, auf diese Erfahrung zurückgeht. Sie hat dich für immer geprägt. Und dass vieles, was für mich anscheinend überlebenswichtig war, die Zugehörigkeit, die Freundinnen, das Gefühl, Teil von etwas zu sein, darin seinen Ursprung hatte.

Das Ultimatum

Jorna hatte eine Einladung von ihren Freundinnen bekommen. Es war ja nicht so, dass sie keine von ihnen die letzten Monate gesehen hätte. Immer wieder gab es Begegnungen, aber zu einem Treffen, bei dem alle Mixing-Mädchen anwesend sein würden, die ganze »Blase«, wie sie damals sagten, war es länger nicht mehr gekommen. Jetzt gab es diese Einladung. Ellen hatte sie zu sich nach Hause gebeten, die anderen sollten auch da sein, Turid, Inger, Annegrete und Ulaug. Eigentlich ein schönes Ereignis, auf das Jorna sich riesig gefreut hätte – normalerweise. Diesmal hatte sie gemischte Gefühle, sie ahnte, dass es anders werden würde als sonst.

Mit meiner Schwester Vera Egenolf im Juli 2017 vor dem Haus unserer Großeltern – links der Eingang der Reinigung

Und es war anders, ganz anders als sonst. Heute würden keine deutschen Schlager mehr gesungen werden. Jorna spürte es, sobald sie ins Haus kam und erst recht, als sie Ellens Zimmer betrat. Es war ganz und gar nicht so wie früher, alle waren schon da, sie war die Letzte. Sofort war ihr klar, dass das kein Zufall sein konnte. Es war alles arrangiert, sie *sollte* die Letzte sein.

Ellen begrüßte sie und bot ihr gleich einen Stuhl an, obwohl alle anderen noch standen. Normalerweise wäre keine ihrer Freundinnen so förmlich gewesen. Sie kannten sich doch seit der ersten Klasse und waren ganz vertraut miteinander. Was sollte dieses Gehabe? Jetzt setzten sie sich alle. Aber Jornas Stuhl stand etwas abgerückt von den anderen, die in einer Gruppe ihr gegenübersaßen.

»Jorna, möchtest du etwas trinken? Wir haben einen Tee gemacht, Kaffee trinken ja jetzt nur die deutschen Herren, wir kommen nicht mehr dran.«

Ellen spielte die Gastgeberin, aber ihre Bemerkung über die Deutschen zielte genau darauf, Jorna, ihren Gast, zu treffen. Und sie traf sie. Jorna war jetzt noch alarmierter als vorher, bemerkte aber auch, dass Turid bei Ellens Bemerkung zusammenzuckte.

»Tee ist wunderbar, ich trinke gerne eine Tasse.« Jorna spürte, dass sie etwas sagen musste, dass sie den anderen nicht völlig das Terrain überlassen konnte. »Schön, dass ihr mich eingeladen habt, wir haben uns wirklich lange nicht gesehen. Früher hatten wir mehr Grund zum Feiern, oder sind wir alle schon erwachsen geworden?«

Dieser letzte Satz kam etwas schärfer heraus, als Jorna es beabsichtigt hatte, und ab diesem Zeitpunkt war es beiden Parteien klar, dass die Katze aus dem Sack gelassen werden musste.

»Ein bisschen erwachsen sind wir alle inzwischen geworden, das passiert wohl ganz von allein«, sagte Inger jetzt. Sonst sprachen alle durcheinander. Dass heute jede nacheinander ihren Einsatz bekam, wirkte völlig unnatürlich und wie einstudiert.

»Jorna, es hat einen Grund, dass wir uns heute mit dir treffen«, kam es sofort darauf von Ellen. »Wir müssen mit dir reden. Wir möchten dich schon lange etwas fragen. Und jetzt möchten wir eine Antwort auf diese Frage.«

Ellen hatte offenbar die Führung übernommen. War das die Abmachung? Zumindest passte das zu ihr. Ellen war energisch, fackelte nicht lange und hatte immer eine entschiedene Meinung zu den Dingen. Anders als vielleicht Inger oder Turid, die viel zurückhaltender waren und in ihren Ansichten oft schwankten. Sie ließen sich beeinflussen und waren von weicherem Naturell. Bei Annegrete und Ulaug war sich Jorna nicht so sicher. Mit Ulaug hatte sie sich immer besonders gut verstanden, sie war geradeheraus. Eine zupackende junge Frau, die nicht viel Aufhebens von sich machte und gerne fünfe gerade sein ließ. Sie hatte bis jetzt noch nichts gesagt, das war eher untypisch für sie. Warum sagte sie denn nichts?

Jetzt war Annegrete dran. Es war ihr sichtlich unangenehm, als ob sie eine Aufgabe erfüllen musste, die man ihr auferlegt hatte und zu der sie sich irgendwie verpflichtet fühlte.

»Jorna«, sagte sie stockend, »es gibt Gerüchte in Flekkefjord, und nicht nur Gerüchte. Man hat dich auch gesehen, mehrmals.«

Sie machte eine Pause und schaute auf den Boden. Anscheinend fiel es ihr schwer, das, was jetzt kommen musste, auszusprechen. Ellen übernahm wieder. Spätestens zu diesem Zeitpunkt hatte die ganze Unterredung den Charakter einer Befragung, einer Untersuchung. War sie die Angeklagte? Ja, so sah es aus.

»Du bist anscheinend mit einem deutschen Soldaten zusammen, er heißt Heinz. Ihr kennt euch schon eine ganze Weile. Inger war ja dabei, als ihr euch kennengelernt habt im Sommer beim

Rudern. Du triffst dich heimlich mit ihm. Man hat euch gesehen, wie ihr einmal abends bei Dunkelheit von eurer Hütte gekommen seid, auf dem Weg nach Grønnes. Ihr seid zwar nicht zusammen gegangen, aber kurz hintereinander. So leicht lassen sich die Leute nicht täuschen. Wir möchten jetzt wissen, was du dazu sagst.«

Jorna sagte nichts. Sollte sie es jetzt zugeben, oder sollte sie alles abstreiten, um Zeit zu gewinnen? Selbst wenn die Situation noch so klar war, die Beweise noch so erdrückend, wenn der Angeklagte alles abstreitet, kann er womöglich noch einmal davonkommen, kann die Zweifel bestärken, auf mildernde Umstände hoffen, auf Verständnis. Aber wo sollte das hinführen? Sollte sie Heinz verleugnen, sich von ihm abwenden, weil ihre besten Freundinnen hier vor ihr saßen und sie wie eine Verbrecherin behandelten?

Jorna wusste in diesem Moment, dass sie nicht mehr zurückkonnte. Sie wollte nicht mehr zurück.

»Ja, ihr habt recht. Es stimmt alles. Ich bin mit Heinz zusammen, und wir haben vor zu heiraten.«

Diese schnelle Antwort überraschte die anderen dann doch, man sah es ihren Gesichtern, ihrer Körperhaltung an, und auf einmal wurde die Stimmung im Raum milder. Inger blickte sie traurig an, und Ulaug lächelte irgendwie verständnisvoll.

»Aber Jorna, weißt du denn nicht, dass du dich damit gegen alle stellst? Die Norweger wollen nicht, dass wir Mädchen und Frauen uns mit einem Deutschen einlassen!« Das war Ulaug, ohne Vorwurf, eher besorgt.

»Ich habe mich nicht mit Heinz ›eingelassen‹. Ich liebe ihn und will ihn heiraten. Das ist etwas ganz anderes.«

»Für dich ist es vielleicht etwas anderes, aber alle anderen sehen das nicht so. Für sie verrätst du unser Land!« Das kam von Turid. Genauso hätten es auch Jornas Eltern ausdrücken können.

»Ich finde, mein Land verrät mich, wenn es so eine Entscheidung von mir fordert. Wir sind doch alle Menschen und haben unsere Gefühle! Du, Ellen, hast Glück, dass du dich in einen Norweger verliebt hast. Das ist schön einfach, kein Mensch erwartet eine Entscheidung von dir. Würdest du deinen Freund verlassen, wenn das die Deutschen von dir verlangen würden?«

Ellen schüttelte den Kopf. »Das wäre ja etwas ganz anderes. Die Deutschen haben unserem Land ein großes Unrecht zugefügt, das ist der Grund.«

»Ich liebe Heinz aber, und er ist ein sehr guter Mensch. Wenn ihr ihn nur kennen würdet, wüsstet ihr, was ich meine. Er kann auch nichts dafür, dass er hierhergeschickt wurde!«

Das war für Ellen das Stichwort, sie schien Angst zu bekommen, dass ihre Freundinnen alle miteinander Mitleid mit Jorna bekämen oder sie womöglich verstehen würden.

»Jorna, du musst dich von ihm trennen, sonst können wir nicht mehr mit dir befreundet sein.«

Nachdem Ellen das gesagt hatte, herrschte Stille im Raum. Jetzt war es ausgesprochen. Jetzt war das gesagt worden, was sie vielleicht gar nicht sagen wollten, aber wozu sie sich verpflichtet fühlten. Man erwartete das von ihnen. Wenn ein Mitglied der Gesellschaft aus der Gemeinschaft ausgeschert war, musste die Gemeinschaft es wieder zurückzuholen. Aber wenn es nicht zurückkommen wollte, dann musste man es ausschließen. Es durfte kein Dazwischen geben.

Jorna hatte verstanden. Sie hatte sich monatelang der Vorstellung hingegeben, dass es ein Dazwischen geben könnte, dass sie einen deutschen Mann lieben und gleichzeitig eine gute Norwegerin sein könnte. Es war eine Illusion gewesen.

Sie stand auf und sagte: »Das kann ich nicht. Ich muss wohl in Zukunft ohne euch auskommen.« Dann ging sie zur Tür, nahm ihren Mantel und drehte sich noch einmal um. Ulaug schaute ihr in die Augen, und Jorna sah, dass sie weinte. »Jorna, es tut uns ja auch so leid, aber es geht nicht anders.«

»Ich verstehe. Nein, ich verstehe es nicht, aber ich werde versuchen, euch nicht böse zu sein.«

Keine sagte mehr etwas. Am liebsten hätte Jorna sie angeschrien, hätte ihnen vorgeworfen, dass sie hartherzig seien, widerliche alte Betschwestern, feige noch dazu. Was konnte es ihnen denn schaden, wenn sie weiterhin befreundet wären, war das jetzt auch schon verboten? Oder hielt man sie für eine Art Spionin, die alles gleich weitertragen würde und sie oder andere verraten könnte? Am liebsten hätte sie ihren Freundinnen zugerufen: »Ja, ich weiß, es gibt Leute, die im Untergrund sind, es gibt Leute, die gefährdet sind! Habt ihr Angst, dass ich gleich hinspazieren und sie ans Messer liefern könnte? Heinz und ich interessieren uns für solche Dinge nicht, kann denn das niemand verstehen? Ich habe gedacht, ihr kennt mich, ihr vertraut mir!«

Aber Jorna sagte nichts dergleichen. Statt ihnen ihre Wut ins Gesicht zu schleudern, öffnete sie die Haustür und trat hinaus auf die Straße. Was sollte sie jetzt tun? Sie war zu aufgewühlt, um nach Hause zu gehen, Heinz konnte sie auch nicht treffen, sie wusste, dass er Dienst hatte. Sie wollte einfach allein sein. Es war zwar Januar 1941, aber heute war es noch verhältnismäßig mild, und ohne richtig darüber nachzudenken, ging sie den Weg nach Lilleheia hoch. Ihre Schritte waren schnell und kräftig, in einer Viertelstunde war sie oben auf dem ersten Aussichtsposten und schaute auf den Ort und die Brücke über die Elva, wo die Deutschen damals im April einmarschiert waren. Dann schwenkte ihr Blick hinüber zur Schule, jetzt Quartier der Deutschen, sie lag auf einem Hügel und war als Ziel für englische Bomber weithin sichtbar, die Deutschen hatten versucht, das mit Tarnfarben zu beheben. Sie sah hinaus auf den Fjord und auf die Felsen entlang des Wassers. Das war ihre Welt, ihr Zuhause, ihre Heimat. Tränen rannen über ihr Gesicht. Noch nie hatte sie sich so allein gefühlt. War es nicht das Grundrecht eines jeden, den Menschen auszuwählen, zu heiraten, den man liebte, ohne Rücksicht auf Rasse, Religion und Nationalität?

Man hatte sie ausgestoßen. Die Kameradinnen ihrer Kindheit hatten sich von ihr abgewandt. Jetzt hatte sie nur noch Heinz.

Die Mixing-Mädchen beim Baden 1938

Liebe Mutter,
deine Freundinnen haben dich eingeschüchtert. Du hattest gehofft, dich irgendwie mit ihnen arrangieren zu können. Aber dir war wohl nicht bewusst – du warst ja immer noch siebzehn –, in welchem Klima der Repression und der sozialen Kontrolle ihr alle lebtet. Das Auge Gottes oder besser der Kirche hatte jahrhundertelang auf die Menschen in Südnor-

wegen herabgeschaut. Andererseits war es in deiner Familie ein bisschen freier zugegangen. Dein Vater, Aksel, konnte mit der Religion nichts anfangen, protestantische Frömmigkeit war ihm zuwider. Damit waren ihm auch die Vertreter der Gesellschaft zuwider, die zugeknöpft und spitznasig den Lebenswandel ihrer Mitbürger beäugten und ihr Urteil sprachen, wie sie es jetzt über seine Tochter taten. Seine Freigeisterei hatte sicher auch mit dazu beigetragen, dass du es wagtest, dich gegen alle zu stellen.

Alltag im Krieg

Winter 1940/1941

Für Jorna begann also im Winter 1941 wiederum eine neue Zeitrechnung. Sie war jetzt kein unbeschriebenes Blatt mehr in Flekkefjord, bald würde der ganze Ort Bescheid wissen über ihre Beziehung zu einem deutschen Soldaten, und nichts würde mehr so sein wie früher.

Auch für alle anderen Bürger hatte das Leben eine völlig neue Färbung angenommen, die Schikanen, die Gefahren, die Rationierungen und die ständige Präsenz der Männer in Uniform bekamen etwas Alltägliches. Trotzdem zeigte sich dieser Krieg auch manchmal von seiner lächerlichen Seite, so wie im März 1941.

Es war Fliegeralarm. Fliegeralarm? Feindliche Flugzeuge tauchten über der Stadt auf, und die Menschen schrien, ja sie jubelten sogar. Konnte denn das möglich sein? Die Menschen rannten aus ihren Häusern auf die Straßen, schwenkten Tücher, schauten nach oben, empfingen die Angreifer wie Freunde. Sie schienen keine Angst zu haben. Bis jetzt hatten die Flugzeuge nichts abgeworfen, es hatte auch noch keine Schüsse gegeben. Wo begrüßt man den

Feind mit Jubelschreien? Aber in den Flugzeugen saß nicht der Feind, da saß der Engländer. Der Feind, das waren die Deutschen, und die waren unten am Boden und stinksauer, dass ihre Anordnung, alle Bürger hätten bei Fliegeralarm unverzüglich die Schutzräume aufzusuchen, so provokativ ignoriert wurde. An diesem Tag liefen die Einwohner Flekkefjords jedenfalls nicht in die Schutzräume, sondern auf die Straßen, um die Engländer als Befreier zu empfangen.

Die Menschen glaubten wahrhaftig oder hofften eher, der Krieg sei schon vorüber. Den Deutschen gefiel das gar nicht, der Bürgermeister wurde zitiert und musste sich ihren Unmut anhören. Bei nochmaligem Nichtbefolgen der Anordnungen wurden Strafen angekündigt. Man wusste nicht, was die Norweger mehr fürchteten – die Rache der Deutschen oder einen möglichen Beschuss durch die Engländer. Doch leider hatten sie sich zu früh gefreut, die aufmüpfigen Bürger. Es sollte noch vier lange Jahre dauern, bevor die Norweger den Tag der Befreiung tanzend und singend auf den Straßen des ganzen Landes würden feiern können.

Vor einem knappen Jahr war der Krieg nach Norwegen gekommen und hatte alles auf den Kopf gestellt. Überall sah man Soldaten, sie schoben Wache, marschierten singend durch die Stadt – diese ewige Singerei ging den Leuten ziemlich auf die Nerven – oder überwachten die unzähligen Bauprojekte am Atlantikwall oder an Straßen, Brücken, Eisenbahnen. Selbst das Stadtbild hatte sich verändert. Nicht nur, dass überall Militärfahrzeuge unterwegs waren, die Deutschen hatten auch entlang der Straßen riesige Natursteine aufstellen lassen, die einen eventuellen Einmarsch der Engländer behindern sollten. Die Norweger nannten sie »Hitlers Zähne«. Vor den schönen weißen Holzhäusern sahen diese Barrieren wirklich idiotisch aus.

Auch wenn in Südnorwegen nicht am Boden gekämpft wurde, so drohte doch immer ein Luftangriff englischer Kampfflugzeuge. Sie kamen übers Meer und bewegten sich schnell und wendig durch den schmalen Fjord auf Flekkefjord zu. Dann hieß es, sich sofort in die öffentlichen Schutzräume oder den sicheren Kellerraum zu flüchten, den jeder Hauseigentümer einrichten musste. Bei den Grønsunds war das der niedrige Kartoffelkeller, dessen Treppe als Kühlschrank diente. Die Kinder fanden es schrecklich, in dieses sommers wie winters kalte Verlies hinabzusteigen, Angst vor Ratten inklusive, und bettelten darum, so schnell wie möglich wieder herauskommen zu dürfen. Aksel blieb meistens in seiner Werkstatt. Das merkte sowieso niemand, es sei denn, jemand verpfiff ihn. Aber im Hof der Kirkegaten 36 gab es keinen Quisling, der so etwas getan hätte. Außerdem, das war sicher, würde er nicht wegen einer Bombe sterben, das hatte er sich in den Kopf gesetzt, und da konnte Henny lamentieren, so viel sie wollte, gegen seine Sturheit war schlecht anzukommen.

Das Leben der Hausfrauen, die eine Familie zu versorgen hatten, wurde immer schwieriger. Schlangestehen früh am Morgen, wenn man der Familie einen Fisch vorsetzen wollte, gehörte jetzt dazu. Manches gab es sowieso nur noch auf dem Schwarzmarkt, wobei man sich da besser nicht erwischen ließ, denn dann wurde der schöne Sonntagsbraten konfisziert. Nach und nach wurden immer mehr Lebensmittel rationiert, manches war völlig verschwunden, und zu kaufen gab es dann nur noch den minderwertigen Ersatz: geröstete Erbsen statt Kaffee, Steckrüben statt Kartoffeln, Walfleisch statt Rinderbraten. Man musste sich einschränken, aber satt wurde man. Welche Rohstoffe und Waren waren eigentlich nicht knapp geworden? Besonders der Brennstoff. Nur Torf gab es genügend, aber mit dem konnte man kaum heizen. Benzin hatten die Deutschen, und nicht einmal die hatten es im Überfluss. Die privaten Autos bekamen groteske Holzverbrennungsmotoren ans Heck gebaut und wurden mit Knottengestein betrieben, einem minderwertigen Ersatzbrennstoff aus Steinkohle und anderen brennbaren Materialien. Sie sahen aus wie fahrende Öfen, stanken, rauchten und produzierten schwarzen Ruß.

Auch die Schönheit musste Einbußen hinnehmen. Das smaragdgrüne Kleid von Jorna war wohl eines der letzten schönen Kleider, die in Flekkefjord verkauft wurden. Wer unbedingt etwas zum Anziehen brauchte, musste sich mit Zellulosestoff, also eigentlich Papier, oder umgearbeiteten Gardinen begnügen. Alte Pullover wurden aufgetrennt, damit man die Wolle neu verstricken konnte. Lederschuhe aufzutreiben war schwierig, hier musste es auch eine gegerbte Fischhaut tun. Diese Fischhaut-Schuhe kamen bei Regen schnell an ihre Grenzen, und das alte Sprichwort, dass sich einer bewegt wie ein Fisch im Wasser, stimmte hier leider nicht mehr. Ganz im Gegenteil, die guten Schuhe lösten sich auf.

Für Jorna hatte sich alles verändert. Ihre Freundinnen sah sie zwar auf der Straße, sie grüßten sich knapp, aber keine sprach sie mehr an. Sie wurde nicht mehr eingeladen, konnte sich nicht dazustellen, wenn sich ein kleines Grüppchen gefunden hatte am Samstagvormittag, wenn alle in der Stadt waren. Sie konnte nicht mit Ellen, Inger, Turid, Ulaug und Annegrete ins »Caprice« gehen, dem schönen Café an der Ecke, hundert Meter von ihrem Haus entfernt, und einen Kaffee oder wohl eher Ersatzkaffee trinken. Da blieb ihr nichts anderes übrig, als mit denen zu verkehren, die in einer ähnlichen Situation waren wie sie – jungen Mädchen wie Esther, Ruth oder Kirsten, die ebenfalls mit einem Deutschen befreundet waren und die deshalb mit den »guten« Mädchen nicht mehr verkehren durften.

Keiner wusste, wie dieser Krieg ausgehen würde. 1941 sah es für Deutschland noch gut aus, viele Deutsche – die treuen Anhänger Hitlers genauso wie die bloßen Mitläufer – glaubten, dass Deutschland den Krieg gewinnen würde. Für viele Norweger erschien diese Zukunft zwar nicht wünschenswert, aber doch auch erwartbar. Heinz und Jorna planten ihre Zukunft. Keine wirkliche Zukunft mit konkreten Daten und realistischen Plänen. Wie hätte das aussehen sollen bei so viel Unsicherheit? Dennoch sprachen sie von Heirat, von Deutschland, von Gemeinsamkeit. Vielleicht könnten sie ja nach Düsseldorf ziehen, Heinz würde schon etwas einfallen. Seine Eltern lebten jetzt in Wuppertal, da könnten sie vielleicht auch hin. Dem letzten Brief an seine Eltern hatte er ein Foto von Jorna beigelegt. Jetzt bestellten sie Grüße und freuten sich, wenn sie sie einmal in nicht allzu ferner Zukunft kennenlernen würden. Heinz' Schwerster Gisela und ihr Mann Itsche schlossen sich diesen Wünschen an. Als Heinz ihr diese Grüße bestellte, wurde es Jorna warm ums Herz. Es gab etwas, woran sie sich festhalten konnte.

Winter 1940/41, Januar, Februar, März – es war die ganze Zeit richtig kalt, kalt und dunkel. Das drückte auf die allgemeine Stimmung, besonders bei den jüngeren deutschen Soldaten. Diese Dunkelheit waren sie nicht gewohnt, kaum dass es um die Mittagszeit ein bisschen dämmrig war, dazu die erzwungene Passivität. Viele Bauprojekte mussten ruhen. Immer nur Wache schieben und warten, warten, warten. Das Heimweh und die Angst vor schlechten Nachrichten von Zuhause. Selbst Heinz war in den letzten Wochen manchmal nachdenklich gewesen. Jetzt, im März, wurden wenigstens die Tage allmählich länger.

Es war um die Osterzeit, Jorna kam von der Arbeit nach Hause und ging wie immer direkt über den Hof in die Küche, wo ihre

Mutter das Abendessen kochte. Trotz der Kälte stand die Tür offen, und ein scharfer, bitterer Geruch und Rauch zogen vom Herd nach draußen.

»Mama, was ist los, brätst du Fisch? Aber der Rauch! Das stinkt fürchterlich!«

Henny schaute vom Herd hoch. »Ja, heute habe ich Fisch bekommen, sie hatten eine Extralieferung, und ich war früh genug dran. Kurz darauf war alles ausverkauft.«

Seit der nächtlichen Sperre für die Boote auf dem Fjord und der zunehmenden Gefahr durch englische U-Boote weiter draußen auf dem Meer fuhren die Fischerboote immer seltener raus, und Fisch, von dem es sonst immer genug gegeben hatte, wurde langsam rar.

»Aber es sind nicht die Makrelen, die so stinken«, erklärte Henny. »Es ist der Tran, in dem ich sie brate. Ich hab nichts anderes mehr. Es schmeckt aber viel besser, als es riecht.«

In dem Augenblick kam Thor die Treppe herunter.

»Mir ist ganz egal, ob es stinkt, Hauptsache Fisch! Das hatten wir kaum in der letzten Zeit, und ich habe schrecklichen Hunger.«

»Ich auch«, sagte Jorna und begrüßte ihren Bruder. »Heute war es anstrengend im Amt, und zwischendurch habe ich noch für die Prüfung gelernt. Sie ist in vier Wochen. Ich habe heute erfahren, dass eine Prüferin vom Telegrafenamt in Stavanger zu uns kommt und die Prüfung abnimmt. Ich will heute Abend gleich weiterlernen. Aber nicht oben bei mir, da ist es zu kalt. Ich bleibe unten im Bügelzimmer.«

»Du kannst doch sowieso alles, du brauchst nicht schon wieder zu lernen! Ich muss einen Aufsatz schreiben, vielleicht kannst du mir helfen?« Das war Thor. Sich hinzusetzen und einen Aufsatz zu schreiben war für ihn eine Qual. Gut, dass er eine große Schwester hatte.

»Zeig schon her, was du machen musst, ich denk mir was aus. Aber es wäre besser, du würdest dir selbst was ausdenken.«

Der Fisch hatte dann wirklich gut geschmeckt, nur ein klein wenig nach Tran. Danach kümmerte sich Jorna um Thors Aufsatz, lernte selbst noch etwas, und als Liv und Thor zu Bett gegangen waren, hatte sie ihre Mutter für sich allein, denn Aksel war zu einem Krankenbesuch bei einem Freund außer Haus.

»Kannst du mir einen Gefallen tun, Mama?«

»Welchen denn?«

»Es dauert nur eine Viertelstunde, und Papa merkt auch nichts davon. Heinz könnte morgen vorbeikommen. Er taucht einfach im Laden auf wie ein Kunde, wenn Papa in der Waschküche ist. In der Mittagspause, damit ich auch da sein kann. Mehr ist es nicht. Nur, damit du wenigstens einmal mit ihm gesprochen hast.«

»Wusste ich doch, dass du nicht lockerlässt. Ich habe es dir noch nicht gesagt, aber ich glaube, ich habe deinen Heinz schon ein paar Mal gesehen. Jorunn hat ihn mir gezeigt. Er sieht wirklich nett aus, ich kann dich schon verstehen. Wenn er bloß Norweger wäre! Aber gut. In Gottes Namen, er soll morgen in den Laden kommen, und anschließend versuche ich es Papa zu sagen.«

Heinz trifft Henny

Und so passierte es dann. Heinz hatte leichtes Spiel, er betrat am nächsten Tag einfach den Laden, das Glöckchen an der Tür läutete, und Heinz und Henny standen sich gegenüber. Er blickte sie aus seinen schwarzen Augen an – Henny hatte ja selbst ganz dunkle Augen, genau wie ihre Mutter, die Nachfahrin des gestrandeten Portugiesen –, da hatte er sie fast schon um den Finger gewickelt. Jorna hielt sich etwas abseits hinter ihrer Mutter und nickte ihm zu.

Heinz begrüßte Henny auf Norwegisch, nach einem Jahr Flekkefjord ging das ohne Probleme, um dann mit den Sätzen fortzufahren, die er mit Jorna einstudiert hatte. Dass er glücklich sei, sie, Jornas Eltern endlich kennenlernen zu dürfen, Jorna habe ihm so viel von ihnen erzählt. Er habe gehört, dass sie sich Sorgen wegen ihrer Tochter machten, weil sie vielleicht an den falschen Mann geraten sei. Er wolle sie aber beruhigen, ihm sei es sehr ernst mit ihr – das Wort »alvorlig« wiederholte er mehrere Male, auch wenn er es falsch aussprach und das stumme G hinten wie K klang. Er wisse, dass die Norweger entsetzt über den Überfall der Deutschen seien, und er selbst hoffe, dass dieser Krieg bald vorbei sei und Norweger und Deutsche wieder Freunde sein könnten.

Bei dem letzten Satz war er wohl am Ende seines Norwegischen angelangt und schaute sich hilflos um. Jorna wäre ihm am liebsten sofort zu Hilfe geeilt, hielt sich aber noch zurück. Henny war gerührt. Da stand ein feindlicher Soldat in Uniform vor ihr, in dieser Uniform mit den martialischen Stiefeln und der Ausstrahlung von Macht und Unterdrückung, und bat sie höflich, fast unterwürfig, um ein Gespräch, um Verständnis, ja eigentlich sogar um Aufnahme in ihre Familie.

»Jorna, sag ihm, dass auch ich froh bin, ihn endlich kennengelernt zu haben, obwohl wir uns große Sorgen machen, weil die Leute im Ort uns das sehr übel nehmen. Doch der Mann, den unsere Tochter so liebt, muss doch ein guter Mensch sein.«

Als Henny von der Liebe zwischen den beiden sprach, war Jorna rot geworden. Manchmal war ihre Mutter ganz schön direkt. Sie übersetzte es irgendwie, aber das Wort »elsker«, das konnte Heinz ohne ihre Übersetzung schon selbst verstehen. Er nickte Mutter und Tochter zu, worauf Henny lächeln musste.

»Sag ihm auch, dass ich mit Papa sprechen werde, aber dass ich nicht weiß, wie er reagiert. Sag ihm außerdem, dass ich eine große Bitte habe: Ich möchte nicht, dass ihr beiden zusammen Händchen haltend durch den Ort geht. Auch wenn viele in Flekkefjord wissen, dass Jorna einen deutschen Soldaten zum Freund hat, müsst ihr es nicht offen zeigen. Das würden die Menschen uns noch mehr übelnehmen. Und wer weiß, wie sie reagieren, wenn der Krieg einmal vorbei ist.«

»Jorna, sag ihr, dass sie sich da ganz sicher sein darf. Das magst du doch selbst nicht.«

Henny wollte ihm eigentlich noch etwas anbieten, das gehörte sich ja so, aber da Aksel von diesem Besuch nichts wusste, fand sie das bedenklich und verabschiedete sich von Heinz. Sie müsse sich wieder an die Arbeit machen. Dabei streckte sie ihm die Hand hin, was eher eine deutsche Form der Verabschiedung war als eine norwegische.

Jorna begleitete Heinz zur Tür, das Glöckchen läutete und der Laden war wieder leer.

»Mama, wie findest du ihn? Vielen Dank, dass du so nett zu ihm warst. Ja, wie ist er denn? Nun sag doch endlich was!« Sie konnte die Reaktion ihrer Mutter kaum erwarten, ihr Gesicht glühte vor Aufregung.

»Du hast schon recht, dass du ihn so gern hast, das muss ich zugeben. Wenn er einen so mit seinen dunklen Augen anlächelt, muss man ihn mögen. Aber du weißt genau, dass ich mit Papa reden muss.«

Damit war ihr Gespräch beendet, aber Jorna war zufrieden, ein erster Schritt war getan. Wenn ihre Familie zu ihr hielt, war sie nicht mehr allein.

Eine Soldatenliebe hat für manche Leute etwas Anrüchiges. Auch dann, wenn es die große, einmalige Liebe eines Lebens ist, wenn eine Frau und ein Mann dabei ihren Lebensmenschen finden, von dem sie nicht mehr loskommen wollen? In Deutschland spürte ich immer nur Anerkennung dafür, dass mein Vater eine so reizende, attraktive Frau erobert hatte, so sah man das wohl damals. Auch in Norwegen spürte ich keinerlei Kritik an meiner Mutter, an uns Kindern. Aber jetzt weiß ich, es muss diese Kritik gegeben haben. Dass ich nichts davon gemerkt habe, lag sicher auch an der Freundlichkeit meiner Verwandten, die uns immer sehr zugewandt waren.

Als ich vor ein paar Jahren anfing, die ersten Bücher über die »Deutschenmädchen« und die »Deutschenkinder« und deren Schicksal im Nachkriegsnorwegen zu lesen, erschütterte dies zuerst einmal mein Norwegenbild. Besonders die Diskriminierung der Kinder in staatlichen Einrichtungen und Schulen kurz nach dem Krieg konnte ich nur schwer mit den Vorstellungen und Erfahrungen von einem fortschrittlichen Norwegen, die ich bisher hatte, in Einklang bringen. Mein erster Gedanke war natürlich: »Mein Gott, was habe ich für ein Glück gehabt, dass ich nicht schon während des Krieges geboren wurde! Dann wäre mein Leben ganz anders verlaufen.« Als Nächstes bekam ich ein sonderbares, mir bisher völlig unbekanntes Minderwertigkeitsgefühl, was meine norwegische Herkunft betraf. Hatte ich überhaupt das Recht, mich als Halbnorwegerin zu fühlen? Da wurde mir klar, dass die Gefühle meiner Mutter sich auf mich übertragen hatten. Sie hatte sich außerhalb der Gesellschaft gestellt und hatte dafür einen Preis bezahlt, genau wie Tausende junger Norwegerinnen, die sich in einen deutschen Soldaten verliebten.

Das geheime Zeichen

Dü dü düddü dü. Dü dü düddü dü. Das war ihr geheimes Zeichen. Eine verbotene Liebe braucht eine andere Sprache, braucht einen Code, muss sich schützen vor den Augen der anderen. Die Sprache verrät einen, die Ohren dagegen sind leichter zu täuschen. Mit einem Pfiff kommt man schon etwas weiter.

Dü dü düddü dü. Mit diesem Pfiff verständigten sich Jorna und Heinz. Waren sie verabredet, konnten sie sich nicht aus der Ferne zuwinken oder »Hei!« zurufen, wie es sonst ein norwegisches Paar getan hätte. Wenn sie sich spontan treffen, den anderen unbedingt kurz sehen wollten, mussten sie ihm ein heimliches Zeichen geben, kurz, aber für beide klar verständlich. Das war ihre Art von SMS. »Ich muss dich treffen, wenn du kannst, komm schnell an den verabredeten Ort.« Sie mussten unbemerkt bleiben, alles musste heimlich vonstatten gehen. Also erfanden die beiden ihre heimliche Pfeifmelodie, etwas, das nur für sie hörbar war und welches nur der Eingeweihte verstehen konnte. Diesen Pfeifton haben sie immer beibehalten, auch viele Jahre später noch in Deutschland, wo Heimlichkeit kein Gebot mehr war. War es ihnen in Fleisch und Blut übergegangen, erinnerte es sie an ihre aufregende Zeit im Krieg damals? Hat es ihnen immer noch einen Kick gegeben, fühlten sie sich nach wie vor wie ein geheimes Liebespaar, das sich Botschaften zuzwitschert? Eine Erinnerung an diese Zeit, die wir Nichtdabeigewesenen immer als die schreckliche Zeit des Krieges bezeichnen? In ihrer Erinnerung war es eine aufregende Zeit. Die absolute, reine Gegenwart. Zwar sollte die Zukunft ihnen gemeinsam gehören, das hatten sie sich geschworen, aber diese war ein rosiger Nebel der Ungewissheit, hinter dem jederzeit ohne Vorankündigung ein schreckliches Unwetter aufkommen konnte.

Liebe Mutter,
ihr wart wirklich anders als andere Eltern. Die Eltern der anderen haben sich so nicht verständigt wie ihr beiden. Wir haben diesen Pfeifton immer gekannt, er gehörte zu euch. Aber trotzdem fand ich, dass das zumindest eine sehr eigene Art war, sich zu verständigen. Ich habe es hingenommen und wie über so vieles nicht weiter darüber nachgedacht. Wenn ich jetzt das ganze Bild deiner Person rekonstruiere, Neues und Altbekanntes zusammensetze, erscheint auf einmal auch das immer Bekannte in einem anderen Licht. Es wird mir nie gelingen, alle Teile dieses Puzzles zusammenzusetzen, dazu ist es zu spät, aber du selbst hast auch dafür gesorgt, dass die Spuren verwischt sind. Du kommst mir auf einmal vor wie eine Geheimagentin, die wenig von sich preisgegeben hat, und die sich auf eine geheime Art und Weise verständigt hat. Du musstest dich schützen, du durftest nicht alles preisgeben, aber du hast es nicht nur deswegen getan. Langsam glaube ich, dass es dir ein inneres Bedürfnis war, andere Codes zu benutzen als der Rest der Welt. Bei deiner Arbeit im Telegrafenamt musstest du das Morsealphabet beherrschen, ebenfalls eine Art Geheimcode. Du hast Telefonverbindungen zwischen zwei Parteien hergestellt und konntest deren Gespräche heimlich belauschen. Das war verboten, aber ihr Telefonistinnen habt es sicherlich immer wieder gemacht. Die Heimlichkeit war dein Terrain, da fühltest du dich sicher.
Hast du dir denn nie vorgestellt, wie es wäre, wenn du irgendwann einmal dein Geheimnis lüftest und uns alles erzählst? Oder haben wir nie die richtigen Fragen gestellt?

Das Fräulein vom Amt

»Flekkefjord Telegrafen Platz 5. Was kann ich für Sie tun?«

»Verbinden Sie mich bitte mit der Nummer 832!« Die aufgeregte Stimme einer jungen Frau war in der Leitung.

»Gerne, wie lautet Ihre Nummer?«

»Meine Nummer? Aber die müssen *Sie* doch wissen! Ich bin bei meiner Tante und weiß die Nummer nicht. Warten Sie kurz, ich frage sie.«

Jornas Stimme blieb immer ruhig und höflich, so wie es ihre Art war und wie man es ihr beigebracht hatte. Heute hatte sie Nachtdienst, da arbeiteten sie nur zu dritt. Die Nächte waren eher ruhig, wenn nicht irgendetwas Außergewöhnliches passierte.

»Ich hoffe, ich habe die richtige Nummer gefunden, Kvinesdal 421. Bitte verbinden Sie mich schnell, wir brauchen einen Arzt, meiner Tante geht es schlecht!«

»Es tut mir leid, es meldet sich niemand. Der Arzt macht vielleicht einen Krankenbesuch. Soll ich eine andere Nummer für Sie probieren?«

»Mein Gott, ich kenne keine anderen Nummern!«

Jorna kannte natürlich die Nummern aller Ärzte in Flekkefjord auswendig und auch die von denen in der Umgebung. Sie hatte die Nummern aller Betriebe, der Hotels, der Polizei, der Kommunalverwaltung und auch viele Privatnummern im Kopf. Sie machte ihre Arbeit schnell und gewissenhaft. Sie war jetzt ein Jahr im Dienst, und die Lehrzeit war vorüber. Am 23. April 1941 hatte sie ihre Prüfung zur Telefonistin bestanden, mit einer sehr guten Note, lauter Einser in den einzelnen Fächern, nur eine Zwei in Handschrift. Die meisten freuten sich, wenn sie ihre Stimme im Amt hörten, und nur einmal hatte jemand etwas Negatives gesagt. Jorna überhörte es, ließ sich nicht provozieren. Eigentlich hatte sie damit gerechnet, dass so etwas öfter vorkam. Neulich hatte sie Annegrete in der Leitung, auch das konnte passieren. Annegrete stockte, als sie Jorna erkannte.

»Oh, Jorna, du bist es. Wie geht es dir denn?«

»Wie soll es mir gehen? Eigentlich ganz gut. Ich arbeite viel, habe vor Kurzem meine Prüfung bestanden.«

»Es tut mir so leid, dass wir keinen Kontakt mehr haben. Ich kann dich auch irgendwie verstehen, aber es geht halt nicht.« Annegrete wand sich, man konnte spüren, wie unwohl sie sich fühlte. Sie war immer eine gute Freundin gewesen.

»Was macht ihr denn so alles?« Jorna schaute sich um, ob ihre Chefin in der Nähe war. Eigentlich sollten sie nicht so lange mit den Kunden reden.

»Ellen und Knut haben sich getrennt, ihre Eltern sind total sauer auf ihn, er hat sich aus dem Staub gemacht, und Inger hat neulich ihren Geburtstag gefeiert, da haben wir uns alle getroffen. Du hast gefehlt. Leider hat sie ihren Job verloren, es gibt kaum noch Kleider zu verkaufen, sie brauchen sie nicht mehr.«

»Das habe ich gehört. Hoffentlich findet sie etwas Neues.«

»Jorna, du hast Glück mit deiner Arbeit. Du machst es auch wirklich gut, alle sagen das im Ort.«

»Danke, Annegrete, aber jetzt muss ich weitermachen, wir haben heute viel zu tun. Wohin soll ich dich verbinden?«

Jetzt war sie eine richtige Telefonistin. Dieser Beruf war einer der ersten gewesen, zu dem Frauen Zugang hatten. Mehr noch – sie nahmen den Männern, die diesen Beruf anfangs allein ausüben durften, sogar die Arbeit weg, wegen ihrer helleren Stimmen, die am Telefon besser zu verstehen waren. Seit den Zwanzigerjahren galten Telefonistinnen als emanzipierte Frauen, die ihr Korsett abgelegt hatten und eigenes Geld verdienten – die wichtigste Voraussetzung für Unabhängigkeit. Sie wurden zu einem Vorbild für die neue Frau, die nicht mehr vollständig von Männern, seien es Väter oder Ehemänner, abhängig war. Diese neue Frau konnte entscheiden, wie sie leben wollte, wofür sie ihr Geld ausgab, ob sie ihre Haare lang oder kurz trug, ob sie heiraten oder einen Freund haben wollte, oder ob sie Sex haben wollte, ohne Kinder zu bekommen. Sie konnte also über sich, ihre Lebensgestaltung und ihren Körper selbst entscheiden.

Das hat Jorna dann auch getan. Problematisch wurde es jedoch, als sie ihre Selbstständigkeit, das Recht, über ihren eignen Körper bestimmen zu können, auch gegenüber ihrer belagerten Nation durchsetzen wollte. Die Körper der norwegischen Frauen und Mädchen durften nicht dem Feind anheimfallen, ihre Körper betrachtete man als nationales Territorium. Überließ man dies den Deutschen, dem Feind, dann beging man Verrat, Landesverrat. Der Radiosprecher der norwegischen Exilregierung in London hatte die Drohung ganz deutlich ausgesprochen: Die Frauen, die sich nicht an dieses Gebot hielten, würden nach dem Krieg einen hohen Preis bezahlen.

Auch Jorna war das klar, aber niemand konnte wissen, wann und wie der Krieg ausgehen würde. Und da sie sich ihrer Sache ganz sicher war, war sie nicht bereit, sich von dieser Drohung so sehr einschüchtern zu lassen, dass sie den Mann ihres Lebens deswegen verlassen würde.

Kinostreik

Jorna und Heinz schafften es irgendwie, sich regelmäßig zu sehen. An die Stelle von Jornas vertrauten Freundinnen waren jetzt andere getreten, und Heinz hatte Kameraden, die ebenfalls mit Norwegerinnen befreundet waren. Einer war »Tango-Albert«, jeder in Flekkefjord kannte ihn. Auch Jahrzehnte nach dem Krieg erinnerten sich die Alten noch an den interessanten jungen Mann. Seinen Spitznamen hatte er wegen seines typischen Gangs, mit dem er in aufrechter Haltung über die Straßen Flekkefjords schritt, und der alle an einen Tango-Tänzer erinnerte. Man kann sich gut vorstellen, dass so einer Leben in die Bude gebracht hat und überall, wo er hinkam, für Furore sorgte. Manch einem jungen Flekkefjorder wird es wohl leid getan haben, sich von solchen Typen fernhalten zu müssen, wenn sie ihren guten Ruf nicht aufs Spiel setzen wollten. Natürlich war auch »Tango-Albert« mit einer Norwegerin befreundet, und die beiden waren nicht die schlechteste Gesellschaft. Man traf sich und ging auch zusammen ins Kino. Für die Soldaten war das Kino eines der wenigen Vergnügungen, besonders in den Wintermonaten, wenn man sich draußen kaum aufhalten konnte, und auch die Norweger liebten es.

Vergnügen war das eine, aber die Deutschen nutzen das Kino auch immer für ihre Propaganda, und deshalb war es nur folgerichtig, dass die Norweger unter der Hand zum »Kinostreik« aufriefen. In der illegalen Widerstandszeitung *Fridom* Nr. 6/1942 wurden alle guten Norweger aufgefordert, deutsche Filme zu boykottieren und das Kino sofort zu verlassen, wenn auch im Vorprogramm zu norwegischen, schwedischen oder französischen Filmen und in den Wochenschauen ohne Ankündigung deutsches Propagandamaterial gezeigt wurde. Viele befolgten diesen Aufruf, und die Flekkefjorder Jugendlichen, die ungern auf das Kinovergnügen verzichten wollten, fuhren stattdessen mit dem Zug am Sonntag in die zwanzig Kilometer entfernte Stadt Moi, um dort ins Kino zu gehen.

Den Deutschen war dieser Kinostreik ein Dorn im Auge, und sie verlangten von der norwegischen Polizei, die Streikenden in einem persönlichen Brief zum Kinobesuch aufzufordern, mindestens einmal wöchentlich. Auch die Fahrt ins Kino nach Moi sollte die Polizei verbieten. Sobald diese Briefe verschickt waren, lief bei den Norwegern das »Dschungeltelefon« an: Man solle sich nicht einschüchtern lassen und weiterhin streiken. Es war Kino, und keiner ging hin. Was sollten die Deutschen tun? Sie konnten schlecht brave Bürger verhaften, nur weil diese anscheinend auf einmal keine Cineasten mehr waren.

Jorna und Heinz beim Baden

Vielen Norwegern fiel dieser Streik schwer. In einem erbosten Leserbrief an den *Flekkefjordposten* vom 3. September 1943 beschwert sich eine Gymnasiastin anonym, dass sie es jetzt leid sei. Sie sei immer eine »Jøssing« gewesen, also gegen die Nazis, aber es wäre ihr doch besser ergangen, wäre sie ein Nazi. Dann könnte sie in Flekkefjord ins Kino gehen und müsste nicht jeden Sonntag die Kosten der Reise nach Moi tragen. Ob man sie nach dem Krieg alle an einem Baum aufhängen wolle? Ihr sei es jetzt egal, sie habe die Nase voll von den Listen, die manche Leute führten über all diejenigen, mit denen abgerechnet würde, wenn König Haakon zurück sei. Sie habe jahrelang Angst gehabt vor der Meinung der anderen, aber ab jetzt würde man sie wieder in der Neunuhrvorstellung antreffen können.

Das Kinogebäude in Flekkefjord lag direkt neben dem Haus der Grønsunds in der Kirkegaten, und so konnte Jorna manchmal fast ungesehen hineinschlüpfen, wo Heinz schon auf dem verabredeten Platz auf sie wartete. Wenn jemand den Kinostreik brach, dann wurde genau hingeschaut, und am nächsten Tag sprach der ganze Ort davon.

Aus norwegischer Sicht sollten die Menschen zivilen Ungehorsam zeigen. Und das taten sie auch. Sie verließen ein Café, wenn ein Deutscher es betrat. In den Straßenbahnen in Oslo standen sie auf, sobald ein Deutscher sich setzte, auch wenn noch viele Plätze frei waren. Später würden die Deutschen folgende Plakate aufhängen: »Das Stehen in dem Wagen ist verboten, solange es noch Sitzplätze gibt. Wer nicht Folge leistet, muss den Wagen verlassen und wird bestraft.« Man lachte einen Deutschen nicht an, man ließ sich nicht ansprechen von ihm, man zeigte die »Eisfront«, das war die Parole. In den größeren Städten gelang es den Menschen eher, diese Haltung einzunehmen. In den kleinen Orten und auf dem Land hingegen, wo man oft unter einem Dach zusammenlebte und die Anzahl der deutschen Soldaten unverhältnismäßig groß war, war es viel schwerer, die Eisfront aufrechtzuerhalten.

Heinz hatte inzwischen auch Jornas Vater Aksel und die Kinder kennengelernt. Die Kinder mochten ihn gleich, aber Aksel blieb ihm gegenüber distanziert, und alle versuchten, möglichst wenig vom familiären Kontakt der Familie Grønsund mit einem deutschen Soldaten nach außen dringen zu lassen.

Hidra

Sommer 1942

Der Sommer 1942 brachte schöne, sonnige Tage für Flekkefjord, auch wenn die Stimmung unter den Norwegern sich in den letzten Monaten verschlechtert hatte. Dies irritierte die Deutschen. Manche glaubten immer noch daran, die Freundschaft der Norweger gewinnen zu können, und waren enttäuscht, dass diese davon nun wirklich nichts wissen wollten und ihnen bei jeder Gelegenheit die kalte Schulter zeigten.

Heinz hatte zeitweise Dienst auf der vorgelagerten Insel Hidra, wo die Deutschen auf einem Felsen, Hågåsen genannt, oberhalb des malerischen Örtchens Kirkehamn Befestigungsanlangen anlegten. Schroffe Steine und Blumenwiesen wechseln sich ab, auf der Höhe an der seewärts gelegenen Seite bläst immer ein Wind, und da sollten Unterstände und Aussichtsposten in den Fels gehauen werden, mit Blick aufs Meer, Richtung England. Denn von dort kamen die britischen Flugzeuge, um dann kurz hinter Hidra in den Fjord Richtung Flekkefjord einzuschwenken. Das wollten die Deutschen verhindern.

Von Hågåsen aus geht der Blick aber nicht nur übers Meer, sondern über kleine Buchten und Wasserarme, an deren Ufer Kirkehamn liegt. Bei schönem Wetter ist Kirkehamn ein Ort wie aus einem Urlaubsprospekt: Hier wohnten immer schon Fischer in kleinen weißen Holzhäusern, meist nur mit einem Stockwerk und hinter Felsen gelegen, die sie vor den heftigen Winterstürmen schützen sollen. Direkt am Wasser stehen die Bootshäuser, die, ebenso wie die Ställe und Scheunen, überall in Norwegen rot angestrichen sind. Ein Ort, der sich in einigen Hundert Jahren kaum verändert hat, mit seiner schönen weißen Holzkirche. Auch der eine oder andere Kapitän hat hier sein Austragshäuschen gefunden, um in der Nähe des tosenden Meeres zu sein oder am geschützt liegenden Kai den einfahrenden Fischerbooten beim Löschen der Ladung zuzusehen, meist Makrelen und viele Krabben. Im Sommer gibt es Taschenkrebse, und im Winter gibt es Hummer. Die Fischer legen Reusen aus mit aasigen Ködern, das liebt der Hummer besonders.

Jetzt im Krieg waren die Erträge der Fischer allerdings geringer, wegen der gefährlichen Lage auf See, und manches Fischerboot blieb im Hafen liegen.

Auch Heinz war begeistert von der Ursprünglichkeit Hidras. Die Arbeiten im Fels waren zu Beginn des Krieges anstrengend gewesen, aber jetzt waren die Unterstände und auch die Wohnquartiere auf der windabgewandten Seite fertig. Immer wieder wurden nun Soldaten von Flekkefjord aus nach Hidra abkommandiert, um eine Zeitlang dort Dienst zu schieben. Heinz hatte Glück, dass es ihn im Sommer traf, wo der Wind vom Meer für zwei oder drei Wochen, mit etwas Glück auch zwei Monate lang milder wurde und man sogar gut im Meer baden konnte.

Und da hatte Jorna eine Idee. Es musste doch eine Möglichkeit geben, Heinz da draußen zu treffen, ohne dass es besonders auffiel! Jorna hätte sich einquartieren können bei einer Tante ihres Schwagers Arthur. Tante Karoline wohnte mit ihrem Mann in einem winzigen Häuschen, direkt unterhalb des Felsens Hågåsen, und ihr Mann fuhr zur See, war also immer monatelang unterwegs. Eigentlich kannte sie diese Tante kaum und wusste auch nicht, wie sie reagieren würde. Aber brauchte man überhaupt für ein paar schöne Sommertage ein Dach über dem Kopf, wenn man zelten konnte? Zelten auf Hidra, das war Sommerurlaub! Als Mädchen, allein, konnte sie das jedoch schlecht machen. Eine Freundin musste mit. Und Jorna hatte Glück. Esther war eine sportliche junge Frau, genau die richtige Begleitung bei einem Campingurlaub. Sie war gelernte Friseurin und war ebenso wie Jorna mit einem Deutschen befreundet. Er hieß Friedrich, und wie es das Glück wollte, war auch er auf Hidra stationiert.

Esther war schnell überredet, sie beide würden ihren Spaß haben. Klar musste alles gut geplant sein, sie mussten sich eine Woche Urlaub nehmen, und auch um ihre Verpflegung mussten sich die beiden Mädchen kümmern. Zur Not konnten sie ja von Luft und Liebe und trockenem Brot leben. Wenn es ganz schlimm käme, würden sie sich eine Angel von Tante Karoline ausleihen und sie unten am Kai ins Wasser halten. Selbst dorthin verirrte sich manchmal ein Fisch.

Jorna war begeistert von ihrer Idee. Voller Elan schrieb sie einen Brief an Tante Karoline, berichtete ihr von ihren Plänen und fragte sie, ob sie zur Not ihre Sachen bei ihr unterstellen durften oder bei schrecklichem Regen Unterschlupf bei ihr im Haus finden könnten. Ein paar Tage später war die Tante zur Post gegangen und hatte von dort bei Henny im Laden angerufen, um ihr zu sagen, dass die beiden Mädchen kommen dürften. Vielleicht wollte sie auch von Henny hören, dass alles in Ordnung war. Mädchen, die allein zum Zelten gehen, so etwas kannte sie eigentlich nicht.

An einem Montagmorgen packten die Mädchen zwei riesige Rucksäcke. Alles musste mit: Badesachen, dicke Pullover für die

Abende, Schlafsäcke und so viel an Proviant, wie sie zusammensuchen konnten. Henny hatte ihnen sogar einen trockenen Kuchen gebacken, für den ein ganzes Pfund Weizenmehl und drei Eier draufgegangen waren, lauter Kostbarkeiten. Er würde sich ein paar Tage halten, wenn sie ihn nicht schon vorher verspeisten. Es gab hartgekochte Eier, zwei Dosen Fischkonserven und eine Fleischwurst, die im Rucksack ihren köstlichen Geruch verströmte, ansonsten das typische graue Brot, ein Glas Blaubeermarmelade vom Vorjahr, das Henny im Keller gehortet hatte, und vier Tomaten aus dem Gewächshaus. Damit und mit dem Packen norwegischen Knäckebrots, den Esther noch dabei hatte, würden sie mindestens fünf Tage über die Runden kommen, selbst wenn ihnen kein einziger Fisch an die Angel gehen sollte. Zu den beiden Rucksäcken kamen noch der große Sack mit dem Zelt und eine Tasche mit Kochutensilien.

Schwer beladen und voller Unternehmungslust machten sich Jorna und Esther auf den Weg. Mit roten Köpfen und nassgeschwitzt, aber glücklich saßen sie jetzt an Deck der Fähre *Alf.* Hidra, wir kommen!

Nach der Überfahrt an Deck, bei der sie sich im frischen Fahrtwind abgekühlt, aber gleichzeitig das erste Sonnenbad genommen hatten, luden sie sich wieder ihr riesiges Gepäck auf, um den Bus zu besteigen, der an der kleinen Anlegestelle am Eie-Kanal schon auf die Passagiere wartete und sie zu den einzelnen Orten auf Hidra brachte.

Jorna und Esther waren nicht die Einzigen, die diese knappe Woche auf Hidra verbringen wollten. Es lag eine ausgelassene Ferienstimmung in der Luft, die Leute schienen für eine kurze Zeit den Krieg und die Besatzung vergessen zu wollen. Familien, junge Paare und Gruppen von Jugendlichen waren unterwegs. Der Himmel war nur blau und klar, die Felsen, die Bäume, selbst die Holzhäuser stachen deutlich mit ihren Konturen gegen diesen blauen Hintergrund ab, ihre Farben bekamen eine fast künstliche Intensität. Nirgendwo der feinste Dunst, die geringste Unschärfe. Alles war Klarheit und reines Licht. Endlose Tage, die bis in die Nacht reichten, voller Versprechungen. Tage, an die sich später das Gedächtnis heften würde, wie bei einem Verurteilten in seinem fensterlosen Verlies, den seine Erinnerungen am Leben halten.

Einen Zeltplatz hatten sie bald gefunden, denn in Norwegen gilt das alte germanische Jedermannsrecht, bei dem alle Norweger in ihrem Zugang zu Land und Natur gleichgestellt sind und jeder überall frei campieren darf. Am Ende eines Strandstücks, etwas zurückgesetzt, lag er, ein paar Büsche schützten vor neugierigen Blicken. Sie machten sich sofort daran, das Zelt aufzubauen, denn schon am Abend erwarteten sie Besuch. Sowohl Jorna als auch Esther hatten Erfahrung mit Zelten während ihrer Schulzeit gemacht und waren bester Dinge. Kaum zwei Stunden später stand das Zelt, ein wenig wacklig, aber brauchbar. Im Inneren hatten sie ihre Sachen verstaut, Decken und Schlafsäcke ausgelegt und versucht, irgendwie eine gemütliche Atmosphäre zu schaffen.

»Jorna, das haben wir ja gut hinbekommen, aber viel Platz ist wirklich nicht im Zelt. Zu viert wird das ganz schön eng hier drin.«

»Na, eng und gemütlich eben. Und wenn niemand in der Nähe ist, können wir auch vor dem Zelt sitzen. Wir sehen doch, ob jemand kommt.«

»Ich bin so nervös! Meinst du, dass sich die Leute hier aufregen, wenn sie uns mit den beiden entdecken?«

Jorna versuchte gerade, die Decken möglichst glatt auf den Boden zu legen, und meinte: »Wir werden einfach vorsichtig sein, aber ich mache mir keine besonderen Sorgen. Hier fühle ich mich viel freier.«

»Schau mal, da hinten kommen Heinz und Friedrich schon! Sie suchen uns! Los, wir verstecken uns hinter dem Felsen hier, die sollen sich nur mal anstrengen, uns zu finden.«

»Esther, ich hab mich ja noch gar nicht gekämmt! Sehe ich nicht arg zerzaust aus?«

»Alles in Ordnung, Jorna. Du bist beim Zelten und nicht im Amt. Mach schnell, sonst entdecken sie uns noch. Nimm den Kamm mit, ich mach dir die Haare, während wir uns verstecken.«

Mehr als praktisch, eine Friseurin zur Freundin zu haben. Rasch und geschickt konnte sie mit Kamm und Bürste eine Frisur entstehen lassen, wo vorher nur Haare waren, wobei Jornas kräftige dunkle Locken nicht viel Kunstfertigkeit brauchten, um schön zu sein.

Die Mädchen warfen noch mal einen Blick in das Zelt und schlichen dann leise hinter einen Felsen, der nur ein paar Meter entfernt lag.

»Jorna, schau, jetzt sind sie gleich beim Zelt. Mensch, die beiden sind ja hier draußen ganz braun geworden, die Meerbrise oben auf Hågåsen scheint denen gut zu tun.«

»Jetzt gucken sie ganz verwundert. Ich glaube, sie denken sich, dass das unser Zelt ist, aber sie trauen sich nicht hineinzuschauen. Vielleicht gehen sie gleich wieder!« Jorna musste ein Lachen unterdrücken. »Na, wenn sie sich so bei den Engländern anstellen, dann gute Nacht.«

Heinz und Friedrich standen jetzt direkt vor dem Zelt, aber sie konnten nicht einfach hineingucken, es hätte ja eine norwegische Familie im Zelt liegen können, die es bestimmt nicht toll fände, wenn plötzlich ein deutscher Soldat den Kopf hineinsteckte, um nach seinem Liebchen zu suchen.

Heinz ging jetzt ein paar Schritte zurück und versuchte es mit ihrem Pfiff, nicht laut, aber gut hörbar. Die Mädchen hielten sich die Hände vor den Mund, um ihr Lachen zu unterdrücken.

»Ich pfeife jetzt ganz leise zurück, dann werden sie uns wohl finden, die zwei.« Jorna hatte jedoch Schwierigkeiten, die Lippen zum Pfeifen zu spitzen, so sehr musste sie lachen.

Heinz riss den Kopf herum. »Sie müssen hier in der Nähe sein, der Pfiff kam von da drüben!«

Er kletterte geradewegs den Felsen hoch, und als er oben angekommen war, entdeckte er sie. Was für ein Bild! Zwei lachende junge Mädchen, die nackten braunen Beine steckten in Shorts. Jorna trug ein rosa Stricktop, das ihre Mutter ihr aus Wollresten gestrickt hatte und das am Ausschnitt mit einem blassgrünen Samtband eingefasst war. Esther trug ein hellblaues Männerhemd, das sie in ihre Shorts gesteckt hatte. Sie stand direkt neben Jorna und hatte noch den Kamm in der Hand, mit dem sie ihre Haare in Form gebracht hatte. Hinter ihnen lag das funkelnde Meer, auf dem winzige Schaumkrönchen zu sehen waren. Die Sonne würde zwar noch lange nicht untergehen, stand aber schon etwas tiefer im Westen und überzog alles mit einem warmen Licht.

Jorna lächelte Heinz an. Sie hatte den Kopf leicht zur Seite geneigt und erinnerte Heinz an eine moderne Form der Venus von Botticelli. Ein sportliches, schlankes junges Mädchen mit der sonnengebräunten Sommerhaut der Nordländer, die so aussieht, als hätte man Gold und Nussbraun miteinander verrührt. Ihre dunklen Haare fielen in großen Wellen auf ihre Schultern und spiegelten die Sonne in tiefem Rot. Gleichzeitig hatte sie etwas Zupackendes, sie, die diesen Ausflug organisiert und gerade das Zelt aufgestellt hatte. »Nein«, dachte Heinz, »sie sieht nicht nur aus wie die Venus, sie hat auch etwas von diesen hübschen amerikanischen Mädchen, offen, weltzugewandt, lass uns das Leben genießen, packen wir es an, es wäre doch gelacht.« Für ihn war sie eine moderne Beauty wie aus einem amerikanischen Film.

Alle vier waren froh, sich gefunden zu haben, und die Sommerferienatmosphäre verlieh dem Zelttreffen die gehörige Portion Leichtigkeit. Die Mädchen führten ihr Campingidyll vor und heimsten ordentliches Lob dafür ein, wie perfekt alles aufgebaut war. Heinz hatte eine Thermosflasche Wehrmachtsmuckefuck dabei, nur noch lauwarm, der sollte jetzt getrunken werden.

»Setzt ihr euch ins Zelt, wir setzen uns halb davor. Wenn wirklich jemand kommt, sieht man euch nicht«, meinte Jorna und ließ sich den lauwarmen Kaffee schmecken. Es hätte nicht schöner sein können.

Die nächsten Tage verbrachten die vier mit Spaziergängen in eher einsamen Gegenden, wo keine große Gefahr bestand, andere Menschen zu treffen. Sie badeten im erfrischenden Wasser des Meeres und ließen sich in ihren nassen Badeanzügen auf den warmen, glatten Felsen am Wasser von der Sonne trocknen. Heinz und Friedrich versuchten, so oft wie möglich zu ihnen zu kommen, aber Jorna und Esther unternahmen auch einiges allein.

Am dritten Tag zogen ein paar kleinere Wolken auf, eine gute Gelegenheit, endlich bei Tante Karoline vorbeizuschauen. Als sie ankamen, war niemand zu Hause, aber die Tür war offen. Kein Mensch schloss auf Hidra ab, wenn er zum Einkaufen ging oder nur kurz vor die Tür, allenfalls legte man den Schlüssel unter die Fußmatte. Das Haus selbst war winzig, ein typisches Holzhäuschen in einem Garten mit mehreren Johannisbeersträuchern, deren Beeren jetzt fast reif waren. Eine steinerne Treppe führte vom Garten in ein Wohnzimmer, ein noch kleineres Esszimmer und eine Küche mit einem Hinterausgang. Oben befanden sich zwei Schlafzimmer, schon halb unter dem Dach. Die Toilette stand hinter dem Haus, ein Badezimmer gab es nicht, man wusch sich in der Schüssel oder einer großen Wanne, in die man das heiße Wasser kippen musste.

Die beiden Mädchen setzten sich auf die Treppe zum Garten und warteten, sehr lange konnte Tante Karoline nicht weg sein. Nach einer halben Stunde sahen sie, wie sie mit zwei großen Tüten den gewundenen Weg von der Bushaltestelle auf das Haus zuging.

Tante Karoline war Anfang fünfzig, wirkte aber mit ihrem strengen Dutt im Nacken mindestens zehn Jahre älter. Sie war verheiratet mit Magnus, hatte keine Kinder und war es anscheinend auch nicht gewohnt, mit jungen Leuten zu verkehren.

Zuerst schaute sie die beiden Mädchen, die in ihren lässigen Klamotten dort auf ihrer Gartentreppe saßen, etwas skeptisch an. Dann setzte sie ihre schweren Tüten ab und erklärte, dass sie mit dem Bus zu einer Verwandten gefahren war, die einen kleinen Bauernhof besaß und von der sie immer ein paar Lebensmittel bekam. Selbst hatte sie einen kleinen Gemüsegarten angelegt. Dann bat sie sie in das kleine Häuschen. Alle Fenster waren geschlossen, die Vorhänge waren zugezogen. Trotz des schönen Wetters war es drinnen dunkel, und es roch muffig, als ob nie gelüftet würde. Ein Geruch nach tranigem Bratfett und Steckrüben hing in Polstern und Gardinen.

Jorna bereute es schon, Tante Karoline besucht zu haben. Gut, dass sie sich hier nicht einquartiert hatten, diesen Geruch hätte sie nicht einen einzigen Tag ausgehalten.

Die Tante bat die Mädchen, sich zu setzen, und ging in die Küche, um etwas zu trinken zu holen.

»Mein Gott, Esther, wie das hier muffelt! Gut, dass wir hier nicht schlafen müssen. Sie kommt mir vor wie eine alte Jungfer. Warum trägt sie denn Schwarz? Ihr Mann lebt doch noch!«

Tante Karoline kam zurück mit zwei Gläsern Beerensaft, den sie selbst gemacht hatte und den sie mit Quellwasser aus der Pumpe hinter dem Haus verdünnt hatte. Er war voller Aroma, die Beeren, die hier an den langen Tagen viel Sonne bekamen, schmeckten nach Sommer und Landleben. Jorna und Esther hatten vorhin beim Warten schon einige der Beeren probiert, Jorna sog jetzt den Duft des Saftes ein und versuchte so den Trangeruch zu vergessen.

»Tante Karoline, kannst du uns eine Angel leihen? Wir würden so gerne zum Fischen gehen. Dann könnten wir uns selbst verpflegen.« Jorna wollte ihre Bitte möglichst gleich vorbringen, um schnell wieder aus diesem stickigen Wohnzimmer herauszukommen.

»Könnt ihr überhaupt angeln?« Tante Karoline schien skeptisch.

Na, sie scheint uns ja rein gar nichts zuzutrauen, dachte Jorna, sie selbst hatte wohl noch nie geangelt, obwohl sie nur ein paar Schritte vom Wasser entfernt lebte und ihr Mann zur See fuhr.

»Natürlich! Wir haben schon oft geangelt, und wenn wir nichts fangen, war es einfach ein Spaß.«

Auch von Spaß schien die Tante nicht so viel zu halten, so wie sie die beiden anguckte.

»Ich müsste mal im Schuppen nachsehen, da hat Magnus seine Sachen stehen«, sagte sie etwas zögerlich.

»Das wäre toll, dürfen wir mitkommen?« Jorna war schon aufgesprungen. Nur raus hier.

»Interessiert euch das denn? Na gut, wenn ihr wollt … « Die Tante blieb skeptisch und reserviert.

Im Schuppen fanden sie dann genau, was sie suchten: eine Angelrute und ein paar Haken mit Blinkern. Sie liehen sich auch ein schärferes Messer, der Fang musste schließlich ausgenommen und geschuppt werden. Das würde Esther übernehmen, da Jorna neben muffigen Gerüchen auch das Ausnehmen von Fischen eklig fand.

Dann zogen die beiden los mit ihrer Ausrüstung. Sie hatten sich vorgestellt, so viele Fische zu angeln, dass sie zu viert gut davon satt würden. Heinz und Friedrich würden sie noch mehr bewundern, die patenten Flekkefjord-»*jenter*«, die Mädchen aus Flekkefjord. Es war aber dann doch nicht ganz so einfach. Immer wieder raus mit der Angel und die Schnur eingeholt. Lag es an der ungünstigen Stelle, am Ungeschick der Anglerinnen oder am falschen Köder? Sie hatten sich für Miesmuscheln entschieden, von denen es genug gab im seichten ufernahen Wasser. Man musste nur ein paar herausholen, mit einem Stein die Schale zertrümmern und das rote Muschelfleisch an den Haken hängen. Vielleicht wären Würmer besser gewesen, aber die waren hier im trockenen, steinigen Boden schwer zu finden, und nach ihnen zu graben, darauf hatten die Mädchen keine Lust. Also versuchten sie es weiter, immer wieder, am liebsten hätten sie schon längst aufgegeben. Da sie die Zeit ja mit irgendetwas verbringen mussten, konnten sie aber genauso gut weiterangeln.

Nach ein paar Stunden und mehrmaligem falschen Alarm, weil sich die Haken in dem dichten Algengewirr verstrickt hatten, bekamen sie doch noch ihr Anglerinnen-Glück: Ein kleiner Makrelenschwarm war in die Nähe der Felsen geraten, auf denen sie standen, und sie hatten wahrhaftig drei junge Fische aus dem Wasser gezogen. Nur drei, warum nicht auch noch einen vierten? Aber es blieb bei drei. Ein kleines Essen würden sie davon schon zubereiten können. Die drei Fische wurden am Abend über einem offenen Feuer gegrillt und haben dann doch noch vier hungrige Menschen satt gemacht. Danach saßen sie lange um das Feuer herum, bis es endlich, kurz vor Mitternacht, dunkel geworden war.

Am vierten Tag saßen sie wieder alle zusammen am Strand beim Zelt, als Esther in der Ferne ein paar Mädchen entdeckte, die sie aus Flekkefjord kannten und die langsam den Strand hinunter in ihre Richtung schlenderten.

»Schau mal, Jorna, da kommt Margrethe mit drei anderen! Die kommen direkt auf uns zu! Was machen wir jetzt?«

»Ach, du meine Güte!« Jorna wollte jetzt auf gar keinen Fall hier von Mädchen aus Flekkefjord entdeckt werden, drängte Heinz und Friedrich in das Zelt und zog schnell den Reißverschluss hinter ihnen zu. »Esther und ich gehen denen jetzt einfach entgegen, und ihr bleibt im Zelt. Dann kommen sie vielleicht gar nicht in unsere Nähe.«

Den beiden gelang es, wenigstens eine Strecke von fünfzig Metern den Strand hinunterzugehen und so eine gewisse Distanz zu ihrem Zelt zurückzulegen, als sie Margrethe und die anderen trafen, die sie überraschend freundlich begrüßten. Anscheinend lief hier auf Hidra alles ein wenig anders. War man einmal weg aus Flekkefjord, schien die Kontrolle nicht mehr so stark, und man konnte es wagen, ein paar Worte miteinander zu wechseln, ohne gleich schief angeschaut zu werden.

»Hallo Jorna, hallo Esther! Zeltet ihr auch hier? Das wussten wir gar nicht!«

»Ja, es ist toll hier!« Jorna wollte schnell etwas sagen und setzte sich auf einen Felsen, in der Hoffnung, die anderen würden sich dazusetzen und nicht weitergehen. Sie sollten möglichst nicht in die Nähe ihres Zeltes gelangen. »Wo seid ihr denn? Wir haben euch hier noch gar nicht gesehen!«

»Wir sind drüben in Rasvåg, da ist ziemlich viel los. Hier ist es ja viel ruhiger!« Margrethe schaute sich um, und ihr Blick blieb schließlich an dem Zelt hängen.

»Wir sind hier, weil Jornas Schwager eine Tante in Kirkehamn hat, die wir besuchen wollten. Sie hat uns ein paar Sachen ausgeliehen. Gestern haben wir mit ihrer Angel drei Fische aus dem Meer geholt.« Esther zeigte mit den Händen die Größe der Fische an, die aber ziemlich nach Anglerlatein aussah.

»Wirklich, ihr habt geangelt?«, fragte eines der anderen Mädchen bewundernd. »Und ihr zeltet hier ganz allein? Können wir mal in euer Zelt reinschauen? Was habt ihr denn so alles dabei?«

Das war genau das, was Jorna verhindern musste. Bei dem Gedanken, dass die vier Mädchen in das Zelt hineingucken könnten und zwei deutschen Soldaten in die Gesichter schauen würden, wurde ihr schlecht. »Das geht heute auf keinen Fall! Wir haben so ein Chaos da drin, das wäre mir wirklich peinlich! Womöglich erzählt ihr überall herum, was wir für unordentliche Mädchen sind.«

Jorna war es klar, dass das eigentlich ein lächerliches Argument war, aber da jeder sie für ihre Ordnungsliebe kannte, hoffte sie, dass es vielleicht nicht ganz so peinlich klang. Jedenfalls akzeptierten die anderen es und blieben stehen. Sie redeten noch ein bisschen miteinander über gute Badeplätze und anderes Unverfängliches, und Jorna konnte Margrethe nach ihrer Schwester fragen, mit der sie eigentlich befreundet war. Dann trennten sie sich und wünschten sich gegenseitig noch schöne Tage und viel Spaß beim Zelten.

Jorna und Esther schauten sich an. Diese Begegnung hatte sie mitgenommen, von einem auf den anderen Augenblick wurde ihnen klar, dass die unbeschwerte Zeit bald zu Ende sein und die Realität sie wieder einholen würde. »Das war knapp, Esther, sie haben sicher etwas geahnt. Was meinst du?«

»Geahnt haben sie natürlich was, aber gut, dass sie nichts gesehen haben und nichts Genaues wissen. Wir warten noch ein bisschen, bis sie wirklich verschwunden sind. Meinst du, sie kommen noch einmal hierher?«

»Ich glaube nicht, außerdem ist es ganz schön weit von Rasvåg bis zu uns. Den Ausflug machen sie nur einmal. Auf jeden Fall können sie in Flekkefjord erzählen, dass wir beim Angeln waren, mehr wissen sie nicht«, versuchte Jorna sich selbst zu beruhigen.

Den anderen war natürlich klar, warum Jorna und Esther gemeinsam auf Hidra beim Zelten waren. Das haben sie nach dem Krieg erzählt. Sie hätten nur zu gerne in das Zelt hineingeschaut. Aber sie waren fair. Sie durften zwar mit den beiden nicht verkehren, doch das änderte nichts daran, dass sie sie mochten und es eigentlich schade fanden, dass man nichts mehr miteinander unternehmen durfte. Warum sollten sie in Flekkefjord etwas über sie erzählen? Es gab nichts zu erzählen.

Liebe Mutter,
die Tage auf Hidra müssen für dich und Papa unvergesslich gewesen sein. Nach dem Krieg, als wir bei den Verwandten in Norwegen unseren jährlichen Urlaub verbrachten, wolltet ihr immer einen Ausflug nach Hidra machen. Das war einer der Höhepunkte der Sommerferien. Entweder eine Bootsfahrt im Fjord am frühen Abend zum Angeln, möglichst ganz dicht an einen Makrelenschwarm herankommen, an so einen, von dem man in Norwegen sagt: »*Det koge!* Es kocht! Das Meer brodelt vor lauter Fischkörpern.« Da zieht man einen ganzen Eimer Fische aus dem Wasser und muss schnell alle Nachbarn beschenken, weil eine zwei Tage alte Makrele hier nicht mehr gegessen wird. Oder eben bei sonnigem Wetter einen Ausflug nach Hidra unternehmen. Als Kind merkte ich nur, dass es dort wirklich wunderschön war und dass eure Stimmung immer euphorischer wurde, mit jedem Meter, den wir uns der Insel näherten. Den tieferen Grund erahnte ich natürlich nicht. An diesem Ort wurden eure schönsten Erinnerungen wach an die besondere Woche damals im Sommer 1942, und vor Papas geistigem Auge standest du auf der Insel wie die schaumgeborene Göttin in Shorts, mit der Angelrute in der

Hand und einem Bündel von verbogenen Zeltheringen am Gürtel. Das war Hidra für euch.

Als mir Margrethe vor nicht allzu langer Zeit von eurer Begegnung damals erzählte, war ich unendlich erleichtert. Ihr hattet also Spaß, richtigen Spaß miteinander gehabt, ihr habt auch unbeschwerte Momente genossen. Es war nicht nur alles Heimlichtuerei, Sich-verstecken-müssen, Angst vor Entdeckung und Anklage, was dein Leben beschwerte, sondern da war auch jugendlicher Übermut und Freude. In Krieg und in Not gibt es das ebenfalls, es ist nicht immer alles schwarz, und jeder hat nur die eine Jugend. Die hast du dir genommen. Du hast recht gehabt.

Die unbeschwerten Tage auf Hidra gingen vorüber, keiner hat sie entdeckt, nichts hat ihre Stimmung getrübt, aber auch der schöne Sommer ging vorbei, und mit dem Herbst kamen die Veränderungen. Es war immer klar gewesen, dass Jorna eine weitere Prüfung in Telegrafie ablegen wollte, und da ergab sich für sie die Möglichkeit, dies in Oslo am Telegrafverket zu machen. Ihr war das sehr wichtig, auch wenn es bedeutete, dass sie und Heinz sich eine Zeitlang trennen mussten. Gleichzeitig eröffnete sich für Jorna die Möglichkeit, herauszukommen aus Flekkefjord und ein neues Kapitel in ihrem Leben aufzuschlagen.

Fluchtpunkt Oslo

Winter 1942/43

Als ich im Laufe des Jahres 2016 anfing, mich intensiv mit diesem Buch zu beschäftigen, wurde mir klar, dass ich unbedingt noch ein-

mal nach Oslo fahren musste. Ich hatte so viel gelesen über die Zeit und die Stadt, auch darüber, wie man in Norwegen seit einigen Jahren das Thema der Beziehung zwischen deutschen Soldaten und Norwegerinnen aufarbeitet, dass ich die Stadt, die ich in meiner Jugend völlig unbedarft zum ersten Mal besucht hatte, noch einmal mit einem ganz anderen Bewusstsein erleben wollte.

Bei meinem ersten Besuch als damals Sechzehn- oder Siebzehnjährige war ich ungefähr in dem Alter, in dem meine Mutter 1940 war, aber weit entfernt von den Problemen, die sie damals bekam. Ich besuchte in Oslo alle Museen, an erster Stelle das Munch-Museum, wo mich ein paar Reporter interviewten, die gerade an einer Story über ausländische Touristen arbeiteten. Anders als ein paar Besucher aus Übersee, die alles nur phantastic *fanden, konnte ich in meiner jugendlichen Wichtigkeit einiges über Munch zum Besten geben, was den Zeitungsleuten Begeisterungsstürme entlockte, zumal ich mein Wissen auf Norwegisch im Flekkefjord-Dialekt vortrug, der sich vom vornehmeren Osloer Sprachstil stark unterscheidet. Sie machten eine Geschichte daraus: die junge Deutsche, die norwegischen Dialekt spricht und von Munch schwärmt. Ich habe den Zeitungsausschnitt heute noch. Für die meisten Norweger, die damals diesen Artikel lasen, steckte dahinter eine schwierige Geschichte. Nur ich, die es betraf, wusste als Einzige nichts davon.*

Ein weiterer kurzer Besuch 1994 mit Mann und Kind war rein touristisch und betraf wieder einmal Munch und die heroische Vergangenheit der Norweger auf den Weltmeeren, von den Wikingerschiffen bis zu den Eismeerexpeditionen erst von Fridtjof Nansen und dann von Roald Amundsen auf dem Schiff Fram.

Im Frühjahr 2017 wollte ich versuchen, Oslo so zu sehen, wie meine Mutter es vielleicht erlebt hatte. Ob das auch nur annähernd möglich war, so wie das Land und die Stadt sich seitdem verändert hatten?

Welch ein Glück für mich, dass ich über das Staatsarchiv an den Meldezettel meiner Mutter gelangte. Jetzt wusste ich, wo sie gelebt hatte, ich konnte also ihre Wege nachgehen, Jorna sein, zu ihrer Arbeitsstelle gehen, dem Telegrafenamt, das heute völlig unverändert ist, ein riesiger, leerstehender Bau, und zur ehemaligen Polizeidienststelle in der Møllergata 19 gehen, wo sie 1945 nach dem Krieg vorgeladen wurde. Ich konnte mir alte Fotos im Stadtmuseum einprägen und dann versuchen, sie mit der Gegenwart in Einklang zu bringen. Manchmal hatte ich das Gefühl, dass es gelang.

Eine besonders glückliche Entdeckung war für mich ein großes Modell der S. S. Stavangerfjord im Norsk Maritimt Museum. Die vielen Fotos des Schiffes, die ich schon kannte, konnten niemals diesen Eindruck vermitteln. Jetzt sah ich meine Mutter förmlich vor mir, auf Deck in einem Liegestuhl ausgestreckt, die Sonnenanbeterin. Am liebsten hätte ich eine kleine Jorna-Puppe gebastelt und sie heimlich auf dieses schöne Holzplankendeck gestellt, als ob dadurch alles noch authentischer würde. Aber das Modell stand natürlich in einem Glaskasten, und überhaupt … so ein unsinniger Gedanke.

Steigerte ich mich da in etwas hinein, um das Vergangene wieder aufleben zu lassen? Es war erstaunlich, was die Beschäftigung mit der Geschichte meiner Mutter mit mir machte. Manchmal bildete ich mir ein, es gab sie noch, diese junge Frau, und alles, was ich beschrieb, fand in Parallelwelten statt. Trotzdem klappte es nur hin und wieder, die Vergangenheit heraufzubeschwören. Häufig war es unmöglich, weil das neue Oslo viel zu schön, zu reich und zu glücklich ist. Viel zu viel Gegenwart. Nur der Blick auf das Wasser im Fjord am Nachmittag, wenn alles glänzte wie Silber, dieser Blick, der einen starken Sog auf mich ausübte, der blieb immer gleich, *den hatte meine Mutter auch so in sich aufgenommen. Da fühlte ich mich mit ihr verbunden, da dachte ich heimlich: Ich bin ja auch ein bisschen eine Norwegerin, selbst wenn ich für die Norweger immer die Deutsche bleiben werde.*

Am 11. November 1942 bezog Jorna ein möbliertes Zimmer in einem Haus in Røa, einem Vorort von Oslo. Sie richtete es sich wohnlich ein mit ein paar Decken, Kissen und anderen Utensilien aus ihrem Elternhaus und begann ihren Dienst im Amt. Am Ende ihrer Zeit in Oslo würde sie eine Prüfung ablegen müssen. Und sie würde dort allein sein, ohne Heinz.

Telegrafverket war ein imposantes Gebäude im neobarocken Stil mitten in Oslo, im Quadrat Kongens gate, Prinsens gate, Nedre Slottsgate und Tollbugata. Als es 1924 erbaut wurde, galt es als das drittgrößte gemauerte Gebäude des Landes und beherbergte zeitweise über tausend arbeitende Menschen. Hier tauchte Jorna ein als eine von vielen. Hier tauchte sie unter, mischte sich unauffällig unter die Menschen, die in das Gebäude strömten. Tagsüber waren es unzählige, die meisten davon würde sie niemals kennenlernen. Nachts waren es nur die Telefonistinnen, die gerade Dienst hatten, eine verschworene Gruppe von Frauen, die ihrer Arbeit nachgingen, wenn die übrigen Bürger der Hauptstadt während der Zeit der Ausgangssperre zu Hause bleiben mussten und die Straßen menschenleer und dunkel waren.

Nehmen wir einmal an, sie kannte niemanden in Oslo und tastete sich erst ganz langsam voran. In der Arbeit gab es viele junge Frauen. Jorna sprach mit einigen, ging sogar das eine oder andere Mal mit ein paar von ihnen aus. Aber was erzählte sie denen? Freundinnen wollen doch immer gleich wissen, ob es da einen Mann gibt. Sie fragten vorsichtig nach, konnten sich gar nicht vorstellen, dass dieses attraktive Mädchen keinen Freund hatte. Sie blieb vage, machte Andeutungen, sagte nichts Genaues. Ja, es gab da einen Mann, sie wusste aber noch nicht, ob es etwas Festes war. Ob er aus Flekkefjord stammte? Nein, das nicht. Die Mädchen fragten nicht weiter, sie wollten der Neuen nicht zu nahe treten, außerdem war sie ja nur für ein paar Monate da. Beide Seiten warteten ab. Jorna wird diese Frauen sorgfältig beobachtet, sich genau angehört haben, was sie sagten, jedes Wort, das sie von sich gaben, wird sie geprüft haben. Wem konnte sie trauen, wer würde sie verstehen, wer würde sie verurteilen, wer empfand Sympathie für sie?

Aber auch wenn sie eine Wachsame war in diesen Osloer Monaten, war sie nicht unglücklich. Sie war zum ersten Mal in ihrem Leben allein, zum ersten Mal in einer großen Stadt, oft auch einsam. Lassen wir sie eine Umherstreifende sein, eine Entdeckerin. Sie lief alle Straßen ab, ging Karl Johans gate, die berühmte, die schöne, auf und ab, lief hoch bis zum Schloss, in dem jetzt kein König Haakon, kein Kronprinz Olav mehr lebte, sondern der feiste, abstoßende Vidkun Quisling regierte, seit Februar Ministerpräsident von Hitlers Gnaden, der in alle Zukunft seinen Namen für die norwegische Ausgabe der Nazis hergeben musste. Ein übel klingender Name. Sie schaute sich das Theater von außen an, ging an dem berühmten »Theatercafeen« vorbei, das im Winter aus Brennstoffmangel eine Zeitlang geschlossen war, und stellte sich vielleicht vor, einmal mit Heinz dort hinzugehen und eine Fischsuppe zu essen, wie man sie in Flekkefjord nicht bekam. Nein, Heinz würde die Fischsuppe essen, sie würde lieber ein »Biff Tatar« bestellen.

Ja, auch um ihr Essen musste sie sich in Oslo selbst kümmern. Nicht allzu weit von der Kongens gate entfernt fand sie ein Lokal, in dem man einigermaßen günstig essen konnte, nicht jeden Tag natürlich, vielleicht zweimal pro Woche. Sie bekam dort einen Bezugsschein für drei Kilo Kartoffeln, den sie abgab und für den man ihr mehrmals eine Mahlzeit mit 80 Gramm gekochten Kartoffeln servierte. Sie brauchte nicht so viel, aber Erdäpfel, *jorpler*, wie die Norweger sie manchmal nennen, blieben ihre tägliche Lieblingskost.

Jorna entdeckte einen kleinen Schneiderladen in der Storgata, und wenn sie irgendwo ein Stück Stoff auftreiben konnte, meistens etwas Gebrauchtes, ließ sie sich etwas Neues zum Anziehen nähen. Sie las Annoncen und stieß eines Tages auf einen gebrauchten Pelzmantel, am nächsten Morgen rief sie gleich vom Amt aus an. Es war bloß ein Fohlenmantel in einer kleinen Größe, aber er schien günstig und wie gemacht für sie. Genau das, was sie für den Osloer Winter brauchte. Endlich nicht mehr frieren! Der Wind blies hier viel stärker, es war deutlich kälter als in Flekkefjord, und es lag viel Schnee. Der Fohlenmantel sollte ihr gute Dienste leisten, auch später in New Jersey und selbst im wesentlich milderen Rheinland.

Inzwischen war Jorna umgezogen, sie wohnte jetzt in einem viel besseren Viertel, sehr zentral unterhalb des Schlosses, in einem dreistöckigen Wohnhaus. Wie so häufig damals, vermietete eine Witwe, Fru Olsen, möblierte Zimmer an unverheiratete berufstätige Damen, um damit ihre Pension aufzubessern, am liebsten an die vom Telegrafverket. Die waren etwas Besseres als bloße Verkäuferinnen oder Serviererinnen, und mit ihnen hatte Fru Olsen meistens Glück. Jorna konnte von hier aus sogar zu Fuß zur Arbeit laufen oder die Tram nehmen, überhaupt war alles im Zentrum gut zu erreichen. Sie musste nur darauf achten, dass sie sich mit Heinz – wenn er sie dann einmal besuchte – nicht in der Nähe der Wohnung sehen ließ. Im Vergleich zu Flekkefjord war Oslo eine Großstadt, aber so groß war sie nun auch wieder nicht, dass man sich nicht oft genug auf der Straße begegnete. Und wie alle Witwen in ihrer Position war ihre Vermieterin gefährlich neugierig. Jorna nahm sich vor, sich vor ihr in Acht zu nehmen, ihre Bemerkungen waren vordergründig höflich, konnten aber plötzlich sehr scharf werden, und hatte sie erst einmal ein Opfer gefunden, dann biss sie zu und ließ es nicht mehr los, so wie bei Mette, einer Mitbewohnerin:

»Mette, ich würde dich gerne heute Abend nach deinem Dienst noch sprechen. Kannst du dir das bitte einrichten.«

»Ja, worum geht es denn?«

»Ach, das besprechen wir beide erst heute Abend, die anderen müssen ja nicht dabei sein.«

So war es dann auch. Mette wurde zu Fru Olsen ins Wohnzimmer gerufen, die Tür blieb aber einen Spalt offen, und Jorna, die gerade im Flur war, bekam das Gespräch zwischen den beiden mit.

»Mette, mir ist da etwas zu Ohren gekommen, aber es ist sicher eine bösartige Unterstellung. Jedenfalls hoffe ich das. Man hat dich angeblich gesehen, eine Nachbarin gleich aus der Lassons gate, ich kenne sie ganz gut. Sie ist sicher ein wenig neidisch auf mich wegen meiner netten Untermieterinnen. Aber umso mehr muss ich dem natürlich nachgehen, muss auf meinen Ruf achten. Außerdem würde es mir meine christliche Einstellung verbieten, so jemanden unter meinem Dach zu dulden. Da gibst du mir doch recht?«

Jorna wartete darauf, dass Mette endlich etwas sagte und die ganze Sache einfach abstritt, aber sie schwieg.

»Du sagst ja gar nichts.«

»Was soll ich denn sagen?«

»Na, ob es stimmt, was die Nachbarin behauptet hat.«

»Was hat sie denn gesagt?«

»Dass du ein Verhältnis hast mit einem verheirateten Mann; und dass ihr zusammen gesehen worden seid auf der Karl Johans, Hand in Hand, und einmal zusammen im Østbanehallen Café am Bahnhof, wo ihr die Köpfe ganz schamlos zusammengesteckt haben sollt und sogar mehr noch. Wenn es dein Verlobter gewesen wäre, hätte ich ja nichts gesagt, aber ein verheirateter Mann! Stimmt das?«

Jorna zuckte zusammen. Woher wusste Fru Olsen das alles, und warum ließ sich Mette so in die Enge treiben?

Aber Mette war eine ehrliche Haut, sie fühlte sich ertappt, zusätzlich hatte sie die Präzision der Angaben überrumpelt. Sie fing an zu stottern, und ohne es zu wollen gab sie zu, was Fru Olsen ihr vorwarf. Wenn sie doch einfach alles abgestritten hätte! Fru Olsen hätte sich zumindest erst einmal damit abfinden müssen. So aber war die Sache klar.

Als das Gespräch beendet war, huschte Jorna schnell in ihr Zimmer. Mette tat ihr leid, sie bekam die Kündigung und musste sich wohl eine andere Unterkunft suchen.

Die anderen Mädchen machten sich danach einen Spaß daraus, sich gegenseitig mit rollenden Augen vor dem verheirateten Mann und vor Fru Olsens Abscheu gegenüber der Unmoral zu warnen. Aber auch wenn Jorna in das Lachen einstimmte und Fru Olsen nicht unbedingt fürchtete, so wollte sie es doch nicht darauf ankommen lassen.

An einem Sonntag verabredete sie sich mit Wencke, einer Kollegin, der sie nähergekommen war. Sie wollten zusammen unten ans Wasser gehen und schauen, was es dort zu sehen gab.

Diese Kollegin war etwas Besonderes, sie war schlagfertig, scherte sich wenig um die Meinung von anderen, war ziemlich direkt, erstaunlich selbstbewusst und clever. Jorna spürte, dass zwischen ihnen eine Art Freundschaft entstehen könnte.

Jetzt saßen sie auf einer Bank unten am Wasser und überlegten, was sie in ihrer Freizeit zusammen unternehmen könnten. Wencke ging liebend gern ins Kino, mindestens einmal pro Woche, vom Kinostreik hielt sie nichts, sie machte es lieber so wie viele ihrer Landsleute: Sie ging ins Kino, und wenn mal wieder in den Wochenschauen üble Nazipropaganda verkündet wurde, gab sie laute Kommentare und kritische Rufe von sich. Der Polizei, die bei den Vorführungen anwesend war, gelang es nicht immer, das zu unterbinden. Am 4. Januar 1943 lief im Klingenberg-Kino »Quax der Bruchpilot« mit Heinz Rühmann, einer von Hitlers Lieblingsfilmen. Es reizte Wencke, sich eine Vorstellung anzuschauen und heimlich im Dunklen zu buhen, besonders, da dieses Kino von vielen Nazigrößen besucht wurde. Jorna konnte der Idee nichts abgewinnen, sie mied alle Plätze, an denen sich deutsche Soldaten aufhielten, sie wollte nicht mit den Deutschen in Verbindung gebracht werden in Oslo. Die Stimmung hier war sehr antideutsch, sie erlebte es immer wieder ganz konkret in der Straßenbahn, wenn alle Norweger aufstanden, sobald sich ein deutscher Soldat hinsetzte.

Wencke verstand nicht ganz, warum ihre neue Freundin so vorsichtig blieb, und da entschloss sich Jorna, sie einzuweihen. Sie ging ein Risiko ein, Wencke könnte sie verpfeifen, könnte überall herumerzählen, was Jorna für eine war, aber ihr Gefühl sagte ihr, dass diese Freundin sich nicht von ihr abwenden würde. Sie hatte recht: Wencke reagierte gelassen. Sie gestand ihr sogar, dass auch sie sich schon einmal überlegt hatte, wie es wäre, wenn sie einen Deutschen zum Freund hätte, einfach aus Protest gegen diesen Zwang, immer nur an die Nation denken zu müssen.

»Jorna, du hast recht, ich verstehe dich total. Behalt es für dich, erzähl es niemandem hier, es geht sie nichts an. Vielleicht ist es einmal wichtig, dass man in Oslo nichts über dich weiß, wenn man an die Drohungen denkt, die aus London kommen. Natürlich gehen wir nicht ins Klingenberg-Kino, es gibt noch andere Kinos.«

»Ich danke dir, Wencke! Es tut mir sehr gut, dass du so reagierst und nicht wie meine Freundinnen in Flekkefjord.« Jorna fiel ein Stein vom Herzen. Sie hatte gehofft, dass die Freundin so reagieren würde, aber sie hatte auch immer mit dem Gegenteil gerechnet.

Über Weihnachten hatten die beiden Frauen Dienst und konnten nicht nach Hause zu ihren Eltern fahren. Gerade in der Vorweihnachtszeit gab es im Amt viel zu tun. Immer mehr Menschen nutzten das Telefon, darunter viele deutsche Soldaten, die nach Hause telefonierten in einer Zeit voller Heimweh und Sorgen um ihre Leute daheim. Am 18. Dezember mussten die Ämter die Kunden sogar auffordern, ihre Telefonate zu »rationieren«, es waren einfach zu viele.

Weihnachten verbrachte Jorna wenig feierlich im Amt. Als unverheiratete Frau hatte sie Dienst an allen Tagen, und bis auf eine kleine Feier mit ihren Kolleginnen und ein längeres Telefonat mit ihren Eltern und Geschwistern an Heiligabend passierte nicht viel Weihnachtliches.

Nach den Feiertagen hatten Jorna und Wencke einen freien Tag zusammen. Das Wetter war einigermaßen mild, es herrschte noch kein Frost, und Wencke hatte vorgeschlagen, sich die Kunstwerke im Vigelandsparken anzuschauen, einem Skulpturenpark, nicht allzu weit entfernt von Jornas Wohnung. Wencke holte sie in der Hansteens gate ab, sie gingen Richtung Schloss, überquerten die Henrik Ibsens gate kurz hinter dem Ibsen-Museum und bogen dann rechts in die Inkognitogata ein. Jorna gefiel der Name dieser Straße besonders gut, das wäre ihre Lieblingsadresse: Fräulein Incognito in der Inkognitogata. Keiner kennt mich, keiner weiß etwas über mich, keiner weiß genau, wo ich bin. Dazu müsste sie wohl ein feineres Fräulein sein, hier direkt neben dem Schloss standen schöne, villenartige Häuser, die um die Jahrhundertwende erbaut worden waren. An der nächsten Kreuzung sah man zu einem Seitentor des Schlossparks hinunter, schwer bewacht von deutschen Soldaten.

»Passt nur gut auf unseren dicken Quisling auf, dass ihm ja nichts passiert, nicht dass da noch einer von der Heimatfront im Gebüsch liegt und ihm an die Gurgel will«, flüsterte Wencke ziemlich laut in Richtung Wache, und beide lachten. Sie bogen in die Meltzers gate ein und gingen vorbei an schönen Bürgerhäusern mit Türmchen, Balkonen mit gußeisernen Gittern und den gestutzen Weiden davor, deren schwarze Astverdickungen sich wie ein Muster die Straßen entlangzogen, und erreichten schließlich Frognerparken, einen großen Park. Hier, im feinen Westteil der Stadt, in Frogner und Oranienborg, wohnte man ruhig und mit viel Platz, es gab genügend Luft und Licht. Die Leute, die hier lebten, schienen vom Krieg nicht allzu viel mitzubekommen.

Das imposante Tor mit seinen gusseisernen Gittern und Lampen stand 1943 schon, auch viele von Vigelands Figuren auf der Brücke. Jetzt im Winter bei Schnee wirkten die dunklen, riesigen Skulpturen fast beängstigend.

Jorna fühlte sich angezogen von den Dämonenfiguren, überlebensgroße Eidechsen, die einen Menschen im Würgegriff umklammert hatten. Sie hielt Wencke am Arm fest: »Das ist wirklich unheimlich! Vigeland hat sie doch schon vor vielen Jahren entworfen. Jetzt könnte man denken, er meint die Deutschen, die Norwegen umklammert halten. Hast du eigentlich gehört, was man sich erzählt über die Juden, die aus Oslo abtransportiert worden sind im November? Es sollen auch Kinder dabei gewesen sein. Mein Gott, was aus denen wohl wird. Es passieren schreckliche Dinge. Manchmal wünschte ich wirklich, Heinz wäre kein Deutscher.«

»Es gibt genügend Deutsche, die keine Nazis sind, normale anständige Menschen. Aber wenn man in den Zeitungen die Bilder von unserem Reichskommissar Terboven sieht, wie er mit Goebbels durch Oslo marschiert ist, kann einem wirklich schlecht werden.« Wencke schüttelte sich.

Jetzt könnte Jorna ihr sagen, was sie mit Heinz ausgemacht hatte: nämlich, dass er sie in Oslo besuchen wollte, im Februar oder März. Aber wäre das nicht zu gefährlich?

Wencke reagierte sofort: »Klar soll er dich hier besuchen! Du hast ihn schon lange nicht mehr gesehen, wer weiß, wann du wieder nach Hause kommst.«

»Ich habe schreckliche Sehnsucht nach ihm«, gab Jorna zu, »doch je mehr Leute mich hier mit einem deutschen Soldaten sehen, desto mehr spricht es sich herum, und dann ist es wieder wie in Flekkefjord.«

»Nein, das muss nicht sein. Wenn er hier ein paar Tage Urlaub macht, zieht er einfach seine Uniform nicht an«, schlug Wencke vor. »Dann merkt keiner, dass er Deutscher ist. Das Reden musst eben du besorgen.« Sie lachte.

»Darf er denn in Zivil herumlaufen hier in Oslo?« Jorna war skeptisch.

»Das merkt doch niemand! Einfach ein dicker Wintermantel und ein Hut tief im Gesicht, dann wäre er, lass mal überlegen, ja, zum Beispiel ein Schweizer Geschäftsmann.« Wencke schien die Planung des Unternehmens richtig Spaß zu machen. »Ich kann einen Wintermantel und auch sonst noch ein paar Sachen besorgen, du weißt, mein Bruder lebt in Oslo, und der hat jede Menge Zeugs.«

Jorna war voller Bewunderung. »Dann laufen wir beide inkognito durch die Stadt, ein fremdes, schweigsames Paar. Das ist wie im Film. Kein Wunder, dass dir so etwas einfällt, so oft wie du ins Kino gehst!«

Ja, so war es vielleicht. Mir gefällt die Idee von einem schweigsamen, fremden Paar: meine Mutter in ihrem Fohlenfellmantel, mit der Pelzkappe schräg auf dem Kopf, wie immer eine perfekte Erscheinung, untergehakt bei Papa, er in einem schweren, langen Wintermantel, der ihm vielleicht eine Nummer zu groß ist, andererseits sehen die Herrenmäntel auf den Fotos aus der Zeit immer etwas zu groß aus, oder die darin steckenden Herren waren zu schlank, leicht unterernährt. Er hat in der Tat den Hut tief in die Stirn gezogen, um den Hals einen Schal gewickelt und den Mantelkragen hochgestellt. Sie hätten in »Casablanca« mitspielen können, dem Film, der 1942 gedreht wurde, den sie aber wohl erst nach dem Krieg in Deutschland sehen konnten.

Oslo war vor dem Krieg und teilweise auch noch während des Krieges eine lebenslustige Stadt, es gab eine lebendige Theaterszene mit privaten Cabarets und dem staatlichen Nasjonalteateret, an dem berühmte Schauspielerinnen in den Stücken Ibsens auftraten. Die Nazigrößen versuchten sich mit ihnen zu brüsten und luden die weiblichen Stars auf ihre Feste ein. Reichskommissar Terboven, der für sich das Haus des Kronprinzen Olav beschlagnahmt hatte, musste allerdings einmal eine herbe Absage einstecken: Die Schauspielerin Aase Bye lehnte seine Einladung ab, mit der vielzitierten Begründung, sie gehe grundsätzlich nicht auf Partys, bei denen der Gastgeber nicht anwesend sei. Mondäne Tanzveranstaltungen wie die im Mauriske Hall *im Hotel Bristol hatten die Deutschen ohnehin schon verboten, ein Zuviel an Vergnügungen sollte es nicht geben.*

Meine Mutter hätte das smaragdgrüne Kleid anziehen können, das sie damals eigentlich nur für ihn gekauft hatte, und dann wä-

ren die beiden vielleicht in ein Theater gegangen. Auch wenn mein Vater nicht viel verstanden hätte, gereizt hätte es ihn bestimmt. Aber in dem Winter waren viele Theater geschlossen, aus Brennstoffmangel. Oder haben sie endlich die Fischsuppe im Theatercafeen gegessen? Auch das eröffnete wieder am Ende des Winters. Oder sind sie in die Nasjonalgalleriet gegangen? Dort wurde in dem Jahr eine Albrecht-Dürer-Ausstellung eröffnet. Mein Vater hätte ihr wahrscheinlich lieber die zeitgenössische deutsche Kunst gezeigt, die er immer so bewunderte, die Großstadtbilder von Otto Dix und Georg Grosz über das wilde Vorkriegs-Berlin, welches neben Paris für viele norwegische Künstler ein Sehnsuchtsort war. Solche Maler suchte man jetzt vergebens in Oslo.

Oder sind sie nur spazieren gegangen, ein unauffälliges Paar, dem man die Herkunft nicht sofort ansah? Zwei Menschen in norwegischer Kleidung, unterwegs auf den Straßen Oslos.

Ich schaue mir Bilder an von öffentlichen Plätzen, Straßenszenen und Freiluftkonzerten im Musikkpaviljongen. Befanden sie sich unter den Menschen, die dort der Musik lauschen, waren sie eines dieser Paare? Manchmal glaube ich ernsthaft, sie auf einem Foto entdeckt zu haben. Ja, das sind sie, das untergehakte Paar! Alles stimmt, ihr Pelzmantel und sein übergroßer Wintermantel, wobei sie sich nicht bei ihm untergehakt hat, sondern er sich bei ihr. Das passt, Papi hat sich gerne bei ihr untergehakt. Auch die Körperhaltung stimmt, ihre Statur. Warum bilde ich mir bloß ein, dass sie dieses Paar sind? Will ich unbedingt, dass sie in dieser Zeit auch ein ganz normales Leben geführt haben? Was will ich eigentlich? Kann ich mir selbst noch trauen, fange ich an zu phantasieren? Anscheinend will ich unbedingt, dass es ihnen gut ergangen ist, in einer Zeit, in der es so vielen Leuten an den Kragen ging, in der nicht weit entfernt von ihnen die Widerstandkämpfer gefoltert wurden im Gestapo-

hauptquartier in der Victoria Terrasse, wo vor dem Krieg die Osloer Polizei war und jetzt die Nazis saßen, gleich hinter dem Theatercafeen. In einer Zeit, in der immer wieder Aktionen des Widerstands durchgeführt wurden mitten in Oslo.

Meine Mutter hat sich in Oslo freier gefühlt. Hier musste sie keine Rücksicht nehmen auf die Eltern, auf die Familie, die Freunde, konnte einfach sein, was sie war: die Geliebte eines Deutschen.

Irgendwie habe ich das Bedürfnis, sie zu rehabilitieren, ihr einen Anstrich von bürgerlicher Anständigkeit zu geben. Wäre es mir lieber gewesen, wenn meine Mutter bei der Heimatfront gewesen wäre und ich jetzt eine Heldin zur Mutter hätte und nicht eine Verräterin? Aber dann, die alte Geschichte, gäbe es mich ja gar nicht.

Die beiden werden einfach glücklich gewesen sein, sich nach diesen Monaten wiederzusehen, womöglich haben sie kein Theatercafeen, kein Museum, keine Musikvorführung gebraucht, nur einander, und haben irgendwo ein kleines Liebesnest gefunden, wo sie sich unbemerkt vom Rest der Welt treffen konnten. Ungesehen. Heimlich. Inkognito.

So könnte es gewesen sein. Auf jeden Fall hat Jorna im Juli ihre Abschlussprüfung bestanden, wieder einmal mit sehr guten Noten, und ging dann zurück nach Flekkefjord. Sie hätte in Oslo auf dem Amt bleiben können, man hatte es ihr angeboten, auch hatte sie sich in der Stadt gut eingelebt, neben Wencke noch ein paar andere Freunde gefunden. Trotzdem kehrte sie zurück, vor allem wegen Heinz.

Es sollte ihnen noch ein knappes halbes Jahr zusammen in Flekkefjord bleiben. Nach und nach hatte sich die Stimmung in Norwegen verändert: Die Verluste der deutschen Truppen im Osten sprachen sich herum, wobei die Deutschen alles taten, diese schlechten Nachrichten zu unterdrücken. Für die Norweger waren es »good news«, die sie heimlich und unter höchster Gefahr aus versteckten Radios hörten, BBC Radio London. Die Menschen sehnten das Ende der deutschen Besatzung herbei, und der Zusammenbruch der Naziherrschaft schien in greifbare Nähe gerückt. Im Atlantik hatte sich das Glück der Deutschen gewendet, ab Mai 1943 waren ihre Verluste an Schiffen, U-Booten und Menschen größer als die der Alliierten, und zum Schluss wurde die deutsche Flotte fast ausradiert. Auch die Schlacht um Stalingrad hatte im Januar 1943 mit einer entsetzlichen Niederlage für die Deutschen geendet. Im Juli war Mussolini entmachtet worden, und kurz drauf waren die Amerikaner und Briten in Italien und auf Sizilien gelandet und hatten Süditalien befreit. In Deutschland legten alliierte Bomber ganze Städte in Schutt und Asche. All dies bekamen die fast vierhunderttausend deutschen Soldaten in Norwegen mit, die sich immer noch in relativer Sicherheit befanden, weit weg von dem millionenfachen Sterben an den anderen Schauplätzen. Insgeheim zitterten sie und ahnten, dass es auch sie jederzeit treffen konnte, dass neue, unverbrauchte Truppenteile an die Ostfront verlegt werden mussten, um die Verluste und die völlige Entkräftung der dortigen Truppen auszugleichen. Einige von ihnen mussten damit rechnen, ohne Ankündigung, von einem auf den anderen Tag, aus Norwegen abgezogen zu werden. Wen würde es treffen?

Heinz war nur Unteroffizier, er wird nicht eingeweiht worden sein, dass seine Kompanie, die 1. Kompanie Aufklärungs-Abteilung 214, nach Russland verlegt werden sollte und dort als 4. Kompanie Füsilier-Bataillon 214 an der Schlacht an der Narwa, in Estland, kurz vor Leningrad, teilnehmen würde. Aber vielleicht ahnte er, dass es ihnen in Norwegen schon zu lange gut gegangen war, und dass sich das Blatt jetzt jederzeit wenden konnte.

Der Abschied

Januar 1944

Unangekündigtes Unglück. Es kam über Nacht. Selbst wenn man ein Unglück ahnt, bricht es über einen herein, und man ist wehrlos. Heinz hatte schon einige Male vorsichtig angesprochen, dass das passieren könnte, was alle fürchteten: die Verlegung an einen anderen Frontabschnitt, womöglich nach Russland. Er und seine Kameraden hatten immer gehofft, es würde eine andere Division treffen, aber es war eigentlich klar, dass zuerst die Soldaten hier im Süden in die Auswahl kämen, denen es ja besonders gut ergangen war. Warum sollten sie so ganz verschont bleiben? Bald vier Jahre diesen Krieg überlebt zu haben war allein schon ein Rekord.

An einem kalten Januarmorgen bekam Jorna den einen Anruf auf dem Amt, der ihr persönlich galt. Es war Heinz, er wollte ihr etwas mitteilen, seine Stimme war ernst. Er musste es gar nicht aussprechen, Jorna wusste, was der Anruf bedeutete. Das Regiment sollte verlegt werden. Jetzt war es raus. Das, was sie schon lange gefürchtet hatte, womit sie natürlich immer hatte rechnen müssen, war jetzt eingetreten. Hatte sie wirklich geglaubt, sie würde verschont bleiben, sie würde ihr Glück unbeschadet in eine rosige Zukunft hinüberretten können? Ja, darauf hatte sie gehofft, und mit ein bisschen mehr Glück hätte Heinz vielleicht in Norwegen bleiben können.

Es hatte Vorwarnungen gegeben, in den letzten Tagen hatten sie einiges mitbekommen auf dem Amt. Tage voller Unruhe und Aktivität, die Deutschen telefonierten ständig, irgendetwas war im Gange. Noch war der Krieg nicht zu Ende, aber er würde jetzt in Flekkefjord neue Gesichter bekommen. Es traf nicht nur Jorna, es traf auch andere Frauen, und es betraf viele, die die Deutschen sicher nicht liebten, aber die sich an sie gewöhnt hatten. Man wusste, wer umgänglich, wer mit Vorsicht zu genießen war. Man hatte miteinander und nebeneinander gelebt, ein Arrangement. Für die Frauen, die jetzt ihre Lebenspartner verabschieden mussten, war es eine Katastrophe. Sie verloren nicht nur ihren geliebten Menschen, sie waren ohne Schutz einer sehr unsicheren Zukunft ausgeliefert und konnten nicht einmal erwarten, dass ihre Landsleute ihnen deshalb Mitgefühl entgegenbringen würden. Diese Frauen konnten sich eher auf Spott und Hohn gefasst machen. Das wussten sie, und das wussten die Männer, die sie dort zurücklassen mussten.

Jetzt war es Gewissheit geworden, dass das für sehr lange Zeit ihre letzten gemeinsamen Tage sein würden, und beide fürchteten, jeder für sich, dass es wirklich die allerletzten sein könnten. Seine Kompanie würde nach Russland verlegt, da gab es für Heinz keinen Zweifel mehr, auch wenn offiziell nichts darüber nach außen drang. Und jeder deutsche Soldat, der nicht völlig verblendet war im schrecklichen Winter 1943/44, wusste, dass die Chancen, aus Russland lebend und unverletzt herauszukommen, immer geringer wurden. Was sollte er ihr sagen, ohne ihre Sorgen zu vergrößern, was konnte sie ihm sagen, dessen Angst vor der Zukunft ja noch viel größer sein musste als ihre? All das durften sie nicht zeigen, die Angst und die Sorgen ließen sich nicht ausradieren, aber sie mussten sich noch eine Ahnung von Hoffnung erhalten und diese Hoffnung mit Bildern füllen. Wieder einmal Zukunft planen ins Nichts hinein, wo eigentlich alles unplanbar war.

Heinz verbrachte einen der letzten Abende bei Jorna in ihrer Dachkammer, einem Ort, an dem sie nur selten gewagt hatten, sich zu treffen. Die Straßen waren menschenleer, es war kalt, aber nicht wirklich frostig, und nur einzelne graue Schneereste lagen wie schwache, absterbende Lichter an den Straßenrändern. Hätten jetzt die Straßenlaternen geleuchtet, hätte die leicht neblige Luft den alten Häusern eine falsche romantische Atmosphäre verliehen. In der totalen Dunkelheit wirkte die Szenerie jedoch nur trostlos. Es war kurz vor der Sperrstunde, und die Gefahr war gering, dass jemand sah, wie er leise das Haus betrat, wo Jorna unbemerkt die Eingangstür ins große Treppenhaus aufgeschlossen hatte. Ein letztes Mal schlich er sich nach oben in ihr Zimmer.

»Ich bin niemandem begegnet, anscheinend schlafen alle«, flüsterte Heinz, als er auf Strümpfen das Zimmer betrat. Er hatte die schweren Stiefel unten ausgezogen, um weniger Lärm zu machen, und stellte sie jetzt vor der Türe ab.

Jorna fiel ihm mit klopfendem Herzen um den Hals, dabei schüttelte sie leicht den Kopf: »Das spielt jetzt auch keine Rolle mehr. Morgen oder übermorgen bist du weg, alles andere ist bedeutungslos.« Sie fing an zu weinen.

»Du darfst nicht verzweifeln, du musst einfach geduldig sein! Wir haben fast vier herrliche Jahre miteinander verbracht. Es wird weitergehen, es wird irgendwie weitergehen. Du bist sonst immer so vernünftig, jetzt musst du dir Gedanken darüber machen, was du tust, wenn ich weg bin.«

Ja, Jorna war die Vernünftige gewesen, störrisch in ihrer Entschlossenheit, dabei mit einem großen Sinn für Realität. Die beiden setzten sich auf ihr Bett. Heinz schaute sie mit seinen warmen, dunklen Augen liebevoll an und sah in ihrem jugendlichen Gesicht zum ersten Mal etwas Hartes. War das ein gutes Zeichen, bedeutete das Entschlossenheit oder Verzweiflung?

»Ich werde erst einmal warten, was ich von dir höre. Hoffentlich bekomme ich bald Post von dir! Dieses Gefühl nicht zu wissen, wo du hinkommst, macht mich ganz verrückt!« Jorna lehnte sich an ihn und ließ ihren Kopf an seine Brust sinken.

»Ich hoffe, dass ich dir schnell schreiben kann. Sobald es geht, schicke ich dir einen Brief, aber die Überfahrt wird eine Zeitlang dauern. Denk dran: Auch wenn es sich verzögert, irgendwann wird ein Brief kommen!« Heinz legte seinen Arm um sie. Das war wohl alles, was er ihr in diesem Augenblick, diesem schrecklichen Augenblick des Abschieds, an Sicherheit geben konnte, dieses Irgendwann, ein vager Punkt in der undenkbaren Zukunft. »Irgendwann« konnte in vier Wochen sein, in vier Monaten oder in vier Jahren. Eine Boje in stürmischer See, diese Irgendwannboje, die im Meer zu versinken drohte und doch als einziges Ziel erkennbar war. »Du musst jetzt noch gar nichts entscheiden, aber vielleicht solltest du dir überlegen, nach Oslo zu gehen. Dort ist es leichter für dich.«

»Daran habe ich auch schon gedacht, aber erst einmal bleibe ich hier und warte, was mit dir passiert. Was meinst du, wie lange wird der Krieg noch dauern?« Jorna schaute ihn durchdringend an, als ob er ihr die Antwort auf diese Frage geben könnte, wenn er sich nur richtig bemühte.

»Das fragen wir uns auch die ganze Zeit. Es sieht nicht gut aus für Deutschland, es könnte bald das Ende sein.«

»Heinz, das Ende hört sich schrecklich an! Und weißt du, was auch schrecklich ist für mich? Dass ich mich danach sehne, dass alles vorbei ist und ich mit dir zusammen sein kann ohne Probleme, und ich doch Furcht habe vor dem Ende, dass es vielleicht ein Ende geben könnte, wo wir beide kein Paar mehr sind. Auch dass ich mir so wenig Vorstellung machen kann über die Zukunft. Ich würde so gerne ein Bild haben von uns beiden nach dem Krieg. Manchmal sehe ich uns, da gehen wir Hand in Hand am Rhein entlang, es ist Frühling und viel wärmer als hier, die Menschen tragen Sommerkleider, und alle sind gut gelaunt und winken einander zu, dabei rufen sie ›Hei‹! Dann plötzlich ist alles weg, weil mir einfällt, dass sie sich in Deutschland ja gar nicht so begrüßen. Die Zeit dazwischen kann ich mir nicht vorstellen, ich sehe mich hier allein in Norwegen, ohne zu wissen, wie es weitergeht. Dann will ich nur noch weg.«

Heinz versuchte, sie zu beruhigen: »Nein, es können jetzt große Schwierigkeiten auf uns zukommen, aber die gehen irgendwann vorbei. Keiner weiß, was aus Deutschland wird, wenn wir den Krieg verlieren. Daran durften wir nicht einmal denken in den letzten Jahren, und jetzt denken wir es höchstwahrscheinlich alle, aber es traut sich immer noch keiner, darüber zu reden. Alles geht vorbei, und es muss etwas Neues kommen.«

Jorna schaute ihn an in einer Mischung aus Verzweiflung und Entschlossenheit: »Heinz, ich werde auf dich warten, bis das Neue da ist. Das wirst du doch auch tun, du wirst mich doch nicht vergessen, auch wenn es lange dauert?«

Heinz war in tiefster Seele gerührt von ihrer eindringlichen Stimme, so hatte er sie noch nie reden gehört.

»Das weißt du doch, Jorna, ich könnte dich nie vergessen, du bist meine große und einzige Liebe, das wirst du immer bleiben. Damals, als du bei der Brücke standest und ich dich zum ersten Mal gesehen habe, dieses wunderschöne Mädchen mit den prachtvollen Locken, da wusste ich, dass ich dir immer gehören würde und dass ich nur ein Ziel hatte: dich zu heiraten. Daran gab es für mich nie einen Zweifel. Auch wenn alles um uns zusammenbricht und nichts mehr gewiss ist, wird das immer bleiben. Uns kann nichts trennen. Du musst nur fest an die Zukunft glauben. Irgendwann ist wieder Friede, irgendwann sind unsere Völker nicht mehr im Krieg, und wir können selbst entscheiden, wen wir lieben und wo wir leben wollen. Dann kommst du nach Deutschland, da wirst du von allen mit offenen Armen aufgenommen. Meine Eltern warten schon auf dich, meine Freunde auch. Ich wäre so stolz, wenn ich dich ihnen endlich vorstellen könnte. Das wird kommen, daran musst du immer glauben. Wir werden Hand in Hand am Rhein entlanglaufen, und wenn alles wieder aufgebaut ist, werden wir eine eigene Wohnung haben, du wirst sehen.«

Heinz' Worte hatten Jorna beruhigt, und sie lächelte ihn an: »Das hast du schön gesagt, daran werde ich immer denken. Wenn es mir ganz schlecht geht, werde ich mir genau das wieder sagen: dass mich alle in Deutschland mit offenen Armen erwarten, auch wenn das Wort ›irgendwann‹ mir jetzt noch Angst macht.«

Sie verbrachten ihre letzte Nacht zusammen in Jornas Bett. Sie hielten sich umschlungen und spürten zum letzten Mal die Wärme des anderen. Aber auch diese Nacht war bald zu Ende, Heinz musste das Haus vor allen anderen Bewohnern verlassen. Er wollte auch keinem der Nachbarn auf der Straße begegnen, aber die Dunkelheit und die Ausgangssperre würden ihn schon schützen. Eine verbotene, eine unerwünschte Liebe, wie es sie überall und zu jeder Zeit auf der Welt gegeben hat.

Heinz blieb kaum Zeit, sich von allen, die er kannte, zu verabschieden, die Soldaten waren damit beschäftigt, die Abreise vorzubereiten. Sein schwerster Weg führte ihn zu den Grønsunds. Henny war die Sorge ins Gesicht geschrieben, und es kam Heinz so vor, als ob sie in der letzten Zeit um Jahre gealtert sei. Sie litt mit ihrer Tochter und wusste, dass noch mehr Schreckliches auf sie zukommen würde. Aksel hatte sich ganz verschlossen, er schien sich abgefunden zu haben mit dem, was seiner Familie widerfahren war, aber seine Abgeklärtheit ging einher mit einer totalen Leere, die sich für die anderen in seinem Blick zeigte. Von der großen Vitalität, die ihn einmal ausgezeichnet hatte, war etwas verloren gegangen. Thor war traurig, er spürte, dass Heinz' Abreise für seine Schwester ein schwerer Schlag war, und auch er würde ihn vermissen. Die liebenswürdige Liv konnte ihr Mitgefühl kaum verbergen, Tränen liefen ihr übers Gesicht. Jeder spürte, dass eine Zeit zu Ende gegangen war, und keiner wusste, wie es weitergehen würde. Von Aud und ihrem Mann Arthur konnte Heinz sich nicht verabschieden, sie mussten arbeiten.

Es waren Tage voller Wehmut und Verzweiflung. Bei manchen seiner Kameraden hatte sich die anfängliche Begeisterung für den Krieg längst in eine Depression verwandelt, und viele fürchteten jetzt, nicht mehr heil nach Hause zurückkehren zu können.

Zwei Tage später verließen sie Flekkefjord im Morgengrauen, den Ort, an dem sie fast vier Jahre verbracht hatten. Verließen die Schule oben auf dem Trellebacken, in der sie einquartiert waren, und warfen einen letzten Blick über die kleine Stadt am Fjord mit ihren selbst jetzt noch weiß gestrichenen Häusern, der protestantischen Kirche, auch sie aus Holz, und dem Turm, der die anderen Gebäude überragte, links davon die Brücke, die Hauptlebensader der Stadt, die alles miteinander verband, weiter Richtung Fjord die Hafenmauer, an der immer Schiffe lagen, die die Versorgung der Stadt und ihr wirtschaftliches Wohlergehen garantierten, und an der jetzt häufig deutsche Kriegsschiffe lagen. Die Stadt war den Deutschen eine Art Heimat geworden. Aber diesmal standen keine jungen Frauen an den Straßen, die voller Aufregung die Ankunft eines Abenteuers erwarteten. Diesmal war es ein Abschied für immer, den beide Seiten heimlich begehen mussten, bei dem man nicht weinend und mit Taschentüchern winkend am Straßenrand stehen durfte. Die Tränen mussten unterdrückt werden oder zu Hause fließen, versteckt hinter verschlossenen Türen und zugezogenen Gardinen. Am nächsten Tag würde der kleine Ort zurückkehren zum Kriegsalltag, neue Soldaten würden ankommen, auch mit denen würde man irgendwie zurechtkommen. Für Jorna begann eine einsame Zeit.

Liebe Mutter,
ja, wie wäre dein Leben verlaufen, wenn damals, am 9. April 1940, ein Tag vor deinem 17. Geburtstag, das Ereignis, das dein Leben, das Leben aller Norweger und besonders vieler Norwegerinnen, schlagartig verändern würde, nicht eingetreten wäre? Wenn die Geschichte euch verschont hätte? Dann hättest du deine Ausbildung gemacht, hättest dich in einen netten jungen Mann aus Flekkefjord verliebt, hättest vielleicht bald geheiratet, irgendwann hättet ihr ein Häuschen oder auch ein etwas schöneres, größeres Haus außerhalb der Stadt gebaut. Vielleicht wärst du auch so nach Oslo gegangen, einen Drang nach Veränderung, den spürtest du sicherlich. Du hättest Kinder bekommen, norwegische Kinder, und hättest das normale Glück erlebt, das eine Frau in deiner Zeit und in deinem Teil der Welt erwarten konnte. Hast du dir das so gewünscht? Dir wäre viel erspart geblieben. So hätte es sein können, und wir, deine beiden deutschen Töchter, wären nie geboren worden. Ich habe mich oft gefragt, ob du in deinen letzten Lebensjahren manchmal diesen Gedanken selbst gedacht hast, heimlich, ohne uns davon zu erzählen.

Allein in Flekkefjord

Jetzt stand sie da. Er war weg, von einer auf die andere Sekunde. Sie hatte es sich nicht nehmen lassen, doch auf die Straße zu gehen an dem Morgen, als sich alles änderte, war mit schnellem Schritt über die Brücke gegangen Richtung Bahnhof. Nicht, dass sie Heinz noch einmal begegnen wollte unter all den anderen. Sie wollte nur spüren, dass sie weg waren und er mit ihnen. Vielleicht noch einen letzten Blick auf einen Transportwagen werfen, die Veränderung körperlich empfinden. Danach ging sie noch einmal nach Hause zurück, ihr Dienst begann heute etwas später. Aksel war schon unten in der Reinigung, aber Thor und Liv saßen mit Henny beim Frühstück an dem runden Küchentisch und schauten Jorna betroffen an, als sie eintrat.

»Jetzt sind sie weg«, sagte sie tonlos.

»Hast du Heinz noch einmal gesehen?«, wollte Liv wissen.

»Nein, ich wollte ihn gar nicht mehr sehen, wir haben uns schon voneinander verabschiedet, vor all den anderen hätte ich ihm nicht um den Hals fallen wollen.«

»Der Krieg ist doch bald zu Ende, da siehst du ihn dann wieder!« Liv wollte ihr Mut machen und nahm ihre große Schwester in den Arm.

»Ja, aber er ist ein Soldat! Das Leben eines Soldaten war nur hier in Flekkefjord ungefährlich, aber sonst ist es etwas ganz anderes, vergiss das nicht. Erst einmal muss er Russland überleben, wer weiß, wie lange sich das noch hinzieht. Jeder Tag ist gefährlich«, antwortete Jorna.

»Denk einfach nicht daran, du musst dir sicher sein, dass alles gut geht, dann wird es das auch!« Thor fuchtelte mit den Armen in der Luft herum. Wenn ihn etwas berührte, dann konnte er sehr aufgeregt werden. Er hatte offenbar das Gefühl, dass er seiner Schwester helfen wollte, ihr blasses ernstes Gesicht schien ihn zu bedrücken. Jorna lächelte. Wie gern sie ihren Bruder hatte! Er war schon jetzt, als Jugendlicher, so ein großherziger Mensch, gut, dass es ihn gab.

»Du hast recht, Thor, ich werde fest dran glauben. Aber jetzt habe ich doch etwas Hunger bekommen. Habt ihr noch was zum Frühstücken für mich? Ich muss bald zur Arbeit.«

»Ja, komm, setz dich, es ist alles da!« Henny stellte ihr einen Teller hin und goss von dem Ersatzkaffee, den sie gerade gekocht hatte, in ihre Tasse. »Tante Tilla hat angerufen, Jonny kommt an Ostern nach Hause zu Besuch. Sie fragt an, ob du mit Thor an den Feiertagen rüberkommen möchtest, ihr habt euch so lange nicht gesehen! Vielleicht schaffen wir es auch, alle zusammen zu fahren. Ostern auf Lista, das könnte schön werden, ich bin mir sicher, sie schlachten auch ein Lamm.«

»Und Ostern gab es bei ihnen schon immer den ersten Salat aus dem Gewächshaus, du weißt, aus dem, das sie beheizen«, versuchte Thor, Jorna zu begeistern. Sie liebte Lista genauso wie er, doch jetzt war ihr alles gleichgültig.

»Wenn ihr hinfahren wollt, kann ich im Amt nachfragen, ob ich frei bekommen kann an den Feiertagen. Aber jetzt muss ich los. Bis heute Abend! Macht's gut in der Schule, ihr beiden.«

Jorna ging langsam aus dem Hof heraus und bog links in die Kirkegaten ein. Es tat gut, sich abzulenken mit solchen Plänen, aber sobald sie wieder allein war, kreisten ihre Gedanken nur um das Eine: Wo ist Heinz, und wann werde ich ihn wiedersehen?

Auf dem Weg durch den Ort hatte sie das Gefühl, dass jeder wusste, wie es in ihr aussah. Ob einige schadenfroh waren und es ihr gewünscht hatten, dass es ihr jetzt schlecht ging? Hauptsache, niemand sagte es ihr, Hauptsache, sie ließen sie in Ruhe.

Auch während der folgenden Monate änderte sich nichts an Jornas Einstellung. Sie wollte wenig Kontakt, zog sich zurück und hoffte nur, dass diese schwere Zeit irgendwie vorbeigehen würde. Einen kurzen Brief von Heinz hatte sie erhalten, den er noch vor der Abreise aus Norwegen abgeschickt hatte, und ihm gleich darauf geantwortet auf seine Feldpostnummer. Jetzt wusste sie, wo dieser Brief hingehen würde: über die Ostsee, in die Nähe von Leningrad. Über diese Gegend wusste sie nichts und schaute sie sich gleich auf der Landkarte an. Aber das Ergebnis sagte ihr nichts: Auf einer Karte sieht alles harmlos aus, verschiedene Farben, eine Küste, Flüsse, Seen und ein paar Orte, deren Namen für Jorna irgendwie finnisch klangen. Sie wartete auf eine Antwort, aber es kam keine.

Die ersten Wochen versuchte sie, sich die ausbleibende Antwort vernünftig zu erklären: Heinz hatte in den ersten Wochen keine Gelegenheit zu schreiben; der Brief war verloren gegangen; irgendjemand, vielleicht sogar hier in Flekkefjord, wollte die Sache sabotieren und hatte das von ihr so sehnlich erwartete Lebenszeichen von Heinz einfach verschwinden lassen. Jorna ging morgens zur Arbeit, und in der Mittagspause ging sie schnell nach Hause, bog in den kleinen Gang zum Hof ein und schaute als Erstes in den Briefkasten, der dort hing. Meistens lag nichts drin, weil ihre Mutter ihn schon geleert hatte. Manchmal hatte sie es nicht geschafft, dann fand Jorna einen Brief, aber er war nicht an sie gerichtet. Danach ging sie schnell in die Küche. Wenn ein Brief für sie gekommen wäre, würde er jetzt auf dem Küchentisch liegen, sodass sie ihn sofort sähe, wenn sie die Tür öffnete. Aber auf dem Tisch lag nichts, was sie interessieren könnte. Anfangs fragte sie dann gleich ihre Mutter, ob etwas für sie gekommen sei, aber Henny schaute sie nur bedauernd an und musste ihre Frage immer verneinen. Irgendwann fragte Jorna nicht mehr. Es war ja klar, dass nichts gekommen war.

Die Wochen vergingen, und am Ostersonntag fuhren sie wirklich alle nach Maberg auf Lista zu Hennys Schwester Tilla, ihrem Mann und den beiden Söhnen. Sie hatten sich lange nicht mehr gesehen, und alle waren in Hochstimmung. Es war der 9. April, und mit diesem Tag wurde es plötzlich Frühling: Die Temperaturen stiegen weit über zehn Grad, und so konnten sie am nächsten Tag Jornas 21. Geburtstag im Garten feiern. Wieder einmal schien nach einem langen Winter die beste Jahreszeit zu beginnen. In der Sonne war es an windstillen Plätzen am Haus fast schon sommerlich, und Jorna hatte das Gefühl, dass vielleicht doch wieder alles gut werden könnte. Noch auf Lista schrieb sie Heinz einen weiteren Brief, erzählte von dem herrlichen Tag, dem Treffen mit den geliebten Verwandten und von ihrer Hoffnung, dass sie beide auch noch viele solcher schönen Tage miteinander verbringen würden. Sie wollte ihm Mut machen und sich selbst auch.

Mit Nachbarn im Hof – Henny in der Mitte und Jorna rechts

An der Narwa-Front

Februar 1944

Der Krieg ging weiter, die Maschinerie musste laufen, frische Truppen an die schwankende Front. Aber die neuen Soldaten aus Norwegen, waren sie wirklich frischer? Vier Jahre schon dem Leben im Krieg ausgesetzt, waren sie wohl nicht erschöpft, aber müde, desillusioniert und völlig kampfunerprobt. Sie hatten keinen einzigen Schuss abgegeben, hatten Wache geschoben und beim Training im Gelände Blaubeeren in den Mund gepflückt. Ihre blauen Münder hatten sie verraten und ihnen einen Anschiss ihres Vorgesetzten eingebracht. Viel Gefährlicheres war ihnen in Flekkefjord und Umgebung nicht passiert.

Diese Männer wurden jetzt in Kristiansand eingeschifft, in der Stadt, in der sie am 9. Mai 1940 mit ganz anderen Gefühlen an Land gegangen waren. Heinz war es gelungen, am Hafen einem Kameraden einer Einheit, die in Norwegen blieb, einen Brief an Jorna zuzustecken, er kannte jetzt das Ziel ihrer Fahrt, es war Russland. An Bord wurde es ihnen offiziell mitgeteilt.

Russland. Wie es in den Soldaten nach dieser Nachricht wohl ausgesehen hat? Es war für alle ein Schock, auch wenn sie genau das befürchtet hatten. Jeder war mit seinen Gedanken allein, und schon im Nebel des Skagerraks lösten sich die Bilder von Norwegen auf und wurden zu bloßer Erinnerung. Bald würden sie in die Ostsee einfahren, ebenso grau und winterlich wie die Nordsee, wo sie schön versteckt und sicher am Ende eines kleinen Fjords die letzten Jahre verbracht hatten. Ein Paradies, so kam es ihnen jetzt vor. Doch dieses Paradies war für immer verloren, das wusste jeder. Mit ihren Gedanken allein, saßen sie unter Deck und träumten sich zurück an einen frischen Sommertag, mitten hinein in den kleinen Ort, wo die weißen Holzhäuser adrett und einladend in der Sonne glänzen und ein junger deutscher Soldat nichts anderes tun musste, als auf den Straßen zu patrouillieren. Und dabei kamen sie ihrem neuen Ziel, dem Baltikum, immer näher. Da würde sie anderes erwarten, was jeder von ihnen ohne die geringste Hoffnung wusste.

Obwohl Heinz mehr als andere Kameraden in Flekkefjord zurückgelassen hatte, war er etwas besserer Dinge als viele, die diese Fahrt über die Ostsee an die Front nur als ein Vorzeichen ihres kurz bevorstehenden Todes deuten konnten. Diese Front war ungeheurem Druck ausgesetzt und verschob sich immer weiter nach Westen, mit immer größeren Verlusten an Land und Menschen, so viel war ihnen allen klar, auch wenn die Wochenschauen ständig versuchten, ein anderes Bild zu zeichnen. An der berüchtigten und von allen gefürchteten Ostfront kämpften viele Verbände der Waffen-SS, auch Freiwilligen-Bataillone aus den besetzten Ländern. Wie sollten die in Norwegen verzärtelten Soldaten die Kämpfe in Schnee und Kälte, in Schützengräben überstehen? Heinz als Unteroffizier versuchte, die anderen aufzumuntern. Was blieb ihnen übrig, als jetzt alle Kräfte zusammenzunehmen, um die nächste Zeit zu überleben? Man muss an sein Glück glauben und gewappnet sein. »Auf in den Kampf, Kameraden!«, hieß es da, auch wenn die am Anfang des Krieges bei manchen zur Schau gestellte Kampfbegeisterung längst verpufft war.

Anfang Februar 1944 gingen sie in Estland an Land, und was sie vorfanden, war alles andere als eine glückliche Situation. Die Deutschen hatten drei lange Jahre Leningrad belagert, und dann, im Januar, hatte sich das Blatt gewendet. Diese Belagerung kostete bis zu zwei Millionen russische Zivilisten und Soldaten das Leben, eine ungeheuerliche Zahl, und auch die deutsche Armee, die Heeresgruppe Nord, war dabei, auszubluten. Am 14. Januar 1944 hatte die Rote Armee – unterstützt von immer mehr Waffenlieferungen der Amerikaner und Briten und einer das deutsche Heer weit übertreffenden Anzahl an Soldaten – die Leningrad-Nowgorod-Offensive gestartet, und am 26. Januar waren die Deutschen zurückgedrängt, war Leningrad befreit worden, und damit wurden Tausende von Leningradern im letzten Augenblick vor dem Hungertod gerettet. Hitler wollte diese Wiege des verhassten Bolschewismus ausradieren, mit allen Bewohnern, dies war ihm nicht gelungen. Jetzt feierten die Russen die Befreiung mit unbändigem Kanonensalut, den Anfang vom Ende leuchteten sie den Deutschen heim, die noch vor Leningrad in den Gräben lagen und die Triumphfeier der siegreichen Roten Armee vor Augen und Ohren geführt bekamen. Ein Vorgeschmack auf das Ende, das jetzt kaum noch aufzuhalten war.

Das wurde auch den deutschen Befehlshabern immer deutlicher. Die Heeresgruppe Nord verfügte bloß über zwei Armeen, die 16. und die 18., auf der anderen Seite standen diesen beiden Armeen elf sowjetische Armeen gegenüber, nicht nur mit einer viel größeren Anzahl von gelände- und wintertauglichem Gerät, sondern auch einer Überzahl an Soldaten, die sich mit Eifer und Widerstandskraft in die Schlacht warfen, die Kälte und Mangel ertragen konnten, bereit waren, ihr Leben für das bedrohte Vaterland zu opfern, und die unterstützt wurden von einer großen Zahl an sehr lästigen Partisanen.

Beide Seiten führten die Kämpfe mit äußerster Härte, ohne Rücksicht auf Verluste. Allein im Januar 1944 betrug die Anzahl der Verletzten und Toten bei der 18. Armee über fünfzigtausend. Es gab keine Reservetruppen, der Ausrüstungszustand war desolat, und die Panzer mussten zu einem großen Teil an die Heeresgruppen Mitte und Süd abgegeben werden. Jetzt waren die deutschen Soldaten konfrontiert mit einer Übermacht sowjetischer Panzer, und das alles in einem Gelände, das eisig war im Winter und im Frühjahr sumpfig und nur schwer passierbar. War es damals, zu Beginn des Krieges, den Russen gelungen, oben an der Küste trotz der großen Erfolge der Wehrmacht den Brückenkopf von Oranienbaum zu halten, so zahlte sich das jetzt noch mehr aus, denn über Oranienbaum wurde ständig Nachschub an Waffen, Ausrüstung und Soldaten ins Kampfgebiet geschafft, eine große Gefahr für die Deutschen. Die 18. Armee drohte von zwei Seiten in die Zange genommen zu werden, und immer wieder wurden Truppenteile eingekesselt.

Die gesamte Ostfront war zu diesem Zeitpunkt tausend Kilometer lang, schlecht gesichert und lückenhaft überwacht. Sie würde dem Ansturm der Roten Armee auf Dauer nicht standhalten können. Am 14. Januar überquerten nachts zwei russische Bataillone in einer wagemutigen Blitzaktion mit Schlitten den gefrorenen Ilmensee, zweihundert Kilometer südlich von Leningrad, und konnten so einen weiteren Brückenkopf errichten. Da der See nur von einer dünnen Eisschicht bedeckt war, glaubten die Deutschen an dieser Stelle die Bewachung vernachlässigen zu können und wurden von den Russen überrumpelt. Hitler tobte und schickte ein Flugzeug, um den verantwortlichen Offizier im Führerhauptquartier zu vernehmen, der berichtete von der desolaten Situation. Der »Führer« gab sich erstaunt, dass so wenig Personal zur Bewachung verfügbar war.

In den beiden folgenden Wochen verschärfte sich die Lage der deutschen Soldaten dramatisch. Generalfeldmarschall von Küchler, der Oberbefehlshaber der Heeresgruppe Nord, war überzeugt, dass die einzige Chance, die 18. Armee vor der völligen Vernichtung zu bewahren, in einem Rückzug auf die wesentlich weiter im Westen gelegene »Panther-Linie« bestand. Diese Linie würde die Front auf vierhundert Kilometer verkürzen. Schon am 30. Dezember 1943 hatte von Küchler bei Hitler um die Erlaubnis zum Rückzug ersucht, ohne Erfolg. Hitler schwankte kurz, dann bekräftigte er ein weiteres Mal wie ein Mantra den Befehl, alle Stellungen zu verteidigen. Seine Obsession galt wie immer dem Raum für sein deutsches Volk, auch wenn das deutsche Volk dabei draufging. Der Kampf sei so weit wie möglich von den Reichsgrenzen entfernt zu führen. Am 20. Januar erlaubte er lediglich den eingeschlossenen Verbänden den Rückzug. Doch die Situation besserte sich nicht. Von Küchler versuchte ein weiteres Mal, Hitler umzustimmen, vergeblich. Er provozierte damit nur die üblichen Tiraden darüber, wie verwöhnt die Heeresgruppe sei, dass Hitler mehr Kampfbereitschaft von ihr einfordere und so weiter. Endlich, am 29. Januar 1944, befahl von Küchler gegen den Befehl von Hitler den Rückzug auf die »Panther-Linie«. Eine richtige Entscheidung im letzten Augenblick, was auch Hitler zähneknirschend anerkennen musste. Dennoch löste er den Generalfeldmarschall am 31. Januar von seinem Kommando ab. Sein Nachfolger wurde Walter Model, Hitlers »Lieblingsgeneral«, ein Soldat voller Härte und Durchsetzungskraft. Noch aus dem Führerhauptquartier übermittelte er seiner Truppe in einem Funkspruch, dass kein Schritt zurückgegangen würde.

Aber es kam anders. Immer wieder gelang es den Russen an Schwachstellen, in das vom Gegner besetzte Gebiet einzudringen, wurden einzelne deutsche Verbände abgedrängt und landeten mit ungewissem Schicksal jenseits der feindlichen Linien. Die Frontlinie zerbröckelte, und während aus dem Führerhauptquartier Durchhalteparolen wie Artilleriefeuer abgeschossen wurden, explodierte in den deutschen Reihen die Panik. Überall herrschte Chaos, es gab nicht nur zu wenige Panzer, auch die Luftabwehr ließ die Soldaten im Stich, schutzlos in dem flachen Gelände, welches für die Russen vom höher gelegenen Ostteil des Peipussees aus wie auf einem Präsentierteller ausgebreitet lag. Von hier aus konnten sie in aller Ruhe die Truppenbewegungen der Deutschen mit dem Fernglas verfolgen.

Jahrelange Propaganda hatte den deutschen Soldaten eingeschärft, was sie an der Ostfront erwartete, hatte in Reden und Schriften vor der Brutalität des »Ivan« gewarnt. Kein deutscher Soldat wollte deshalb lebendig in Gefangenschaft geraten, was weiter zur Brutalisierung des Krieges im Osten beitrug. Man kämpfte von Mann zu Mann, es wurden nur wenige Gefangene gemacht, lieber schlug man sich gleich gegenseitig tot.

In dieser Situation kamen die neuen Soldaten Anfang Februar 1944 an. Sie sollten die gelichteten Reihen auffüllen und wurden ohne viel Getue gleich an die Front expediert. Aber schnell wurde deutlich, dass diese Kompanie, die vier Jahre lang nur Kasernendienst geleistet hatte, Schwierigkeiten haben würde mit der »Akklimatisierung«, so nannte man das. Ohne irgendwelche Kampferfahrung wurden viele zum bloßen Kanonenfutter. Aber was half es? Notdürftig ausgerüstet für den Winterkampf, es gab nicht genug weiße Tarnkleidung für alle, kamen die »Norweger« an ihren Einsatzort, frierend und vollständig eingeschüchtert von der Erkenntnis, dass ihre schlimmsten Erwartungen erfüllt wurden. Sie waren in eine Hölle geraten. Ein Bild des Jammers, hatten sie nichts mehr gemein mit den selbstbewussten jungen Männern in schmucken Uniformen, die damals in Flekkefjord den Mädchen den Kopf verdrehten. Jeder musste jetzt versuchen, wenn auch mit Würde, seine Haut zu retten, was so viel hieß, wie unter gar keinen Umständen in russische Gefangenschaft zu geraten, nicht schwer verletzt im Schützengraben liegen zu bleiben und von den Kameraden zurückgelassen zu werden, und nicht zu erfrieren.

Heinz polsterte gegen die beißende Kälte seine Uniform mit Zeitungspapier aus, und nach dem Krieg würde er seinen Kindern immer wieder die große Isolierkraft von Zeitungspapier ans Herz legen. Nicht Filz und Fett, als die Garanten für das Überleben in

Russland, sondern einfache Zeitung, so passte das für einen zukünftigen Zeitschriftenhändler ja auch besser. Und genauso wichtig war es, genug zu essen zu bekommen. Die Essenslieferungen kamen unregelmäßig, und manchmal, wenn das Essen endlich im Schützengraben eintraf, war es steinhart gefroren. Dann mussten sie ihren Kommisseintopf lutschen, wenn sie nicht verhungern wollten.

Aber das war nicht alles. Die Formationen lösten sich auf, die meisten Offiziere waren verletzt oder getötet. Manche Soldaten vegetierten schon seit Monaten an dieser Front, die Unterwäsche verfaulte ihnen am Leib, sie waren verlaust, völlig erschöpft. General Models markiger Befehl, keinen einzigen Schritt zu weichen, konnte nicht einmal zwei Wochen bestehen. Die Front bröckelte nicht, sie war dabei, zusammenzubrechen – mit fatalen Folgen für Tausende von Soldaten. Deshalb gab Hitler endlich und viel zu spät am 12. Februar 1944 die Erlaubnis, die Truppen endgültig auf die »Panther-Linie« zurückzuziehen. Hätte er schon Ende Dezember 1943 General von Küchlers Drängen nachgegeben, wären vielleicht Tausende von Leben gerettet worden. Oder wären dann nur diese Tausende zu einem späteren Zeitpunkt umgekommen, oder andere Tausende? Wären sie ein Jahr später mit dem Rest der Heeresgruppe Nord im eingeschlossenen Kurland in russische Gefangenschaft geraten? Wäre Heinz vielleicht nicht jetzt verletzt und damit gerettet worden, sondern später, oder wäre er vielleicht in einer anderen Schlacht getötet worden? Dann hätte es seine Tochter nicht gegeben.

Wir können uns keine andere Vergangenheit wünschen, nicht nur, weil wir die Vergangenheit nicht verändern können, sondern weil wir damit selbst zum Herrscher würden über Tod und Leben, Sterben und Geborenwerden, Verlorensein und Gerettetwerden.

Verwundet

Sie robbten sich bäuchlings mit ihren Gewehren im Anschlag durch den Schnee. Die dünnen Stämme der Kiefern und Birken gaben kaum Deckung, aber er musste hier irgendwo sein, der russische Trupp, dem sie auf der Spur waren. Die unangenehme Kälte des gefrorenen Bodens war längst in ihre Körper eingedrungen und ließ sie frieren, obwohl ihnen das Herz bis zum Hals klopfte, aufzustehen wäre jetzt Selbstmord. Sie würden auf den Feind treffen, und dann kam es darauf an, wer zuerst schoss und wer zuerst traf. Nur nicht selbst getroffen werden.

Sie waren noch keine drei Wochen hier an der Narwa-Front, und es ging die ganze Zeit nur darum, nicht getroffen zu werden. Schnee, überall war Schnee, grauer Himmel, graue Luft, gräulicher Schnee über der flachen Landschaft. Eine solche Eintönigkeit. Alles war in Auflösung. Estland, Russland, wo war die Grenze, wo verlief die Front? Leere Weite aus Sümpfen, jetzt gefroren, wechselte hinüber zu dichtem Wald. Das war gefährlich, da konnte der Feind sich verstecken. Schwarze Stämme von Fichten und die schwarzweißen von Birken, ohne Farbe, die Augen sahen ein geometrisches Muster, dunkle Streifen vor weißlichem Hintergrund. Ödnis und Bedrohung.

Die Konturen verschwammen vor den Augen. Der Schnee lag seit Januar, immer wieder Spuren im Erdboden, von einsinkenden Panzern aufgebrochen, Fußspuren im Schnee, viele Schritte übereinander, man konnte sie nicht lesen, sie verrieten einem nichts. Jetzt das Ufer des Peipussees, auf der Grenze zwischen Russland und Estland. Sollte hier die Schlacht stattfinden? An diesem See tobte schon einmal eine Schlacht, 1242 stürzten die Reiter des Deutschritterordens mitsamt ihrer Panzerung in den See, geschlagen und zurückgedrängt von den Russen auf eine Grenze, die jetzt siebenhundert Jahre gehalten hatte zwischen Katholiken und Orthodoxen, Estland und Russland, bis Hitler kam.

Im Februar 1944 versuchten die Deutschen, sich wieder auf diese Grenze zurückzuziehen, und zumindest für ein paar Monate würde dies gelingen. Die Schlacht am Peipussee, sie war ein schlechtes Omen.

Genau zu dem Zeitpunkt kamen Heinz und seine Kameraden an diesen gottverlassenen Ort und wurden irgendwo an die Front gesetzt. Sie hatten die Order, die Putki-Sümpfe, westlich vom See und eigentlich schon hinter der »Panther-Linie« gelegen, von infiltrierten Russen zu säubern und kämpften an der Seite von estnischen Freiwilligenverbänden der Waffen-SS, die von jahrhundertealten Ressentiments gegen alles Russische angetrieben wurden und wie euphorisiert waren. Endlich konnten sie die Heimaterde verteidigen.

Heinz hatte bisher seine Gruppe zusammenhalten können und noch keinen Mann verloren, aber sie bekamen die Nachricht, dass ein Teil ihrer Kompanie abgeschnitten wurde, Kameraden, die mit ihm in Flekkefjord waren. Jetzt mussten sie alles daransetzen, die Russen wieder hinter die Linie zu treiben, um so die Eingeschlossenen herausholen zu können.

Ein anscheinend verlassener Unterstand der Russen lag versteckt hinter Gestrüpp, es war nicht ganz klar, ob er schon vor längerer Zeit genutzt wurde, oder ob die russischen Soldaten diesen notdürftig zusammengezimmerten Verschlag erst vor wenigen Minuten verlassen hatten. Die Deutschen näherten sich vorsichtig, bereit, bei der kleinsten Bewegung das Feuer zu eröffnen. Es war entsetzlich still, nichts rührte sich. Da, von hinten ein Geräusch, doch das konnte nur von einem weiteren deutschen Trupp stammen, genau die Verstärkung, die sie brauchten. Heinz wollte sich kurz aufrichten, drehte sich um und gab den anderen das Zeichen, vorsichtig aufzurücken. Es war riskant. Er musste es tun, aber er hätte es nicht tun sollen. Genau in dem Augenblick griffen die Russen an. Granaten explodierten mit unheimlicher Wucht, und die Deutschen schossen sofort zurück. Lärm, Rauch und Geschrei, es hatte Verletzte gegeben. Im Moment wusste keiner, wie die Sache stand, wie viele Russen es waren. Hatten sie sie treffen können, waren sie noch in der Nähe oder hatten sie das Weite gesucht? Hatte es einen der Kameraden getroffen? Jederzeit konnte eine weitere Granate explodieren, es gab kaum Deckung hier. Aber es blieb still. Die Russen hatten sich verzogen, und auch der Unterstand war leer. Kurze Entwarnung, aber dann sahen sie es. Es hatte einen Verletzten gegeben. Heinz hielt sich sein linkes Bein, das Blut war schon durch den Stoff der Uniform gelaufen und färbte den Schnee unter ihm rot. Es hatte ihn erwischt, ein Granatsplitter hatte seinen Unterschenkel getroffen.

Die anderen hatten Glück gehabt. Aber wie sollten sie ihren Unteroffizier jetzt zurückbringen? Zuerst musste notdürftig die Blutung gestillt werden, und dann konnten sie nur hoffen, dass ein Schützenpanzerwagen in der Nähe war, der den Verletzten abtransportierte. Heinz hatte offensichtlich einen Schock. Er schien nicht ganz zu realisieren, was mit ihm geschehen war, und schlug vor, auf einen Kameraden gestützt selbst zurückzulaufen, was völlig ausgeschlossen war. Zwei Starke konnten ihn ein Stück tragen, er war nicht schwer, aber sie mussten auf sein Bein achten. Jetzt hatte Heinz Glück, einer der Kameraden war Sanitätssoldat und schlug vor, das Bein mit zwei Ästen zu schienen, man wusste nicht, ob der Knochen verletzt war – und einen Druckverband anzulegen. Als sie das Hosenbein aufrissen und Heinz die Wunde sah, verlor er das

Bewusstsein. Überall war Blut. Sie beeilten sich, die Situation war immer noch unsicher, sie wollten ihn so schnell wie möglich von hier wegbringen.

Im Lazarett

Es hatte dann doch eine ganze Zeit gedauert, bis er endlich medizinisch versorgt werden konnte. Die Kameraden taten ihr Bestes, nach zwei Stunden war es einem gelungen, über Funk einen Schützenpanzerwagen zu bekommen, der schon andere Verletzte aufgeladen hatte und sich auf dem Weg zum nächsten Truppenverbandplatz befand. Ein sogenanntes Verwundetennest für die Erstversorgung, wo die Verletzten gesammelt und von Sanitätern behandelt wurden, gab es nicht in der Nähe, dazu waren die Kämpfe hier in den Sümpfen zu verstreut.

Am Truppenverbandplatz untersuchte ihn ein Arzt und entschied, dass Heinz nach einer notdürftigen Erstversorgung sofort in ein Kriegslazarett gebracht werden musste, der Schienbeinknochen war verletzt. Man hatte ihm ein Schmerzmittel gegeben, und Heinz konnte den Transport einigermaßen überstehen.

Im Lazarett stellte sich dann heraus, dass die Verletzung seines Beines, verursacht durch einen Granatsplitterdurchschuss, sehr ernst war. Wahrscheinlich wurde er in ein Reservelazarett außerhalb des Kriegsgebiets weitertransportiert. Viele Schwerverletzte kamen in das Reservelazarett in Sudauen, das innerhalb der damaligen Reichsgrenzen lag. Die Wunde machte Sorgen, und die Ärzte teilten Heinz mit, dass das Bein unter Umständen unterhalb des Knies amputiert werden müsse, um eine lebensgefährliche Sepsis zu vermeiden.

Heinz wusste, was das für seine Zukunft bedeutete. Er wäre ein Krüppel, wie es sie jetzt schon zu Tausenden in Deutschland gab, Menschen, die auf die Hilfe und vielleicht sogar die Almosen anderer angewiesen waren, wie die Bettler, die früher bei seiner Mutter an der Tür um Essensreste angefragt hatten. Er würde seinen Eltern nicht mehr helfen können, vor allem der Mutter, die nach ihrem Schlaganfall viel Hilfe brauchte. Und was am schlimmsten war: Er würde Jorna niemals nach Deutschland holen können. Er würde nicht in der Lage sein, ihr mitzuteilen, dass er so beschädigt war, und dass die Träume, denen sie miteinander nachgehangen hatten für die Zeit nach dem Krieg – die gemeinsame Wohnung, die Gründung einer Familie –, dass diese Träume mit der Explosion der russischen Granate geplatzt waren, und dass sich ein Mann mit Krücken und hochgestecktem rechten Hosenbein durch eine einsame Zukunft schleppte. Dann hätte er zwar die Front überlebt, aber um welchen Preis?

Unter den Ärzten des Lazaretts gab es einen, zu dem er besonderes Zutrauen gefasst hatte, und den er noch einmal um ein Gespräch bat. Eine große Bitte, denn die Arbeit für die Ärzte in den Kriegslazaretten damals im März 1944 war nie zu Ende. Täglich kamen neue Krankentransporte, um wen sollte man sich zuerst kümmern?

Heinz fasste sich ein Herz und erzählte dem Arzt von seiner großen Liebe, von Jorna, die in Norwegen auf ihn warten wollte, so lange warten wollte, bis endlich wieder Frieden war, und er sie nach Deutschland holen konnte. Aber wie sollte er für sie sorgen, wenn sie ihm hier ein Bein abnahmen, wie sollte er sich eine Arbeit suchen, eine Existenz aufbauen als Kriegsversehrter? Das konnte und wollte er ihr nicht zumuten. Ein Leben ohne sie konnte er sich auch nicht vorstellen. Dann wäre er lieber tot und wünschte sich, die russische Granate hätte ihn in den Putki-Sümpfen gleich ganz zerrissen.

Der Arzt schaute ihn lange an, die Geschichte von der geliebten Norwegerin hatte ihn gerührt, er wünschte sich auf einmal selbst, dass diese beiden Menschen wieder zusammenkamen. Die Arbeit als Militärarzt hatte ihn fast aller Illusionen beraubt, aber er war ein guter Mensch und hatte sich dem Leid seiner Mitmenschen gegenüber nicht verhärtet. Er versprach, die Wunde noch einmal genau zu untersuchen, um zu sehen, ob die Entzündung zurückgegangen wäre, und dann würden sie am nächsten Morgen die Entscheidung treffen. Der Arzt hatte zwar nicht allzu viel Hoffnung für Heinz, aber falls es eine geringe Chance gab, wollte er sie ihm nicht nehmen.

Heinz selbst hatte kaum noch an eine Wendung zum Guten geglaubt, doch die Bereitschaft des Arztes, gegen alle Vernunft an die Möglichkeit eines Wunders zu glauben, muss ihm einen solchen Überschuss an Hoffnung gegeben haben, dass dieses Wunder über Nacht wirklich passieren konnte: Bei der Untersuchung am nächsten Tag, der der Arzt mit gemischten Gefühlen entgegensah, weil er nichts Gutes erwartete, stellte sich heraus, dass die Entzündung entgegen allen Erwartungen zurückgegangen war. Diese Entwicklung wiederholte sich an den nächsten Tagen, und nach einer Woche war es entschieden: Heinz würde sein Bein behalten können. Der Durchschuss des Granatsplitters würde heilen, er würde wieder ganz gesund werden.

An diesem Punkt verlieren sich für ein Jahr die Spuren von Heinz Engelhardt, und man kann nur Mutmaßungen darüber anstellen, wie und wo er die Zeit von März 1944 bis zum Ende des Krieges im Mai 1945 verbracht hat.

Wohin hat es meinen Vater verschlagen im letzten Jahr des Krieges? Ich weiß es nicht. Während der Spurensuche habe ich natürlich nachgefragt bei der Deutschen Dienststelle (WASt), die seit dem Zweiten Weltkrieg Hunderttausende von Anfragen beantwortet hat nach dem Verbleib von deutschen Soldaten. Sie konnten mir nur einige wenige Daten über die Aufenthalte meines Vaters in Norwegen und an der Narwa-Front übermitteln. Daher weiß ich, dass er am 3.3.1944 in den Putki-Sümpfen verletzt wurde. Das ist gesichert, für die Zeit danach gibt es keine Aufzeichnungen. Er hatte mir später von seiner Verwundung erzählt, aber nicht von dem Datum. Ich muss fast lachen, als ich es sehe. Schon wieder eine Art Schnapszahl, wie anscheinend alle wichtigen Zahlen im Leben meines Vaters: Er wurde an einem 22.2. geboren, an einem Karnevalssonntag, er starb an einem 11.11., dem Beginn des Karnevals, die passenden Lebensdaten für ihn, den lustigen Rheinländer, und jetzt ein 3.3. Doch außer der Zahlenmagie weiß ich nichts. Es gibt keinen Brief aus der Zeit, keinerlei Unterlagen. Haben meine Großeltern nichts aufbewahrt? Ist alles verloren gegangen, als sie ausgebombt wurden? Hat er alles vernichtet, um die Vergangenheit zu verwischen, genauso wie es meine Mutter getan hat?

Alles, was er mir selbst erzählt hat, lässt sich in ein paar Sätzen wiedergeben. Die Erlebnisse in Russland waren so schrecklich, dass er nur zögerlich darüber reden wollte. Einmal, als ich ihn direkt nach Russland fragte, hat er mir von einer bedrückenden Erinnerung erzählt, die ihn nach so vielen Jahren immer wieder in seinen Träumen verfolgte: das Bild der gefrorenen Leichen seiner Kameraden, die in zu kurzen Leichensäcken stecken, sodass die Füße unten herausschauen. Von den Kämpfen erzählte er nur das Nötigste, aber doch von seiner Verletzung. Und er sprach immer voller Dankbarkeit von dem Arzt, der sein Bein rettete. Wenn es diesen unbekannten

Arzt in einem Kriegslazarett in Ostpreußen nicht gegeben hätte, dann hätte es mich vielleicht auch nicht gegeben, denn dann hätte er meine Mutter nicht nach Deutschland geholt. Meinen Dank an den unbekannten Arzt.

Heinz und Jorna Ende der 70er-Jahre

Das Ende

Als Heinz' Bein geheilt war, wurde er wieder eingesetzt, kam aber nicht zu seiner alten Einheit zurück. Von ihr wusste er nur, dass sie aus Kurland nicht mehr herauskam, und dass Kameraden aus Flekkefjord dort in der Falle saßen. Irgendwo im Osten Deutschlands war er eingesetzt. Aber von einem Tag hat er berichtet, von der Nacht vom 13. auf den 14. Februar 1945. Er befand sich mit seiner Einheit auf einem Truppentransport in einem Zug mit dem Ziel

Dresden. Der Zug konnte in dieser Nacht nicht nach Dresden einfahren, sondern blieb weit außerhalb auf den Gleisen stehen. Die Soldaten mussten aus der Ferne die Bombardierung und den Feuerschein der brennenden Stadt mit ansehen. Jeder von ihnen wusste, dass in diesem Augenblick Tausende ihr Leben lassen mussten. Sie selbst hatten Glück gehabt, dass der Zug nicht schon ein paar Stunden vorher an seinem Ziel angelangt war. Da hat mein Vater gewusst, dass der Krieg sehr bald zu Ende sein würde, und dass es jetzt darauf ankam, dieses Ende irgendwie zu erleben.

In den allerletzten Tagen des April 1945 befand er sich mit seiner Einheit in einem Chaos aus Unsicherheit und Gefährdung irgendwo in Norddeutschland, östlich der Elbe. Es war klar, dass es westlich der Elbe sicherer sein würde, dass man dort den Amerikanern oder Briten in die Hände fallen würde und nicht den Russen. Heinz' Einheit bekam die Order, östlich der Elbe stehen zu bleiben und die Russen zu erwarten. Hitler verlangte den Kampf bis zum Untergang, die Chance auf Rettung ganzer Kompanien wurde so vertan. Aber für die einzelnen Soldaten gab es jetzt nur den einen Gedanken: Wie konnte er sich auf eigene Faust auf die Flucht in den Westen machen? Sich von der Truppe zu entfernen, womöglich in Zivil, war lebensgefährlich. Hitler hatte fliegende Standgerichte bilden lassen, die noch in den letzten Tagen Soldaten und Zivilisten hinrichteten.

Manche riskierten es trotzdem, so auch Heinz und ein paar andere. Die, die drüben blieben, aus welchen Gründen auch immer, haben sie danach nicht mehr getroffen. Die Einheit lag nicht weit von der Elbe entfernt, das andere Ufer war in Sichtweite. Diese Chance musste man einfach nutzen. Es galt, sich bei der nächsten Gelegenheit möglichst schnell und unauffällig aus dem Staub zu machen und die Strecke bis dort zu überwinden, ohne auf eine Patrouille zu stoßen und von ihnen aufgegriffen zu werden. Es war gefährlich, aber möglich, und die Angst, in russische Gefangenschaft zu kommen, war größer als alles andere. Es gelang ihnen. Sie erreichten das Ufer, und dann schwammen sie in ihre Gefangenschaft, ihre Waffen hatten sie einfach im Fluss versenkt. Nie wieder Krieg.

Danach ging alles ganz schnell. Heinz kam in britische Gefangenschaft, wie er es erhofft hatte. Es war wohl erträglich, auch wenn er so bald wie möglich das Lager verlassen wollte, um nach seinen Eltern zu suchen. Waren sie noch am Leben? Hatten sie in Wuppertal bleiben können? Wie ging es ihnen, gab es genug zu essen? Im Mai 1945 kreisten diese Gedanken in den Köpfen von Millionen Deutschen. Der eine Wunsch, seine geliebten Menschen heil wiederzufinden und nach Hause zu kommen, endlich nach Hause, wenn es dieses Zuhause noch gab. So ging es auch Heinz, aber eigentlich dachte er die ganze Zeit an Jorna. Er hatte sie einfach nicht vergessen können, auch wenn er im letzten Kriegsjahr all seine Hoffnungen auf ein gemeinsames Leben mit ihr in Deutschland begraben hatte. Ob sich das Leben hier noch einmal so normalisieren würde, dass er es wieder wagen könnte, an eine Zukunft mit ihr zu denken?

Das Kriegsgefangenlager der Briten konnte Heinz dann mit einunddreißig Jahren durch einem simplen Trick verlassen: Um die Versorgung der Deutschen mit Lebensmitteln einigermaßen zu sichern, wurden alle diejenigen, die in der Landwirtschaft arbeiteten als Erste entlassen. In Heinz' Ausweis stand ein »led.« für ledig. Diese Abkürzung hat er ein bisschen verändert und etwas wie »ldw.« daraus gemacht, für »landwirtschaftlich«. Als Heinz den bearbeiteten Ausweis als Beweis dafür präsentierte, dass er in der Landwirtschaft arbeitete, schaute man sich seine Hände an, die ganz offensichtlich noch nie in der Erde gewühlt hatten, und wunderte sich. Heinz war alles andere als der handwerklich-bäuerliche Typ. Er präsentierte dann irgendeine Geschichte, vielleicht von einem größeren Landgut, auf dem er für die Verwaltung verantwortlich war. Wie dem auch sei, die Engländer waren anscheinend durch ihren jahrhundertelangen Umgang mit sonderbaren Landlords großzügiger in der Beurteilung, ließen ihm diese Schlitzohrigkeit durchgehen, und nach drei Monaten kam er wahrhaftig frei. Jetzt konnte er sich auf den Weg machen von Norddeutschland nach Wuppertal, zu Fuß oder mit dem Zug, wenn es mal einen gab.

Heinz hatte es geschafft, den Krieg zu überleben. Eine entsetzliche Last fiel von ihm ab, und er konnte wieder an eine Zukunft mit Jorna denken. Doch er fragte sich sicherlich, ob es ihr genauso ging. Obwohl beide viele Briefe geschrieben hatten, waren nur zwei Briefe von Jorna in dem schrecklichen, langen Jahr bei ihm angekommen. Und was er nicht wusste: Sie hatte nur einen einzigen Brief von ihm erhalten. Jetzt musste er schnell nach Hause, dann würde man sehen.

Mitte August kam Heinz in Wuppertal an und sah eine Stadt, die er kaum wiedererkannte. Bombenangriffe hatten große Teile unwiederbringlich zerstört und Tausende von Menschen getötet. Am 30. Mai 1943 waren die Briten mit ihren Mosquito-Bombern von Süden gekommen und hatten Wuppertal ins Visier genommen. In dieser Nacht verwandelte sich der Stadtteil Barmen in eine Feuerhölle, und die Innenstadt wurde fast vollständig vernichtet. Heinz' Eltern lebten damals in einer Wohnung in der Ottostraße, beim Fliegeralarm um 0.14 Uhr war es seinem Vater gerade noch gelungen, seine durch den Schlaganfall gelähmte Frau in den Keller zu tragen. Sie verloren ihre Wohnung, ihren gesamten Hausstand, den sie ein Leben lang zusammengetragen hatten, und wertvolle Bilder. Ein einziges Stück konnte er retten, einen großen Perserteppich. Er hatte ihn im letzten Augenblick aus dem Fenster werfen können. Ein fliegender Teppich, das war also alles, was ihnen geblieben war, und dabei ein Wunder, dass er der apokalyptischen Feuersbrunst in dieser Maiennacht nicht zum Opfer gefallen war, wo alles rundherum in Flammen stand. Aber sie retteten ihr Leben, was über dreitausend Barmern nicht gelungen war.

Die beiden Alten konnten sich jetzt auf ihren Teppich setzen und wieder von Neuem anfangen, darauf warten, dass auch dieser Krieg irgendwann einmal an sein Ende kommen würde, wie schon der Erste Weltkrieg, und dass dann ihr Sohn zurückkäme und mit ihnen das Leben wieder aufbaute. Der Teppich hat später dem Sohn und auch dessen Tochter viele Jahre lang gute Dienste geleistet, und als er endlich ausgedient hatte, zerschlissen und von Motten zerfressen, setzte er ein letztes Mal zu einem Flug an, diesmal auf den Müll.

Die schöne Ottostraße an den Barmer Anlagen wurde völlig zerstört, kaum eine Wohnung war mehr bewohnbar. Heinz' Eltern konnten die Wohnung ihrer Tochter Gisela, die in den Harz evakuiert worden war, in der Mozartstraße 23 in Elberfeld beziehen. Dort erwarteten sie sehnsüchtig ihren Sohn, der eines Tages, im Sommer 1945, abgemagert und gezeichnet von den Strapazen der letzten Monate vor ihnen stand. Sie hatten sich wiedergefunden und konnten gemeinsam einen neuen Anfang wagen.

Untertauchen in Oslo

Winter 1944/1945

Der Brief, den Jorna damals im April 1944 voller Hoffnung geschrieben hatte, hat Heinz nie erreicht. Möglicherweise landete er bei seiner Kompanie, fand aber dann nicht den Weg in das Lazarett. Oder war Heinz noch einmal verlegt worden, nachdem es ihm langsam besser ging Ende April?

Jorna wartete weiter auf eine Antwort, sie wusste, dass sie sich gedulden musste, aber immer häufiger kam ihr der Gedanke, dass Heinz vielleicht deshalb nicht mehr antworteten konnte, weil er nicht mehr lebte. Ihre Befürchtungen waren nicht grundlos. Sie versuchte, über andere deutsche Soldaten, die jetzt in Flekkefjord stationiert waren, etwas herauszubekommen, und hinter vorgehaltener Hand sagte man ihr, dass die Situation bei der Heeresgruppe Nord sehr ernst sei, dass die Verluste extrem hoch sein mussten.

Im Juli und im August hatte es ein paar sehr schöne Tage gegeben, und Jorna fuhr mit den Freundinnen, die noch mit ihr verkehrten, manchmal nach Grønnes zum Baden und erinnerte sich jedes Mal an den Tag, an dem sie hier zum ersten Mal mit ihm gesprochen hatte. Manchmal war sie ganz bewusst auch an die Orte gegangen, die für sie beide eine Bedeutung gehabt hatten, und träumte von der Vergangenheit. Aber als der Herbst kam und dann der Winter und kein Brief von Heinz jemals mehr in ihrem Briefkasten lag, konnte sie nicht anders als sich eingestehen, dass sie ihr Leben anders planen musste. Die Chancen, noch etwas von ihm zu hören, wurden von Tag zu Tag geringer, und Jorna wurde es immer klarer, dass sie eine Entscheidung treffen musste.

In Flekkefjord wollte sie nicht bleiben, da gab es für sie keine Zukunft mehr, vielleicht gab es für sie in ganz Norwegen keine Zukunft mehr. Als junges Mädchen träumte sie von Amerika, hörte den Geschichten der Ausgewanderten gebannt zu, wenn sie auf Heimatbesuch waren, und ließ sich von ihrer Mutter die Briefe ihrer Onkel und Tanten aus den USA vorlesen. Der Gedanke, es ihnen gleichzutun und ebenfalls den großen Schritt über das Meer zu wagen, war immer als Phantasie dagewesen, jetzt war er eine Möglichkeit, aus dieser Sackgasse herauszukommen, sich zu befreien von der Vergangenheit und sich vor der Zukunft zu schützen. Doch wie sollte das vor sich gehen? Sie würde warten müssen, bis der Krieg zu Ende war.

Um die Jahreswende 1944/45 wurde immer deutlicher, dass das Ende des Krieges nicht mehr lange auf sich warten lassen würde. Einen Vorgeschmack darauf bekamen die Deutschen und die Norweger am Silvestertag 1944, der ihnen ein besonderes Feuerwerk bescherte, als britische Mosquito-Bomber drei deutsche Schiffe im Hafen von Flekkefjord angriffen. Zwei der Schiffe wurden getroffen und brannten sofort aus. Bei diesem Angriff hatte es einen Toten und einige Verletzte gegeben, und den Leuten war ein ordentlicher Schreck in die Glieder gefahren. Ab jetzt nahm jeder einen Fliegeralarm ernst und brachte sich schnellstmöglich in Sicherheit, wenn die Sirenen ertönten. Aber wie immer gab es auch Leute, die ein besonderes Glück im Unglück hatten. So ging es dem Möbelhersteller Sand: Beim Silvesterfest mittags hatte sich die Verlobte seines Sohnes, die noch nicht mit der festen Sitzordnung im Hause vertraut war, in seinen angestammten Sessel gesetzt. Der Schwiegervater in spe hatte nichts gesagt und damit sein Leben gerettet: Als die Verlobte kurz vor dem Beginn des Festmahls – ein kräftiger Labskaus mit Fleisch – in die Küche ging, um dort bei den letzten Handgriffen zu helfen, stand der Sessel unbenutzt im festlich geschmückten Wohnzimmer. Genau in dem Augenblick explodierte die Luft, eine Granate schlug in das Haus ein, fuhr durch die Wand und durch den Sessel, dann durch ein Schlafzimmer, um hinten aus dem Haus wieder auszutreten und weiterzufliegen. Keiner war verletzt worden. Außer dem Sessel waren noch einige Daunendecken zerfetzt worden, und so schneite es am Silvestertag Daunen in der Anders-Beer-Gate, für Minuten eine romantische Stimmung in unromantischen Zeiten.

Das Ende des Krieges wollte Jorna nicht in Flekkefjord erleben, deshalb entschied sie sich, wieder nach Oslo zu gehen. Inzwischen hatte Wencke ihr geschrieben, sie war immer noch in Oslo und schlug ihr vor, doch auch wieder zu kommen. Beim Telegrafenamt wurden ständig neue Kräfte gebraucht, also bewarb Jorna sich um eine Versetzung. Es dauerte nicht lange, und bald bekam sie die Antwort, dass man sie dort wieder gebrauchen konnte. Im Februar 1945 zog sie um. Die Reise war diesmal beschwerlich. Jorna nahm den Zug, was sie später bereute. Hätte sie doch den Bus gewählt, denn der Zug endete in Mandal, dort musste sie erst einmal warten auf einem kalten Bahnsteig, ohne Beleuchtung in der mondlosen Dunkelheit. Gott sei Dank war sie nicht allein, andere Passagiere warteten mit ihr. Nach zwei Stunden kam endlich der verspätete Zug. Wie ein Geisterzug näherte er sich dem Bahnhof, erst hörte man das Stampfen der Lok aus der Ferne, und dann sah man den Dampf in der Nacht. Den Zug selbst konnte man kaum erkennen, auch er musste ohne Beleuchtung fahren, denn die Verdunklungspflicht galt für alle und überall. Auf dem Bahnsteig bewegten sich jetzt die Schatten in der Dunkelheit, man hörte gedämpfte Stimmen, und nur einige Taschenlampen leuchteten schwach auf den Boden. Die frierenden Menschen drängten sich in den Zug, aber auch drinnen war es nicht besonders angenehm, es gab keine Sitzplätze, denn der Zug war voller deutscher Soldaten. In den letzten Monaten seit dem Rückzug aus Nordnorwegen hatte es immer wieder Truppenbewegungen gegeben, und das Reisen wurde für Zivilisten und Soldaten immer anstrengender. In Oslo angekommen, atmeten alle auf, und jeder war froh, diese Fahrt überstanden zu haben.

Das Zimmer bei Fru Olsen stand wieder für Jorna bereit, und sie begann von Neuem an demselben Arbeitsplatz, dem großen Amt mitten im Zentrum von Oslo.

Das waren jetzt die letzten Wochen des Krieges, jeder spürte es, und über der Stadt lag eine nervöse Stimmung. Alle warteten auf das Ende. Am 17. März wurden noch vierzehn Widerstandskämpfer, die drei Tage vorher an einem großen Sprengstoffanschlag auf die Bahnlinien an beiden Seiten des Oslofjords beteiligt waren, auf der Festung Akershus hingerichtet. Aber keiner konnte es erwarten, endlich die Besatzung loszuwerden. Die Befreiung lag in der Luft, trotzdem feierten die Nazis im Colloseum-Kino am 20. April noch ein letztes Mal Hitlers Geburtstag und verkündeten dabei, dass die »Festung Norwegen«, wie sie sie nannten, gehalten werden sollte. Es gab sogar den Plan, Norwegen als letzten Zufluchtsort für Nazigrößen abzuschotten, wenn Deutschland schon längst kapituliert hatte. Ein schreckliches Hirngespinst, zu dem es nicht mehr kam.

Am 30. April wurde Hitlers Tod im norwegischen Radio verkündet, und dann ging alles ganz schnell. Am 3. Mai ließ die Sicherheitspolizei die ersten Gefangenen frei. Die Mitglieder der militärischen Widerstandsgruppe Milorg bekamen die Order, sich bereitzuhalten, in Sportkleidung, für die Mobilisierung. Milorg hatte fünfundvierzigtausend Norweger trainiert und ausgebildet, die in den nächsten Tagen und Wochen die Ordnung gewährleisten konnten. Am Abend des 7. Mai verkündete das Radio auf Norwegisch die bedingungslose Kapitulation, die die Deutschen in Reims unterschrieben hatten, und die fast vierhunderttausend deutschen Soldaten in Norwegen bekamen den Befehl, die Waffen niederzulegen. Der Krieg ging kampflos zu Ende. Am 8. Mai um 15 Uhr läuteten gleichzeitig alle Kirchenglocken des Landes. Der Krieg war zu Ende, und ein neues Zeitalter hatte begonnen.

Die Menschen in Oslo feiern die Befreiung von den Deutschen

Der 9. Mai 1945

Jubel, unendlicher Jubel. Die Deutschen sind weg. Der Krieg ist zu Ende, und ein Land versinkt im Freudentaumel. Flaggen, überall wehen Flaggen. An den Fenstern, an allen Gebäuden, die Menschen halten sie in den Händen, haben sie an die Hüte gesteckt, an ihre Revers, in Girlanden um den Hals gebunden. Kinder stehen auf den Spielplätzen, laufen über die Straßen und fuchteln mit ihren Flaggen. Den *norske flagg*! Jeder will dabei sein an diesem besonderen Tag, alle strömen auf die Straße. Karl Johans, wie die Osloer sagen, ist ein einziges Meer von Menschen und Freude, Wellen von Begeisterung branden durch die Menge, Fremde fallen sich um den

Hals, da wo vor fünf Jahren die Deutschen in akkuraten Formationen einmarschiert waren und seit dem Tag das Bild beherrscht hatten mit ihren Uniformen, ihren Stiefeln und Stahlhelmen. Damals stand man schweigend am Rand, jetzt weht überall die norwegische Flagge. Läden bleiben geschlossen, aus Freude, und in kürzester Zeit werden Straßenumzüge organisiert.

Auf dem Schloss und auf dem Storting, dem norwegischen Parlament, zieht man endlich wieder die norwegischen Flaggen hoch als sicheres Zeichen dafür, dass alle Quislings ihren okkupierten Platz haben räumen müssen. Die Widerstandskämpfer marschieren ein, sie recken stolz ihre Waffen und bekommen Blumen von den Norwegern in die Arme gelegt. So schnell es geht, werden norwegische Polizisten und Soldaten nach Oslo geschafft, damit auch sie demonstrieren können, dass die Norweger wieder die Kontrolle übernommen haben in ihrem eigenen Land. Sie stehen auf offenen Lastwagen, und an diesem Tag scheint die Sonne auf Norwegen. Junge Birken, Bäume mit tiefer Bedeutung für den Norden, werden geschnitten und am Straßenrand aufgestellt, ihre hellen Blätter, die sich gerade entfaltet haben, sprechen mit ihrem durchscheinenden Grün jedes Jahr vom Neuanfang nach einem langen Winter. Jetzt verkünden sie das Ende einer fünf Jahre dauernden Eiszeit. Am Himmel ziehen die befreundeten Engländer Freudenbahnen, ihre Flugzeuge werden keine Bomben mehr werfen müssen auf die Deutschen und werden von den Norwegern euphorisch begrüßt. Die berüchtigten Gefängnisse und Folterkammern der Gestapo in der Møllergata und der Victoria Terrasse sind leer. Bis spät in die Nacht feiern die Menschen, keiner ist müde, nur trunken vor Freude. Die Osloer verbrennen die verhassten Verdunklungsgardinen, die man ihnen aufgezwungen hatte, und nach fünf Jahren leuchten zum ersten Mal alle Fenster unverhüllt. Nach einer so langen Zeit der Dunkelheit strahlen sie wie tausend Augen, die in eine friedliche Zukunft eines freien Landes blicken. Die dunkle, bleierne Zeit ist zu Ende.

Das war die eine Seite, aber neben der Freude machten sich auch andere Gefühle Luft. Jetzt kam die Zeit der Rache. Diejenigen, die sich mit dem Regime eingelassen hatten oder davon übermäßig profitiert hatten, mussten dafür bezahlen, auch die, die sich nur in den falschen Mann verliebt hatten. In den ersten Tagen gab es Übergriffe gegen die »Deutschenmädchen«, besonders von jungen Männern, die sich in ihrer Ehre gekränkt fühlten, und kurz darauf glaubten auch die Behörden, gegen diese Mädchen und Frauen vorgehen zu müssen. Manchen wurde der Arbeitsplatz gekündigt. Viele wurden verhaftet, ohne gesetzliche Grundlage – die Gesetze dazu wurden erst nachträglich verfasst. Die Mädchen und Frauen wurden in Lager gesteckt, die Polizei verhörte sie und sprach Urteile aus, was gegen die damalige norwegische Rechtsprechungsordnung verstieß.

Natürlich hatte auch Jorna das Ende des Krieges herbeigesehnt, auch sie fühlte sich in diesen Tagen wie von einem Alptraum erlöst. Auch für sie konnte jetzt die Zukunft beginnen, aber im Gegensatz zu anderen, die nur nach vorn schauen wollten, hatte sie etwas verloren, das sie an die Vergangenheit kettete. Wenn der 9. Mai 1945 auch für sie ein Neuanfang werden sollte, dann musste sie sich ganz befreien.

»Was wirst du machen, Jorna?« Wencke und Jorna saßen in der Mittagspause in einem der Cafés am Bahnhof ganz hinten in einer Ecke, wo sie ziemlich ungestört waren. Die ersten Tage des Jubels lagen hinter ihnen, das Land fand langsam aus dem Freudentaumel zurück in die neue Wirklichkeit. Für Jorna hatte sich noch nichts geändert, trotzdem oder gerade deswegen befand sie sich in einem Zustand der ständigen Anspannung. Ihr war klar, dass irgendetwas passieren musste. Immer wieder dachte sie an Heinz. Wenn er den Krieg überlebt hatte, müsste sie doch jetzt etwas von ihm hören. Aber es kam nichts, und die Frage nach einer Entscheidung, wie es für sie weitergehen sollte, wurde immer dringlicher.

»Ich glaube, ich werde weggehen. Ich habe hier doch keine Zukunft mehr. Wenn Heinz noch leben würde, wäre alles anders. Ich könnte vielleicht in ein paar Jahren zu ihm nach Deutschland kommen, darauf könnte ich noch warten. Aber so hat alles keinen Sinn. Noch hat mich niemand dumm angesprochen, aber das kann jederzeit kommen. Einer in Flekkefjord wird mich schon denunzieren, und dann bekomme ich auch eine Vorladung. Nein, ich will in die USA, das wollte ich schon als Kind, ich muss nur schauen, wie ich rüberkomme. Im Augenblick gibt es ja noch nicht einmal Passagierschiffe. Ich werde mich erkundigen, ich brauche ja eine Einreisegenehmigung.«

»Wenn ich dich so reden höre, bekomme ich auch Lust, aus Norwegen wegzuziehen. Jetzt sind wir jung«, Wencke schaute sie aufmunternd an, »jetzt können wir noch etwas wagen! Aber natürlich müssen wir warten, bis sich alles wieder normalisiert hat. Jetzt, wo die Deutschen weg sind, fühlt man sich gleich freier.«

Jorna stimmte ihr zu: »Du hast recht. Wenn Heinz nicht gewesen wäre, wäre ich jetzt sicherlich auch außer mir vor Freude. Aber so …«

»Du darfst nicht mehr an ihn denken! Ich weiß, du leidest immer noch, aber du musst ihn vergessen. Du hängst viel zu sehr an der Vergangenheit. Stell dir doch einfach vor, dass du in einem Jahr in New York bist, untergehakt bei einem netten Amerikaner, du schlenderst mit ihm die 5th Avenue hinunter, und er trägt eine dieser großen Tüten mit dem Namen eines berühmten Kaufhauses. Du kannst dir jetzt aussuchen, was in der Tüte ist. Auf jeden Fall kein Kleid, das aus einer alten Gardine genäht wurde.«

Jorna musste lachen. Mit ihrer respektlosen Art schaffte Wencke es immer wieder, sie zum Lachen zu bringen, wenn ihr eigentlich gar nicht danach war.

Ihre Mittagspause war vorbei. Als sie das Café verließen, schaute sich Jorna vorsichtig auf der Straße um. Sie hatte ständig Angst, dass ihr jemand begegnen würde, der sie kannte und der sie denunzieren würde. Deshalb trug sie immer einen kleinen Hut, wie es ja jetzt auch Mode war. Den konnte sie ein wenig ins Gesicht ziehen und hoffte, so vielleicht nicht auf den ersten Blick erkennbar zu sein.

Vom Bahnhofsvorplatz aus gingen sie die Karl Johans gate hinunter, zurück ins Amt. An der Kongens gate bogen sie nach links ab und tauchten wieder ein in das große Gebäude.

Einige Tage später passierte es: In Fru Olsens Briefkasten lag ein Schreiben der Polizei für Jorna. Sie war vorgeladen, man wollte sie befragen im Hauptkommissariat in der Møllergata 19. Dort hatten vor nicht allzu langer Zeit die Deutschen ihre Gefangenen verhört und weggesperrt.

Ein Brief von der Polizei! Hatte sie nicht ein Jahr lang sehnsüchtig auf ein Lebenszeichen von Heinz gewartet, war sie nicht monatelang täglich mit sinkendem Mut zum Briefkasten gegangen? Und immer war er leer. Aber jetzt, wo sie sich so sehr wünschte, dass er leer blieb, fand sie diesen Brief.

Es ging um den Vorwurf des Landesverrates. Jorna klopfte das Herz bis zum Hals, aber jetzt nicht nur vor Angst, sondern auch vor Wut. Am liebsten würde sie den Brief zerreißen. Was wollten sie von ihr? Sie hatte den Mann ihres Lebens verloren, sie trauerte um ihre große Liebe, und statt dass man sie bemitleidete, wurde sie eines Verbrechens angeklagt. Natürlich hatte sie Angst, aber sie war gleichzeitig so empört über das, was man ihr antat, dass ihr diese Empörung eine unheimliche Kraft gab. Sollten sie ihr doch vorwerfen, was sie wollten! Sie fühlte sich nicht schuldig, im Gegenteil, sie hatte das Gefühl, dass *ihr* ein Unrecht angetan wurde. Das würde sie ihnen sagen, und dass es jetzt wichtigere Dinge in diesem Land zu regeln gäbe, als Frauen zu verfolgen, die angeblich Landesverrat begangen hatten. Doch die Chance, dass man sie verstehen würde, war nicht allzu groß, das war ihr klar.

Auf dem Polizeirevier

»Du weißt genau, was du zu sagen hast, lass dich von denen nicht verunsichern. Sie wissen ja gar nichts, außerdem hast du nie in irgendeiner Weise für die Deutschen gearbeitet!« Wencke redete intensiv auf Jorna ein, während sie zusammen die Tollbugata hinuntergingen und dann nach rechts in die Nedre Slottsgate einbogen. Jetzt, Anfang Mai, war es also so weit, Wencke begleitete Jorna auf das Polizeirevier. Wencke hatte sich vorsichtshalber bei einem befreundeten Anwalt erkundigt, wie man sich in einer solchen Situation verhält.

»Du hast recht, und wir haben die Argumente ja geübt. Ich fühle mich nicht schuldig, aber die Stimmung in der Stadt macht mir Angst. Alle sind so davon überzeugt, dass sie das Richtige getan haben, nur wir ›Deutschenmädchen‹ haben einen Fehler gemacht. Es ist, als ob mir das jeder einreden wollte. Ich spüre es immer, wenn ich über die Straße gehe und all die selbstgewissen Mienen sehe.«

Wencke lachte höhnisch. »Das darf ihnen nicht gelingen, lass dich ja nicht einschüchtern. Meine Mutter hatte einen guten Trick, wenn irgendeine Autoritätsperson sich vor ihr aufbauen wollte. Sie hat gesagt: Stell dir die Person, meistens sind es ja Männer, in der Unterhose vor! Dann sind sie eine Nummer kleiner, und man selbst fühlt sich besser, nicht so ausgeliefert. Das spüren die anderen und akzeptieren einen mehr. Versuch es mal.«

»Ich werde es versuchen. Meinst du, ich habe das Richtige angezogen, bin ich nicht zu schick?«

»Nein, überhaupt nicht! Sie sollen schon sehen, was du für eine tolle Person bist«, bestärkte Wencke sie.

Ihr Auftreten hatten die beiden genau geplant. Jorna hatte sich elegant, aber nicht zu auffällig angezogen, denn die gängige Meinung ging davon aus, dass ein »Deutschenmädchen« eine liederliche Person von niederer Herkunft war, die über einen geringen Bildungsgrad und unterdurchschnittliche Intelligenz verfügte. So erklärte man sich damals, warum so viele Norwegerinnen einen Deutschen ihren eigenen Landsleuten vorgezogen hatten. Jorna frisierte sich sorgfältig die Haare und setzte sich einen kleinen Hut schräg auf den Kopf. Auf Lippenstift verzichtete sie, ihre Gesichtsfarbe war frisch, die Haut leicht gebräunt, sie brauchte keine künstliche Farbe.

Wencke und Jorna betraten gemeinsam das Revier in der Møllergata 19, und Jorna legte das Schreiben mit der Vorladung vor. Der Polizeibeamte sah sie etwas erstaunt an, als hätte er nicht erwartet, dass jemand wie sie in einer solchen Sache hier vorsprechen musste. Er bat sie, zu warten und forderte sie nach einigen Minuten auf, ihm in ein Büro zu folgen. Dort teilte man ihr mit, dass ihr Name auf einer Liste stehe. Diese Liste sei durch Hinweise von Bürgern aus Flekkefjord erstellt worden und betreffe all die Personen, die während der Okkupation für die Deutschen gearbeitet hatten oder mit einem ihrer Vertreter eine unerlaubte Beziehung eingegangen waren. Fräulein Grønsund möge doch bitte dazu Stellung nehmen.

Freundlich, aber selbstbewusst schaute Jorna den Polizisten an. Er machte einen nicht unsympathischen, wenn auch ernsten Eindruck. »Ich habe während der ganzen Kriegszeit im Telegrafenamt in Flekkefjord gearbeitet. Sie haben mir dort eine Ausbildungsstelle gegeben, weil ich das beste Zeugnis der Abschlussklasse hatte. Anschließend habe ich meine Ausbildung hier in Oslo fortgesetzt und beendet, auch das mit einer sehr guten Note. Danach bin ich nach Flekkefjord zurückgekehrt, im Telegrafenamt dort waren sie mit meiner Arbeit immer sehr zufrieden, ich war pünktlich und zuverlässig.«

»Haben Sie in irgendeiner Funktion für die Deutschen gearbeitet?«, fragte der Polizist. Er klang dabei, als sei das die Standardfrage bei einer solchen Befragung. Was sollte sie darauf schon antworten? Es war doch klar, dass sie nicht bei den Deutschen gearbeitet hatte! Das wussten sie, es war ja allgemein bekannt, wer bei den Deutschen gearbeitet hatte.

»Wir mussten zwar immer viele Verbindungen für die Deutschen herstellen, aber ich habe niemals für die Deutschen gearbeitet.«

Der Polizist notierte etwas und schaute sich die Kopien von Jornas Zeugnissen an, die sie ihm vorgelegt hatte. Sie sah ihm an, dass er überlegte. Ihm war wohl klar, dass man dieser Frau nicht vorwerfen konnte, für die Deutschen zum Nachteil der Norweger gearbeitet zu haben. Es konnte sich bei ihr nur um ein Verhältnis zu einem Deutschen handeln, was eigentlich nicht ausreichte, um jemanden zu inhaftieren. Also fragte er sie auf den Kopf zu: »Haben Sie in einer persönlichen Beziehung zu einem Deutschen gestanden?«

»Ja, ich hatte eine Beziehung zu einem deutschen Soldaten, die mir sehr wertvoll war. Sie hat mich aber niemals dazu verleitet, irgendetwas gegen mein Land zu unternehmen. Wenn mir jemand das vorwirft, so ist das nicht richtig. Ich bin keine Landesverräterin. Der Deutsche, mit dem ich zusammen war, ist letztes Jahr in Russland gefallen.«

»Sie wussten aber, dass diese Beziehungen unerwünscht waren, und dass viele Norweger ein solches Verhalten als sehr unpatriotisch empfinden?« Der Polizist versuchte, einen Tadel in seine Stimme zu legen, was ihm aber nur teilweise gelang. Jorna spürte, dass er selbst Schwierigkeiten damit hatte, vor ihr den Vorwurf des Landesverrates zu vertreten.

»Das stimmt, aber das norwegische Gesetz hat das nicht verboten. Ich habe mich nicht strafbar gemacht. Wenn Sie mich anklagen, wird mein Anwalt mich in dieser Sache vertreten.« Jorna bluffte. Sie hatte keinen Anwalt, aber Wenckes Freund hatte geraten, sich so zu verhalten, und in der Tat liefen Frauen, die sich von einem Anwalt vertreten ließen, weniger Gefahr inhaftiert zu werden, wenn es sich bloß um eine persönliche Beziehung gehandelt hatte und nicht um eigentliche Kollaboration, also um Arbeit für die Deutschen.

»Wenn Sie meinen, dass Sie einen Rechtsanwalt hinzuziehen wollen, ist das natürlich möglich. Trotzdem sollten Sie sich fragen, ob Sie sich wirklich im Sinne unseres Landes verhalten haben«, fuhr der Polizist fort.

»Ich wüsste nicht, wie ich meinem Land durch eine Liebesbeziehung schaden könnte. Mein Verhalten hat niemanden betroffen, nur mich selbst. Ich kann deswegen trotzdem eine Patriotin sein.«

Genau so hatten sie es besprochen, aber es fiel ihr schwer, dies zu sagen, während der Polizist schweigend vor ihr saß und sie jetzt doch etwas feindseliger anschaute.

»Eine Patriotin hätte sich anders verhalten, es ist oft genug darauf hingewiesen worden, wie sich eine wahre Patriotin während des Krieges zu verhalten hatte. Auch die Behörden haben das immer wieder öffentlich gesagt«, betonte der Polizist noch einmal. Jorna hatte das Gefühl, dass er unbedingt ein Schuldeingeständnis von ihr haben wollte, aber sie hatte doch alles zugegeben, was sollte das noch?

»Auch wenn Sie meinen, dass ich mich falsch verhalten habe, so ist das noch lange kein Verbrechen, schon gar nicht, wenn es kein Gesetz gibt, das das verbietet«, konterte Jorna. Sie merkte, dass er sich ärgerte, weil sie so selbstbewusst hier auftrat, aber Wencke hatte ihr eingeschärft, bei ihrer Linie zu bleiben, und sie hatte das Gefühl, dass ihre Freundin damit recht hatte.

»Gut, wir werden uns die Sache anschauen, und dann hören Sie von uns. Sie können jetzt gehen.«

Das war das Ende des Gesprächs. Anscheinend wollte er sich bewusst nicht von ihr verabschieden. Auch das war eine Botschaft.

Als Jorna aufstand, merkte sie, dass sie am ganzen Körper zitterte, und dass ihr leicht schwindelig war. Sie versuchte unauffällig, ihr Gleichgewicht wieder herzustellen, dann nahm sie ihre Zeugnisse an sich und verabschiedete sich. Draußen kam Wencke ihr sofort entgegen und Jorna hätte sie am liebsten umarmt. Sie war einfach eine Wucht, sie ließ sich nicht die Butter vom Brot nehmen, und schon gar nicht ließ sie sich einschüchtern. Ohne Wencke, das war ihr klar, hätte sie das nicht geschafft.

»Da bist du ja, Jorna, dann gehen wir wohl. Einen schönen Tag allerseits!« Wencke packte sie am Arm, und als sie merkte, dass Jorna schwankte, hielt sie sie fest und schaute ihr in die Augen. Dabei nickte sie ihr zu, drückte sie leicht oberhalb ihres Ellenbogens und schob sie zur Tür hinaus.

Draußen, am Fuß der Treppen zum Youngstorget, lehnte Jorna sich an eine Hauswand und schloss die Augen.

»Ist alles in Ordnung? Wenn es dir wieder besser geht, setzen wir uns da drüben auf eine Bank!«

»Es geht schon wieder, lass uns nur schnell weggehen von hier.«

Sie gingen die Møllergata hinunter Richtung Grensen, eine der großen Einkaufsstraßen Oslos. Dort wimmelte es mittags nur so von Leuten, und die beiden Frauen fielen weniger auf als vor der Polizeistation, bei der sich jeder denken konnte, warum sie dort vorsprechen mussten.

»Wie ist es gelaufen? Hast du denen alles so gesagt, wie wir es verabredet haben?« Wencke sah Jorna gespannt an.

»Genau so, wie wir es besprochen haben. Es war ein Polizist, der mich befragt hat. Er hat komisch geschaut, als ich das mit dem Anwalt gesagt habe, aber vielleicht hat es gewirkt. Jedenfalls habe ich das Gefühl, dass er froh war, als ich wieder weg war. Er wirkte nicht so, als ob er Rache an mir nehmen wollte, trotzdem war es schrecklich, da zu sitzen. Man muss aufpassen, dass man nicht selbst glaubt, man hätte etwas Schlechtes getan.«

»Mit dem Unterhosentrick, hat das funktioniert?«

»Mein Gott, daran habe ich gar nicht gedacht! Eigentlich war der Mann ganz in Ordnung, er hat zwar versucht, so einen Tadel in seine Stimme und Miene zu legen, doch ich glaube, da gibt es Schlimmere.«

Wencke schnaubte: »Ich hätte mal wissen wollen, wie sich unsere guten norwegischen Männer verhalten hätten, wenn Hunderttausende von deutschen Soldatinnen in unser Land gekommen wären! Ob da nicht auch der eine oder andere schwach geworden wäre? Es sind doch alles Heuchler, diese männlichen Frömmler!«

»Wencke, wenn ich dich nicht hätte, wäre ich schon verzweifelt!« Jorna lachte und weinte gleichzeitig. Tränen liefen ihr übers Gesicht, aber schnell wischte sie sie weg und schaute sich um. Ihre

Angst, von jemandem entdeckt zu werden, war wieder da. Bloß nicht bemerkt werden, schien ihr Motto in dieser Zeit.

Jetzt war es endgültig entschieden, die Entscheidung war für sie getroffen worden. Es gab hier keinen Platz mehr für sie. Sie wollte weg, sie wollte einen neuen Anfang, wollte Norwegen hinter sich lassen, aber auch die Erinnerung an Heinz. Doch wie sollte sie das anstellen?

Es war im Sommer 1962, als ich zum ersten Mal von einer angeblichen früheren Ehe meiner Mutter erfuhr. Ich war elf Jahre alt, besuchte gemeinsam mit meinen Eltern wie jeden Sommer die Verwandten in Norwegen, spielte mit meiner Cousine Liv-Jorna, der Tochter meiner Tante Aud, auf dem Dachboden ihres Hauses, wir verkleideten uns, und sie hatte sich wohl über mich geärgert, wollte sich dafür rächen und sagte unvermittelt, ohne irgendeinen Bezug, sie wusste anscheinend sehr wohl, dass ich völlig unwissend war: »Deine Mutter war schon einmal verheiratet.« Ich habe ihr nichts darauf erwidert. Warum wohl? Obwohl es mich zutiefst getroffen hatte. Im Nachhinein kommt es mir vor, als hätte ich sofort gespürt, dass sie die Wahrheit sagte. Ich habe das Thema aber nie wieder zwischen uns erwähnt, sie übrigens auch nicht, und habe auch niemanden danach gefragt, meine Mutter nicht, meine Tante nicht, und meine Großmutter nicht. Heute weiß ich, dass ich alles drum gegeben hätte, die Wahrheit zu erfahren. Aber da meine Mutter ihr Geheimnis damals schon über zehn Jahre vor mir aufrechterhalten hatte, glaubte ich, kein Recht zu haben, daran zu rühren.

Viele Jahre später, ich stand kurz vor meinem Abitur, suchte ich etwas in einem Schrank und stieß ganz zufällig auf zwei Bündel Briefe, jeweils mit einer Kordel verschnürt. Es waren Briefe von meinem Vater, adressiert an meine Mutter in den USA. Meine Mutter trug einen anderen, mir völlig unbekannten Familiennamen. Hier hatte ich den Beweis für eine frühere Ehe in den Händen. Diese Briefe hatte sie also aus den USA nach Deutschland mitgenommen, im Gepäck verstaut zwischen ihren amerikanischen New-Look-Kostümchen, hatte sie praktisch wieder an den Ursprungsort zurückgebracht.

Wenn ich bis dahin noch einen geringen Zweifel hatte, ob die Behauptung meiner Cousine eine boshafte Unterstellung war, dann hatte ich jetzt den Beleg in der Hand, dass sie damals die Wahrheit gesagt hatte. Eine Ewigkeit lang starrte ich diese Briefe an und wusste wieder nicht, wie ich mich verhalten sollte. Ich war unangenehm berührt. Obwohl ich zu meinen Eltern ein großes Vertrauensverhältnis hatte und mich bei ihnen immer geborgen gefühlt hatte, gab es in ihrem Leben offenbar etwas, das ich nicht berühren sollte. Die beiden fest verschnürten Bündel habe ich deshalb so, wie ich sie vorgefunden habe, wieder zurück an den Platz gelegt, habe meiner Mutter wieder keine Frage gestellt und habe auch niemals im Traum daran gedacht, diese Briefe heimlich zu lesen. Das war ein absolutes Tabu für mich. Dann ging ich weg zum Studium, führte mein eigenes Leben und verdrängte die Fragen nach dem Leben meiner Mutter. Vielleicht habe ich damals eine Chance vertan.

Als mein Vater starb, Jahrzehnte später, habe ich ein weiteres Mal vor der Entscheidung gestanden, ob ich sie jetzt endlich ansprechen sollte. Damals litt sie unendlich unter dem jetzt endgültigen Verlust, sodass ich die Frage wiederum aufschob, aus Angst, ich könnte etwas in ihr aufwühlen, das sie tief in sich verborgen halten wollte und das sie in eine Lebenskrise stürzen könnte.

Nach dem Tod meiner Mutter 2010 begann ich dann endlich, andere Ansprechpartner zu suchen, die noch Lebenden zu befragen und im Internet zu recherchieren. Spurensuche, wo fast alles verwischt worden war. Es war, als versuchte ich, Fußabdrücke im Laub zu erkennen, die ein Windhauch schnell wieder verwehte. Von Freunden und Verwandten erfuhr ich einige Details, die ich wie Schnipsel zusammensetzte. Bei manchen Angesprochenen hatte ich das Gefühl, dass meine Fragen nicht willkommen waren, denn sehr schnell kam die Antwort, dass man darüber nichts wisse. Alle waren freundlich, aber ihre angebliche Unwissenheit war für mich befremdlich. Gab es in Norwegen ein ähnliches kollektives Verdrängen wie in Deutschland nach dem Krieg?

Ich stieß dann in den nachgelassenen Unterlagen meiner Mutter auf ein paar wenige Dokumente, die Hinweise geben konnten: Zeugnisse, alte Ausweise und Pässe mit Einreisestempeln. Mit deren Hilfe konnte ich Wege und Aufenthalte rekonstruieren. Im Internet tauchte eine amerikanische Scheidungsurkunde auf und eine Passagierliste von der ersten Fahrt der S. S. Stavangerfjord *von Norwegen in die* USA *nach dem Krieg. Auf dieser Liste stand der Name meiner Mutter, der Name einer dreiundzwanzigjährigen Frau, die völlig allein in eine ungewisse Zukunft aufbrach. Ich stieß auf Nachkommen von Nachbarn meiner Mutter in New Jersey, die die Familie ihres amerikanischen Ehemannes noch kannten und mir einiges über sie berichteten. Diese Zeugen und Dokumente, die belegen, was vor über siebzig Jahren passiert war, im Internet zu finden, war elektrisierend, es war so, als würde man einen Kriminalfall lösen, zwar ohne Verbrechen, aber voller Täter und Opfer.*

Ich erlebte die allmähliche Entstehung eines Ganzen aus einzelnen Teilen, und je mehr ich suchte, umso mehr fand ich. Aber diese Fakten allein konnten mir noch keine Antwort geben auf die Frage »Was hat meine Mutter dabei empfunden?« Diese Antwort musste ich selbst herausfinden. Deshalb fing ich an zu schreiben, um mir beim Schreiben Klarheit zu verschaffen, über meine Mutter und über mich selbst.

Kurz nach ihrer Vorladung erhielt Jorna wieder einen Brief von der Polizei, in dem man ihr mitteilte, dass die Anklage wegen Landesverrats gegen Jorna Grønsund mangels Beweisen fallen gelassen würde. Sie war frei. Frei? Sie konnte gehen, wohin sie wollte. Eigentlich hätte sie jubeln sollen, aber es stellten sich keine Hochgefühle ein, sie fühlte sich eher wie eine freigelassene Schuldige. Sie hatten es also doch geschafft, ihr dieses Schuldgefühl einzuimpfen. Außerdem hatte sie inzwischen ihre Arbeit verloren, das hatten sie auch noch geschafft.

Jorna steckte den Brief in ihre Tasche und ging sofort zu Wencke. Ihr musste sie es zuerst erzählen. Dann würde sie gleich ihre Eltern anrufen, auch sie mussten es so schnell wie möglich erfahren. Wie sollte es aber jetzt weitergehen? Wo sollte sie hin? Welche Arbeit würde sie finden? Wie sollte sie sich in diese Gesellschaft integrieren, nach dem, was passiert war?

Wieder einmal war es Wencke, die Pläneschmiederin, die Schicksalsfügerin, die dieses ins Stocken geratene Leben in eine neue Bahn lenkte und die Sache in die Hand nahm. Die »Sache« hatte einen einfachen, aber verheißungsvollen Namen: Amerika.

Wencke hatte durch ihre Freundin Solveig amerikanische Soldaten getroffen, die für einige Monate in Oslo stationiert waren, um den reibungslosen Übergang von der deutschen Besatzung in die Freiheit und den ordentlichen Rücktransport der deutschen Truppen zu gewährleisten. Es waren frische junge Burschen, anders als die deutschen Soldaten, weniger förmlich, nicht so ausgesucht höflich, aber von einer natürlichen, anpackenden Vitalität, die durchaus ihren Charme hatte. Doch genau wie die Deutschen, waren auch sie interessiert daran, das Beste aus ihrer Zeit zu machen, eine nette Norwegerin kennenzulernen und sie wenn möglich sogar als Frau in die Staaten mitzunehmen. Also gab es auch hier einige Kontakte zwischen norwegischen Frauen und den Soldaten. Wieder wurde dies nicht so gern gesehen, war man doch gerade die deutschen Besatzer losgeworden und hatte alle Fraternisierungsbeziehungen ausgemerzt. Diesmal handelte es sich jedoch um die Freunde, die Amerikaner, und es wurde außer der Äußerung einiger kritischer Worte nichts weiter unternommen.

Für Wencke war dies alles zweitrangig, sie hatte sofort einen Plan: Jorna sollte einen Amerikaner kennenlernen, und zwar möglichst bald, bevor die Truppe wieder zurückmusste, und sich dann schnell für einen entscheiden. »That's your ticket for America!« So lautete Wenckes Plan, und sie machte sich sofort daran, ihn umzusetzen.

Die Stimmung war jetzt überall euphorisch, und besonders in Oslo trafen sich junge Norwegerinnen mit den amerikanischen Soldaten. Sie wurden als Befreier gesehen, und da hatte man eben nach den dunklen Kriegsjahren seinen Spaß miteinander.

Wencke verabredete sich also mit Solveig und brachte Jorna mit, angeblich, damit sie nicht allein zuhause Trübsinn blasen musste. Aber es stellte sich heraus, dass die Freundin wiederum eine Verabredung arrangiert hatte mit ein paar Amerikanern. Man traf sich in einem Café. Jorna war distanziert, auf den Wunsch der Männer, sich möglichst bald wieder zu treffen, reagierte sie mit Skepsis. Bloß nicht noch einmal in Schwierigkeiten geraten. Wencke dagegen war Feuer und Flamme, und man verabredete ein zweites Treffen, dieses Mal nur zu viert, Wencke, Jorna, George und Otto. Wencke war wieder die treibende Kraft, sie plante das Unternehmen, legte ihren ganzen Ehrgeiz hinein, wo sie doch überzeugt davon war, unbedingt etwas für Jorna tun zu müssen. Der eine von ihnen, Otto, ließ sich beim ersten Treffen durchaus anmerken, dass diese junge Norwegerin namens Jorna ihm gefiel, ja sogar sehr gefiel. Sie wiederum war alles andere als fröhlich und konnte dem Gedanken an einen amerikanischen Mann noch nichts abgewinnen. Tief in ihrem Inneren hoffte sie immer noch auf eine Botschaft von Heinz. Doch Wencke ließ nicht locker, arrangierte wie zufällig ein Treffen an einem strahlenden Sommertag in den Grünanlagen mitten in der Stadt auf der Karl Johans und holte Jorna in ihrer Wohnung ab.

Die Stimmung war scheinbar gut, aber Jorna gab sich schweigsam, und so achtete Wencke darauf, dass die Gespräche nicht verstummten, dass die Atmosphäre locker blieb und dass Jorna neben dem Schwarzhaarigen mit Namen Otto zu sitzen kam. Sie blieb auf Distanz, auch wenn er sich ihr immer wieder zuwendete. Wie anders war es damals mit Heinz! Immerhin lächelte sie Otto ein paar Mal an und wechselte ein paar private Worte mit ihm. Und wieder einmal war sie erstaunt, wie leicht es ihr fiel, sich in einer Fremdsprache zu unterhalten, diesmal auf Englisch.

Bei ihren weiteren Zusammenkünften zu viert wurde Ottos großes Interesse an Jorna immer deutlicher. Wencke drängte sie, sich mit ihm anzufreunden, mit dem Ziel, ihn zu heiraten. Ihre Bedenken, sie sei aber nicht in ihn verliebt, wischte Wencke beiseite. Sie müsste ihm nicht die große Liebe vorspielen, das erwartete er wohl gar nicht. Die Aussicht, eine so hübsche Norwegerin von seiner Europa-Mission mit nach Hause bringen zu können, genügte ihm vielleicht. Was danach in Amerika passieren würde, müsse man der Zukunft überlassen.

Jorna blieb skeptisch. Otto sah recht gut aus, machte einen sympathischen und unkomplizierten Eindruck, seine Eltern hatten zuhause eine Autowerkstatt betrieben und so war er Mechaniker geworden. Vielleicht hatte Wencke ja recht, auf die große, einmalige Liebe hatte er es wohl gar nicht abgesehen, und Jornas große Liebe war mit hoher Wahrscheinlichkeit tot. Ihre Situation in Norwegen war weiterhin prekär. Sie hatte sich noch nicht in Flekkefjord gezeigt und konnte sich nicht vorstellen, dorthin zurückzugehen.

Langsam spielte Jorna mit dem Gedanken, es mit Otto zu versuchen. Sie erzählte ihm von ihrem Wunsch, auszuwandern, und von den fast unüberwindlichen Schwierigkeiten, das zu bewerkstelligen. Otto war sofort bereit zu helfen. Er bot ihr an, sie zu heiraten, man könnte ja dann in Amerika sehen, ob man zusammenpasse, und was man alles daraus machen könnte. Jorna war erstaunt über so viel Pragmatismus. Sie wusste dabei nicht, ob sie ihm diese Haltung wirklich abnehmen sollte, aber sie war dankbar. Aus Dankbarkeit würde wohl keine Liebe werden, vielleicht aber Zuneigung.

Sommer im Hof der Grønsunds – Jorna ist die Dritte von rechts, Thor steht ganz rechts, Henny und Liv stehen links

Es war kaum zu fassen, aber als Otto ein paar Wochen später den Truppentransporter zurück in die USA bestieg, hatten sie alles arrangiert: Jorna würde ihm folgen, sobald wieder eine regelmäßige Schiffsverbindung zwischen Norwegen und den USA eingerichtet war. Die amerikanische Botschaft war informiert, und von den Behörden auf beiden Seiten würde es keine Schwierigkeiten geben. Die Nationen waren befreundet, das machte alles ganz einfach.

Das Vorhaben blieb jedoch irreal für Jorna: Jahrelang hatte sie geglaubt, ihre Zukunft liege in Deutschland, an der Seite von Heinz, mit dem sie überall hingegangen wäre. Und jetzt plante sie die Ausreise nach Amerika zu einem Mann, der ihr eigentlich fremd war.

Ist meine Mutter so an ihren amerikanischen Ehemann gekommen? Mittlerweile weiß meine gesamte Familie, dass ich das Leben meiner Eltern recherchiere und niederschreibe, deshalb erbot sich ein Neffe meines Vaters, die Familienchronik, die wiederum sein Vater zusammengestellt hatte, nach Informationen über meine Eltern zu durchsuchen. Er fand tatsächlich etwas: Anscheinend hatten meine Eltern nach dem Krieg den deutschen Verwandten erzählt, dass sie sich auf einer Tanzveranstaltung kennengelernt hatten, die eigens dafür organisiert worden war, dass sich deutsche Soldaten und die norwegischen Mädchen einer höheren Töchterschule beim Tanzen näherkamen.

Diese Version ist ganz offensichtlich eine Notlüge und einerseits absurd falsch, denn weder gab es eine Mädchenschule in Flekkefjord, noch hätte jemals solch eine Veranstaltung zusammen mit den Norwegern organisiert werden können – sie wäre sofort boykottiert worden, und nur ein paar ganz unverbesserliche Quislings hätten da mitgemacht. Andererseits zeigt mir diese Geschichte, wie sehr meine Mutter unter der Stigmatisierung ihrer Beziehung gelitten haben muss, und wie wichtig es für sie war, ihr irgend einen Anstrich von Legitimation zu geben. Und das in Deutschland, wo sie nie eine Ausgrenzung erfahren hat.

Es wird mir immer klarer, dass es ihr unmöglich war, meiner Schwester und mir die Wahrheit zu sagen, schon gar nicht, dass sie eine geschiedene Frau war. Eine Erkenntnis, die traurig macht, die uns aber auch hilft, unsere Mutter zu verstehen.

Goodbye Norway!

Jorna und Wencke standen am Bahnhof von Oslo und warteten darauf, dass der Zug in Richtung Flekkefjord einfahren würde. Da Jorna jetzt ihre Arbeit verloren hatte und auf die Überfahrt nach New York wartete, blieb ihr nichts anderes übrig, als diese Wartezeit in Flekkefjord zu verbringen. Es war Dezember 1945, bald würde das erste Weihnachtsfest nach dem Krieg gefeiert werden.

»Wann werden wir uns wiedersehen? Du wirst mir schrecklich fehlen da drüben, wie soll ich es ohne dich überhaupt hinbekommen?«, sagte Jorna und nahm Wencke in den Arm.

»Du wirst mir genauso fehlen, es wird ganz schön langweilig ohne dich werden. Aber vielleicht reise ich dir einfach nach, wenn es mir hier zu öd wird. Ich hätte mir auch gleich einen von den Amerikanern schnappen sollen. Aber für mich war keiner dabei. Und wenn ich es nicht schaffe, wirst du schon irgendwann einmal auf Besuch nach good old Norway kommen.« Wencke versuchte, alles in einem positiven Licht zu sehen.

»Mir graut es davor, nach Flekkefjord zu kommen! Wenn es nach mir ginge, hätte ich mich gar nicht mehr dort blicken lassen, aber das hätte ich meinen Eltern nicht antun können. Ich glaube, sie brauchen mich jetzt«, fuhr Jorna fort. Auch ihre Entscheidung, zu Otto in die USA zu gehen, hatte sie zwischendurch immer wieder angezweifelt. Jetzt sah man ihr an, dass sie am liebsten die ganze Sache mit der Heirat abgeblasen hätte, aber dazu war es längst zu spät. Ihr Zimmer war gekündigt, alle Sachen waren gepackt, ein paar Utensilien, die sie nicht mehr brauchte, hatte sie verschenkt. Es gab kein Zurück mehr, und außerdem hatte sie keine Arbeit mehr. »Augen zu und durch! Es wird nicht gerade schön werden, aber denk daran, dass du bald in New York bist, da kannst du jeden Samstag zum Tanzen gehen. Es muss sagenhafte Lokale geben, und erst die Musik! In Flekkefjord hast du keine Zukunft, sollst du da zu Kreuze kriechen, drum betteln, dass sich einer erbarmt und dich heiratet und dir immer, wenn ihr mal Streit habt, deine Vergangenheit aufs Butterbrot schmiert? Nein, danke!« Wencke hatte recht.

»Aber hoffentlich ist es kein Fehler, Otto zu heiraten. Ich kenne ihn doch kaum, und wenn ich ganz ehrlich bin, so richtig freuen kann ich mich nicht auf ihn.«

»Das ergibt sich dann alles, und außerdem, wenn es wirklich nicht klappt, kann man sich scheiden lassen, vergiss das nicht«, antwortete Wencke ihr zum soundsovielten Male auf diesen Einwand.

»Du hast es mir schon so oft gesagt, ich weiß ja, aber ich habe Angst, dass ich schon wieder etwas tue, was ich nicht tun sollte. Aber gut, jetzt höre ich auf damit. Ruf mich bitte oft an, in den nächsten Wochen kann ich deine Unterstützung sicher gut brauchen. Vielleicht hocke ich auch die ganze Zeit zuhause, aus Angst, irgendeiner könnte mich auf der Straße anpöbeln. Wenn du Nachtdienst hast und nicht so viel los ist, können wir länger sprechen.«

Es war alles geplant. Otto war schon im Oktober mit seiner Truppe eingeschifft worden, die Mission war beendet. Jornas Papiere lagen bei den Behörden, einer Ausreise stand nichts mehr im Weg. Jetzt hieß es nur noch warten, bis das erste Passagierschiff den Fährbetrieb nach Amerika wieder aufnehmen würde. Die Zeit bis zur Abfahrt des Schiffes – es könnte sich bis zum späten Frühjahr 1946 hinziehen – wollte Jorna bei den Eltern in Flekkefjord verbringen. Sie war seit März nicht mehr dort gewesen, Weihnachten stand vor der Tür, und den Eltern schien es nicht so gut zu gehen.

Nachdem sich die beiden gegenseitig mehrfach alles Gute gewünscht hatten, sich versichert hatten, immer in Kontakt zu bleiben, auch wenn die Entfernungen zwischen ihnen noch so groß wären, sich wieder und wieder umarmt hatten, stand Jorna jetzt mit Tränen in den Augen am Fenster ihres Abteils. Wencke hatte ihr geholfen, ihr Gepäck zu verstauen, und während der Zug langsam den Bahnhof verließ, winkte sie der kleiner werdenden Figur auf dem Bahnsteig lange nach. Schon wieder ein Abschied von einem Menschen, der ihr viel bedeutete. Würde sie jemals wieder so eine Freundin finden? Wie quälend solche Abschiede waren, eine endlose Traurigkeit überkam sie, denn sie wusste, dass auch dies eine Art Abschied für immer war. Eine ähnlich intensive Zeit einer so engen Freundschaft würde vielleicht nie wieder kommen. Sie dachte an den Abschied von Heinz und den Wechsel von Hoffnung zu wachsender Hoffnungslosigkeit, den sie im Jahr vorher durchlitten hatte. In solchen Momenten war der Schmerz noch so stark wie ganz am Anfang, und deshalb sagte sie sich, dass es leichter für sie werden würde, wenn sie den nächsten Menschen in ihrem Leben weniger lieben würde.

Der Zug fuhr die malerische Strecke am Oslofjord entlang. Vor zwei Tagen war der erste Schnee gefallen, die Landschaft und die Orte, die an ihr vorbeizogen, machten einen ordentlichen, aufgeräumten Eindruck. Friedenskulisse und Ruhe, Norwegen würde bald das erste Weihnachtsfest nach dem Krieg feiern. Die Probleme, mit denen das Land noch kämpfen musste, waren durch das Fenster des Zuges nicht erkennbar.

Für Jorna konnte es so erscheinen, als ob nur sie unter der Gegenwart litt und alle anderen mit sich und der friedlichen Schneewelt da draußen im Reinen waren. An jedem Bahnhof, an dem der Zug hielt, schaute sie nervös aus dem Fenster, ob jemand zustieg, der genau wie sie nach Flekkefjord wollte, und der sie erkennen könnte. Sie zitterte fast bei dem Gedanken. Den Plan, bei ihrem Onkel Olaf in Kristiansand einen Zwischenstopp einzulegen, hatte sie wegen ihres Gepäcks wieder beiseitegeschoben. Jetzt war sie erleichtert. In ihrer momentanen Stimmung hätte sie wenig von dem Besuch gehabt, und ihr Onkel und seine Familie wohl auch kaum. Sie wollte nur noch nach Hause und sich dort zurückziehen, wieder einmal eine Zeit dazwischen überstehen.

Jetzt war es nicht mehr weit bis nach Hause, wo sie von ihrer Familie erwartet wurde. In Sira mussten alle Passagiere, die nach Flekkefjord wollten, in eine kleinere Bahn umsteigen, in der Jorna dann sicher alte Bekannte getroffen hätte. Henny, die ihrer Tochter das ersparen wollte, hatte ein Auto organisiert, und jetzt standen die Grønsunds am Bahnsteig und erwarteten sie. Nein, nicht alle Grønsunds, nur Henny mit Thor und Liv. Aksel hatte angeblich zu tun gehabt, oder war das nur ein Vorwand? Hätte er es nicht ertragen, seine Tochter in aller Öffentlichkeit zuhause willkommen zu heißen?

Jetzt standen sie auf dem Bahnsteig. Hennys Gesicht war im letzten Jahr auf einmal faltig geworden und die Haare leicht grau. Als Jorna aus dem Zug stieg, sah sie, dass ihrer Mutter Tränen über die Wangen liefen. Aber Thor sprang sofort auf sie zu, um ihr die Koffer abzunehmen, und dann fielen sie sich um den Hals. Es hatten wohl einige der Passagiere, die in Sira umstiegen oder auf den Zug nach Flekkefjord gewartet hatten, die Grønsunds erkannt, und manche warfen ihnen kritische Blicke zu. Aber da alle beschäftigt waren mit den typischen Tätigkeiten auf einem Bahnsteig – dem Umsteigen, dem Begrüßen, dem Verabschieden, dem Verstauen oder Entladen des Gepäcks –, nahm sich keiner wirklich die Zeit, diesem »Deutschenmädchen« ihre Missbilligung deutlich kundzutun. Jorna Grønsund konnte unbehelligt den Bahnsteig verlassen und das Auto besteigen, das sie sicher in die Kirkegaten 36 brachte.

Es war ein Schock, zuhause anzukommen. Alles was anders. Die viele Arbeit, die während des Krieges in der Reinigung angefallen war, gab es nicht mehr. Es waren keine Bügelfrauen mehr da, das bisschen, was noch zu tun war, konnte Henny fast allein bewerkstelligen, manchmal kam Aud, um zu helfen. In der Werkstatt unten liefen die Maschinen nur noch alle paar Tage, und dann waren sie bloß halb gefüllt. Die großen Trockenräume im Schuppen unten am Wasser blieben fast ungenutzt, und die Klingel an der Ladentür, die in den Jahren vorher ständig geläutet hatte, blieb oft für Stunden stumm. Die Bürger Flekkefjords nahmen ihre kleine Rache. Die Grønsunds hatten für die Deutschen gearbeitet, und jetzt trugen die Leute ihre Wäsche woanders hin. Das Geschäft wurde boykottiert, nicht von allen, aber von sehr vielen. Dieser Boykott hatte sich wie Mehltau auf Familie, Wohnung und Geschäft gelegt, es war eine stille Traurigkeit eingezogen. Das Schlimmste aber war Aksel. Er hatte sich mehr und mehr zurückgezogen und beim Alkohol Zuflucht gefunden. Sein Geist, sein alter Esprit waren betäubt, und das wachsame Misstrauen, das seine Intelligenz ausgemacht hatte, verwandelte sich Schritt für Schritt in Missmut. Es blitzte nicht mehr in seinen Augen. Das bisschen Arbeit, das noch anfiel, erledigte er mechanisch, ohne Freude.

In diese Atmosphäre kam Jorna zurück, wären ihre Geschwister nicht gewesen, hätte sie es kaum ausgehalten. Aber sie musste es aushalten, denn auch sie war nicht unschuldig an dieser Situation, auch sie hatte ihren Teil dazu beigetragen.

Ihre ersten Gänge machte sie nie allein, eines ihrer Geschwister oder Henny begleiteten sie immer. Es gab einige unangenehme Situationen: Einmal hatte eine Frau, die sie vorher noch nie gesehen hatte, laut über die Straße gerufen und sie beschimpft, in einem Laden war sie einmal übergangen worden, man hatte sie erst ignoriert und dann wurde sie von einer Frau sehr unfreundlich und sehr laut angesprochen: »Ah, das Fräulein Grønsund möchte auch bedient werden.« Sie kannte die Frau vom Sehen, aber nicht ihren Namen, und glaubte, dass sie einer Sekte angehörte und ziemlich bigott war, was man ihrer ausgesprochen unattraktiven Kleidung direkt ansah. »Früher haben wir uns immer für etwas Besseres gehalten, damit ist jetzt aber Schluss. Für Leute wie dich ist hier kein Platz mehr, ein anständiger Norweger würde dich sowieso nicht mehr heiraten.« Sie hatte sich direkt vor ihr aufgebaut und sich dann in der Runde umgeschaut, ob die anderen Kunden ihr zustimmten. Es kam Jorna so vor, als ob dieser Auftritt nicht von allen Leuten, die im Laden waren, gutgeheißen wurde, doch wirklich Partei ergriffen hatte keiner für sie. Jorna wollte nichts darauf erwidern und verließ einfach den Laden. Was hätte sie auch sagen sollen? Ein anderes Mal hatten ihr ein paar junge Männer hinterhergepfiffen, was sie früher nie getan hätten. Aber die meisten beließen es bei Tuscheleien, bei Blicken oder der Weigerung, sie auf der Straße zu grüßen, was unangenehm genug war.

Jorna blieb viel zu Hause, traf sich einige Male mit den Mädchen, mit denen sie zum Schluss verkehrt hatte. Ihre alten Freundinnen trauten sich noch nicht, mit ihr wieder Kontakt zu haben, aber bei zufälligen Begegnungen spürte sie keine übergroße Feindseligkeit. Nach einigen Wochen wagte sie einen Besuch bei ihren alten Arbeitskolleginnen im Telegrafenamt, ein Erlebnis, das gemischte Gefühle in ihr hervorrief. Sie waren nicht direkt unfreundlich, aber Jorna spürte, dass ihnen die Begegnung unangenehm war, dass man ihr auswich und nicht so recht wusste, über was man reden sollte. Bis auf eine Kollegin, die sie wahrhaftig bei der Begrüßung umarmte, mit ihr hatte sie sich immer sehr gut verstanden. Als Jorna beim Leiter des Amtes nachfragte, ob sie unter Umständen wieder bei ihnen arbeiten könnte – sie hatte nämlich erfahren, dass eine Stelle vakant war –, beschied er ihr unmissverständlich, dass für sie hier kein Platz mehr wäre. Da wurde ihr endgültig klar, dass sie in Flekkefjord keine Zukunft hatte. Und langsam, aber sicher entstand eine Sehnsucht nach Amerika in ihr, und sie machte sich daran, sich von ihrem alten Leben zu verabschieden.

Von dem Tag an ging sie mit anderen Augen durchs Haus und sagte sich, dass sie nie wieder hier leben würde, und dass sie sich alles noch einmal einprägen wollte: das schöne Wohnzimmer mit dem Esstisch aus massivem Holz und den passenden Stühlen, wo sie an allen Feiertagen und Geburtstagen gegessen hatten, und die dunkelbraune, mit Samt bezogenen Art-déco-Sitzgarnitur, auf der ihre Eltern manchmal abends saßen und die Zeitung lasen, wenn sie sich nicht lieber in der Küche aufhielten, wo es besonders im Winter wärmer war. Die Räume des Ladens, der ja von der Wohnung kaum zu trennen war, kamen ihr jetzt fremd vor, die Regale und Stangen, die damals immer voller Pakete mit sauberer Wäsche und gereinigten Kleidern waren, wirkten leer.

Ihre Mutter hielt sich meistens in der Küche auf, als ob sie das Wohnzimmer, in dem früher die ganze Familie glückliche Stunden verbracht hatte, meiden wollte, weil die Erinnerung daran sie traurig stimmte. Liv, die eine fleißige Schülerin war und sich auf ihr Abitur vorbereitete, verbrachte deshalb die meiste Zeit in dem anderen Dachzimmer neben Jorna und lernte. Sie war eine überaus liebenswürdige Person geworden, die alle mochten, die viele Freundinnen hatte und die nicht wegen der Verstrickungen ihrer Eltern und ihrer Schwester mit den Deutschen ausgegrenzt wurde. Thor war viel unterwegs, in der Schule hatte er es nicht bis zum Abitur ausgehalten und suchte sich jetzt eine Arbeit, er wollte Schiffsbauer werden. Die Stimmung zuhause bedrückte auch ihn, und es trieb in immer wieder hinaus. Aud, die inzwischen einen zweijährigen Jungen namens Stein hatte und ganz in der Nähe wohnte, kam täglich vorbei, ihr Kind brachte ein wenig Leben in das sonst so stille Haus. Aksel war tagsüber unten im Hof in der Reinigung, verbrachte dort mehr Zeit, als er eigentlich bei der wenigen Arbeit musste, und lag danach in seinem Bett, las die Zeitung und trank sein Bier. Er ging kaum noch aus, die Erledigungen und Besorgungen machte Henny. So hatte sich innerhalb eines Jahres das Leben der Familie Grønsund grundlegend geändert.

Jorna redete nie über Heinz, mit niemandem. Kein Familienmitglied erwähnte ihn, und es war ihr nicht klar, warum. Wollte man sie vor negativen Gedanken bewahren, die Vergangenheit totschweigen und endlich begraben? Oder glaubten sie, dass Heinz noch lebte und sich einfach aus dem Staub gemacht hatte, und dass er es nicht wert war, jemals wieder erwähnt zu werden? Jorna wusste es nicht, aber seitdem sie wieder in ihrem Zimmer und in Flekkefjord lebte, beides Orte, die in ihrer Erinnerung untrennbar mit Heinz verbunden waren, musste sie noch häufiger an ihn denken, und jedes Mal verdüsterte sich ihre Stimmung. Trotzdem versuchte sie alles, um ihren Eltern und ihren Geschwistern ihre Trauer nicht zu zeigen. Als sie ihnen damals mitgeteilt hatte, dass sie einen

Amerikaner heiraten würde, waren ihre Eltern irgendwie erleichtert, aber nicht überschwänglich. Jorna hatte zwar angedeutet, dass Otto nicht ihre wirklich große Liebe sei, und dass es ihr hauptsächlich darum ging, Norwegen verlassen zu können. Aber das hatte sie eher beiläufig gesagt und auch immer wieder betont, dass sie sich auf Amerika freue. Ihre Eltern akzeptierten es, auch weil sie glaubten, das könnte ein neuer Anfang für Jorna sein. Am ehesten hatte wohl Aud gemerkt, wie es wirklich um sie stand, doch beide, Aud und Jorna, wollten ihrer Mutter nicht noch weitere Sorgen bereiten, und so spielte die ganze Familie sich gegenseitig die Vorfreude auf Amerika vor. So verging die Zeit bis zum Mai 1946.

»Onkel Just hat uns geschrieben, dass er sich sehr freut, dich zu sehen! Endlich mal wieder einer von der Familie, der rüberkommt, nachdem so lange kein Kontakt möglich war. Wir müssen dir irgendetwas für ihn mitgeben, das ihn an die Heimat erinnert. Beim Buchhändler Horjen gibt es noch Kalender von diesem Jahr, auch wenn schon mehr als ein Viertel vorbei ist, aber die Bilder von Norwegen sind immer schön, und Aksel meint, dass er den braunen Ziegenkäse so geliebt hat, den findet er sicher nicht in Brooklyn. Du nimmst ihm auf jeden Fall ein Stück mit.« Henny saß mit einer Zigarette auf der Bank im Hof und plante mit Jorna ihre Reise.

»Mama, man darf nichts zu essen mitbringen! Der Kalender ist wunderbar, aber den Käse lasse ich hier. Außerdem bin ich froh, wenn ich meine Sachen alle mitbekomme«, erwiderte Jorna.

»Du kannst die ganz warmen Wintersachen hierlassen, die schicke ich dir dann im September nach. Ich werde dir auch noch eine Liste machen mit den Adressen aller Verwandten, die wir drüben haben. Du wirst sie nicht alle besuchen können, aber es ist gut, dass du weißt, dass sie alle dort sind, falls du sie mal brauchst. Schade, dass Tante Anna und Onkel Gerhard so weit weg wohnen, nach

Iowa ist es ja noch einmal ein halbe Weltreise. Aber mit Just wirst du gut zurechtkommen, er ist jetzt ein richtiger Amerikaner geworden, manchmal macht er in den Briefen komische Fehler. Na ja, er spricht ja mit seiner Frau wohl meist Englisch, irgendwann hat man seine Muttersprache vergessen. Hoffentlich geht es dir nicht auch einmal so! Ich freue mich für dich, dass du so gute Aussichten hast, aber ich bin auch traurig, wenn ich daran denke, dass ich dich vielleicht nicht mehr so oft sehen werde.« Das war das erste Mal, dass Henny das zugab, und Jorna kamen sofort die Tränen.

»Entschuldige, Jorna! Es gibt keinen Grund zu weinen, du hast eine Zukunft vor dir, und das ist das Wichtigste. Außerdem sind wir Norweger einfach ein Volk von Seefahrern und Auswanderern, das liegt uns im Blut.«

Da hatte sie recht. Ein Volk wie die Norweger in einem Land mit einer so langen Küstenlinie konnte gar nicht anders, als sich in Boote zu setzen und sich auf den Weg zu machen. Die Abenteuergene

Die S. S. Stavangerfjord

der Wikinger. Schon Erik der Rote hatte vor der Jahrtausendwende den Weg nach Grönland gefunden und dort mit einigen Landsleuten versucht, das Land zu besiedeln. Halb Europa haben die Wikinger mit ihren Raubzügen terrorisiert und mit ihren kleinen, aber wendigen Booten weite Strecken übers Meer zurückgelegt. Jetzt waren sie wohl weniger furchteinflößend, aber immer noch zuhause auf den Weltmeeren und widerstandsfähiger als manche andere. Hier würde sich Jorna jetzt in die lange Reihe von Norwegern stellen, die ein Boot bestiegen, um die Heimat hinter sich zu lassen.

Und dann war es so weit. Morgens am 29. Mai, bei klarem Himmel – eine Schönwetterperiode hatte gerade eingesetzt. Diesmal brachte die ganze Familie Jorna an die Bahn. Alle waren bedrückt, und jeder fühlte, dass dies ein einschneidender Moment in Jornas Leben war. Auch Aud und ihr Sohn Stein waren mitgekommen, er freute sich, dass es einen Ausflug gab, und wollte zum Abschied mit einem Tuch winken. Dann verschwand der Zug.

Es waren sicher zwei traurige, einsame Tage, die Jorna in einer kleinen Pension in Oslo verbrachte – Wencke hatte zu einer Familienfeier nachhause fahren müssen –, am Tag nach ihrer Ankunft begab sie sich in die amerikanische Botschaft, wo ihr das Visum für die Einreise in die Vereinigten Staaten von Amerika ausgestellt wurde, und ging am 31. Mai 1946 schweren Herzens an einem strahlenden Sommertag in Oslo an Bord der *S. S. Stavangerfjord*.

Über die Zeit zu schreiben, die meine Mutter in den USA verbracht hat, fällt mir besonders schwer. Einerseits weiß ich wenig darüber, anderseits ist das, was andere mir nur bruchstückhaft berichten, unangenehm. Von mehreren Seiten habe ich lediglich gehört: »Otto muss nicht sehr nett zu deiner Mutter gewesen sein.« Dieses »nicht sehr nett«, was soll das bedeuten? War er gewalttätig? Das kann ich mir im Zusammenhang mit meiner Mutter nicht vorstellen. Das wenige, was ich darüber hinaus in Erfahrung bringen konnte, habe ich mir zusammengebastelt aus ihren Unterlagen und dem, was Internetsuchmaschinen und ancestry.com mir offenbart haben: die Scheidungsurkunde aus Miami, die Adressen von Otto und die seiner Eltern, Ort und Datum seines Todes und die Existenz einer Tochter aus einer zweiten Ehe, die er im Jahr nach der Scheidung von meiner Mutter geschlossen hat. Diese eine Tochter, deren Adresse und Facebook-Existenz ich herausgefunden habe, hat jedoch auf meinen mehrfachen Wunsch nach Kontaktaufnahme nicht reagiert. Ist es besser so? Ich hätte sie gerne gesprochen, etwas aus ihrem Mund über diesen Otto erfahren. Dabei weiß ich nicht einmal, warum sie sich mir verweigert. Auch die Adressen von Aksels Bruder Just habe ich gefunden, Bilder von Häusern, in denen er gelebt hat und die heute noch in Brooklyn stehen.

Ich zögerte lange, mich bei Facebook anzumelden, auch noch, als mich 2015 mein Vetter Knut darauf brachte, dass wir einen Verwandten in Miami haben. Es handelte sich dabei um den Sohn von Jon Sigurd Grønsund, ein weiterer Bruder von Aksel. Er arbeitete als investigativer Journalist und könnte mir vielleicht helfen, über die Zeit, als meine Mutter in Miami lebte, etwas herauszufinden. Als ich mich endlich zu dem Schritt zu einer Facebook-Öffentlichkeit überwinden konnte, war es zu spät, dieser Vetter war verstorben. Auch hier hatte ich zu lange gewartet oder mich zu langsam auf die Sache zubewegt. In diesem Augenblick wurde mir klar, dass ich jetzt vielleicht noch eine Möglichkeit hatte, die allerletzten Personen zu finden, die meine Mutter persönlich kannten. Auf einmal machte ich Druck, was hatte mich bloß die letzten Jahre so gebremst? Ich nahm Kontakt auf zu weiteren Vettern und Cousinen meiner Mutter, zu den Kindern von

Onkel Olaf aus Kristiansand. Facebook war dabei schnell und nützlich, es tauchten alte Fotos und kleine Vergangenheitsschnipsel auf. Auch Knut in Flekkefjord wurde aktiv und sperrte die Ohren auf. Als er eine ältere Dame namens Margrethe kennenlernte, die mit seiner Mutter bekannt war, kamen sie gleich auf Jorna zu sprechen, die Margrethe ebenfalls gekannt hatte. Überhaupt fanden sich nach und nach immer mehr Menschen, die mir wertvolle Informationen geben konnten.

Bay Ridge in Brooklyn

Nach elf Tagen war Jorna angekommen in den Vereinigten Staaten von Amerika, in New York, und alles verlief viel leichter als gedacht. Sie war jung, gesund, gut gekleidet, attraktiv und die zukünftige Ehefrau eines unbescholtenen amerikanischen Staatsbürgers, das heißt, man schaute in ihre Papiere, und nach einem prüfenden Blick auf ihre Person ging alles ganz schnell, und sie war dort. In Manhattan, an dem Ort der Erde, vom dem sie so viel gehört hatte. Zwischen all den Menschen in dieser großen Stadt, die immer unterwegs waren, ein Ziel hatten. In einer Stadt, die Tag und Nacht in Bewegung war, in der der Einzelne in einer riesigen Menge aufging, einer Stadt, die nie stehen blieb, die sich ewig drehte und dabei eine Sphärenmusik aus tausend verschiedenen Tönen produzierte, aus den Geräuschen der Maschinen, der Fahrzeuge, der Züge, der Polizeisirenen, der Ambulanzen, der Feuerwehren, der Aufzüge und Rolltreppen, der Klimaanlagen, der Durchsagen in den U-Bahnen und der schnellen, rhythmischen Schritte der Menschen in diesem Labyrinth der Unterwelt. Jetzt würde sie es erleben, würde sehen, ob ihre Gedanken der letzten Monate Wirklichkeit geworden waren.

An diesem strahlenden 11. Juni 1946 stand sie also mit ihrem Gepäck am Hafen an der südlichen Spitze Manhattans, eine Fremde unter Fremden, allein, aber umgeben von Hunderten von Reisenden und hielt Ausschau nach ihrem Onkel Just, den sie noch nie gesehen hatte und dessen Foto sie in der Hand hielt. War es ein Fehler, ihn hierherzubestellen und nicht Otto? Sie hatte Otto gebeten, sie erst am zweiten oder dritten Tag zu besuchen, mit der Ausrede, Onkel Just hätte darauf bestanden, sie in Empfang zu nehmen und sie erst dann an Otto zu übergeben. Was würde sie machen, wenn Just nicht auftauchte oder sich verspätete? Würde sie einfach hier an der Südspitze von Manhattan auf ihren Koffern sitzen bleiben, so lange, bis es dunkel war und die Hafenbehörde sie als letzten übriggebliebenen Passagier entdeckte und auffordern würde, das Gelände zu verlassen? Dann müsste sie sich allein auf die Suche nach Onkel Just machen in Bay Ridge, Brooklyn. Seine Adresse hatte sie auswendig gelernt, auch seine Telefonnummer, es konnte ihr nichts passieren. Dann sah sie ihn. Einen großen blonden Norweger, strahlend und voller Zuversicht, einundvierzig Jahre alt. Er hatte sie schon entdeckt und winkte ihr heftig zu. Jetzt kam er angelaufen, und hinter ihm eine Frau in einem leichten Sommerkleid mit einem adretten weißen Kragen, das musste seine amerikanische Frau Randi sein. Sie konnte kaum mithalten mit seinem Schritt.

»Jorna, da bist du ja, das ging ja alles furchtbar schnell, wir haben dich noch gar nicht so bald erwartet. Du bist ja eine der ersten Ausländerinnen, die die Immigration hinter sich hat. Lass dich anschauen! Genauso schön wie auf den Fotos und die dunklen Haare deiner Mutter. So eine Freude, jemanden von der Grønsund-Sippe hier in Empfang zu nehmen. Sind das deine Koffer? Ach natürlich, mit deinem Monogramm, J.G. Ich bin mit dem Auto da, lass uns einen Porter besorgen, dann können wir gleich los!« Es sprudelte nur so aus Just heraus, er war bester Stimmung und anscheinend hocherfreut, seine Nichte hier begrüßen zu können. Seine Frau, eine norwegischstämmige Amerikanerin der dritten Generation, begrüßte Jorna nicht ganz so überschwänglich, aber ebenfalls herzlich. Jornas Gepäck hätten sie zu dritt gut selbst tragen können, doch Just wollte ihr wohl gleich zeigen, dass er wusste, wie man reist, und wie weltläufig er war, und winkte einem der Porter, die überall auf Kundschaft warteten.

Und dann standen sie vor seinem Auto, ein Chrysler Vorkriegsmodell, Windsor, dunkelbraun, der Kühlergrill mit aufpolierten vertikalen Stangen aus Chrom, darüber die Kühlerhaube stolz aufragend wie der Bug eines Schiffes, mit Weißwandreifen, sie wirkten wie Gamaschen an einem eleganten Tänzer. Das ganze Auto strahlte und glänzte, ein Zeugnis davon, dass sein Besitzer, ein Auswanderer der ersten Generation, es zu etwas gebracht hatte. Stolz präsentierte Just ihr seinen Besitz, wies sie darauf hin, wie angenehm man in diesem Auto unterwegs war, und überhaupt, welch ein schönes Leben ihm dieses Amerika geboten hatte, in Norwegen hätte er es nie zu so etwas gebracht.

Nachdem alles verstaut und verladen war, fuhren sie über die Brooklyn Bridge, die Jorna schon am Morgen dieses Tag vom Schiff aus bewundert hatte. Sie fuhren an den Hafenanlagen, die an der südwestlichen Spitze von Brooklyn lagen, vorbei, und langsam wurden die Häuser kleiner, die Wohngegend aufgelockerter, fast kleinstädtisch. Sie kamen nach Bay Ridge, da wo die meisten der ausgewanderten Norweger in New York lebten. Just wohnte in einem zweistöckigen Backsteinhaus in einer Seitenstraße der 4th Avenue. Straßen, auf deren beiden Seiten Bäume wuchsen, die jetzt in vollem Laub standen. Die Häuser in dieser Gegend machten einen gepflegten Eindruck und vermittelten die Botschaft, dass die Menschen, die hier wohnten, zwar nicht übermäßig wohlhabend waren, aber sicher in der Mittelschicht angekommen waren. Just und Randi zeigten ihr alle Räume im Haus, wiesen auch auf das geschmackvoll gekachelte Bad hin, das so viel an Bequemlichkeit bot, wie man sich das in Norwegen nicht vorstellen konnte, und die Zentralheizung, man musste keinen Ofen anfeuern, es war das ganze Jahr über warm. Aber im Sommer, der ja hier so heiß und drückend würde, da habe man Gott sei Dank Airconditioning.

Beim Abendessen, das Randi ziemlich fix zubereitet hatte, es schien eine Art Fertiggericht zu sein, Hamburger und ein großer Salat, dazu Brötchen mit ziemlich wenig Geschmack – Jorna wunderte sich nur, wie schnell das alles gegangen war –, beim Abendessen also wollte Just alles von daheim erfahren. Wie es der Familie gehe, wie man über den Krieg gekommen sei, welch ein Segen, dass Amerika und seine Verbündeten den Krieg gewonnen hatten und Norwegen von der Naziherrschaft erlöst hatten. Jorna erzählte alles, was ihr einfiel, deutete aber die momentane schwierige Lage ihrer Eltern nur an, sprach von allgemeinen Problemen, die mit der Nachkriegszeit zusammenhingen. Auch wusste sie nicht, ob Just irgendetwas von ihrer Beziehung zu dem deutschen Soldaten Heinz erfahren hatte. Er machte aber nicht den Eindruck, also wollte sie es lieber für sich behalten, vorerst zumindest. Irgendwann fielen ihr die Augen zu, Just hätte am liebsten noch stundenlang geredet, hatte aber ein Einsehen.

Am nächsten Morgen gab es einen Liter Kaffee, und zwar keinen Ersatzkaffee, sondern richtigen, dazu Spiegeleier mit Speck. Just hatte sich den Tag freigenommen, er war selbstständig, hatte eine kleine Werbeagentur, aber heute wollte er ihr die Gegend zeigen, die für so viele die erste Heimat in Amerika war und die »Little Norway« genannt wurde. Sie fuhren natürlich mit dem schönen Auto, und Just hielt immer wieder an. Jorna staunte, überall trafen sie auf Nachbarn und Bekannte, die Norwegisch sprachen und denen Just voller Stolz seine Nichte vorstellte. Es gab richtige norwegische Läden, in eine norwegische Bäckerei gingen sie hinein, und Just sprach auch hier die Verkäuferin auf Norwegisch an. Das Angebot erstaunte Jorna. Es gab alles, was sie an Backwaren von zuhause kannte, lockere Plunderteilchen, Wiener Brød genannt, mit einer Füllung aus Pudding oder Mandelcreme, lange Striezel mit Kardamom, Kransekaker, ein trockener Kuchen aus gemahlenen Mandeln, bei dem immer kleinere Ringe gebacken und zu einem Turm aufeinandergestapelt werden, er war sogar mit kleinen norwegischen Flaggen geschmückt, Brandteiggebäck mit gelber Eiercreme und Blødkake, eine Torte aus Biskuitteig, gefüllt mit geschlagener Sahne und frischen Erdbeeren, und einen Baiserkuchen, Marengskake genannt, alle norwegischen Brotsorten und knusprige Brötchen, Rundstücker, mit Mohnsamen, und Lefse, pfannkuchenartige Fladen, die man mit Rømme, einer fetten sauren Sahne, und Marmelade aß. Sie kauften Wiener Brød und ein frisches, noch warmes Weißbrot, Luv genannt.

Dann fuhren sie weiter über die 8th Avenue, die im Volksmund Lapskaus Avenue hieß, weil hier fast nur Norweger lebten und viele norwegische Lokale zu finden waren, in denen es die typischen Fischgerichte der Heimat gab. Hier in New York war der Fisch immer frisch, meist gefangen von norwegischen Seeleuten, die auch in Amerika ihren traditionellen Berufen nachgingen und für den Hauptfang verantwortlich waren, der täglich am Fulton Fish Market, South Street Seaport, Manhattan umgeschlagen wurde. Just wies auf alle norwegischen Einrichtungen, Kirchen, Vereine, Chöre, Alters- und Kinderheime hin, alles war da, die Norweger hatten sich in die neue Welt ein großes Stück der alten Heimat mit hinübergenommen.

Meine Mutter landete also bei ihrer Ankunft in den Vereinigten Staaten erst einmal in dieser amerikanischen Kopie von Norwegen. Ihre Landsleute hatten ihr Herkunftsland nicht so schnell vergessen wie andere Nationen und bewahrten ein starkes Clanbewusstsein, das sich erst später, ab den Fünfzigerjahren, als viele Brooklyn verließen und in die Vororte zogen, langsam auflöste. Durch das erneute Erwachen der nationalen Bewegung seit der Unabhängigkeit von 1905 hatten sich eine starke Identifikation mit allem Norwegischen und eine Nationalromantik entwickelt, die aus den norwegischen Auswanderern eine homogene Gruppe machten. Auch das Meer, der Atlantik, an dessen beiden Ufern diese zwei Länder lagen, verstärkte die Verbindung mit dem Old Country. Ebenso die traditionellen Berufe, viele waren immer noch Seeleute und arbeiteten bei der Handelsflotte, die einen regen wirtschaftlichen Austausch aufrechterhielt. Dieser Austausch war durch den Krieg unterbrochen worden, und langsam reduzierten sich auch die Einwandererzahlen aus Norwegen. Damit wurde das Ende von Little Norway in Brooklyn eingeleitet. Aber jetzt, im Jahr 1946, waren sie noch alle da, und meine Mutter konnte es kaum glauben: Sie fühlte sich fast wie in Oslo und hatte doch Amerika erwartet.

Doch Amerika würde schon noch kommen. Sie musste jetzt Otto anrufen und fürchtete sich vor der ersten Begegnung, die für einen der nächsten Tage geplant war. Am Telefon hörte er sich gut an, freute sich auf sie und machte einen unkomplizierten Eindruck, so wie sie ihn damals, vor mehr als einem halben Jahr, auch in Oslo erlebt hatte. Sie verabredeten, dass er am 14. Juni abends aus

New Jersey mit dem Zug anreisen würde, bei Freunden in Brooklyn übernachten und sie dann am 15. Juni zu einem Ausflug nach Manhattan abholen würde. Am 16. Juni sollte dann die Eheschließung stattfinden, und danach würde er sie mitnehmen nach New Jersey.

Die zwei Tage, die ihr noch allein bei ihren Verwandten blieben, verbrachte Jorna mit Spaziergängen durch die Gegend oder im Haus mit Randi, die sie in alles Amerikanische im Haushalt einführte und ihr in einer Kurzversion den American Way of Life beibrachte. Jorna war dankbar dafür, denn einiges war neu für sie, und je sicherer sie war, umso leichter würde es für sie in Bridgeton sein, dachte sie beim Einschlafen.

Bridgeton. Ein Kaff in New Jersey. Sie hatte keine Vorstellung davon. Otto und sie würden zu seiner Mutter Veronica ziehen, die allein in ihrer Wohnung lebte, dort gab es angeblich auch Platz für Otto und seine Frau. Das würde sie jetzt bald sein, die Frau von Otto. Ottos Mutter stammte aus Österreich und verspürte, so hatte es Otto ihr erzählt, anscheinend immer noch Sehnsucht nach ihrer alten Heimat. Vielleicht konnten sie über diese Sehnsucht eine Gemeinsamkeit finden. Eine alte und eine junge Frau, die beide eine Sehnsucht hatten. Jorna war klar, dass Ottos Mutter ein Problem werden könnte. Otto hatte durchblicken lassen, dass sie sich für ihren Sohn eine andere Frau gewünscht hätte. Obwohl sie selbst nie wirklich eine echte Amerikanerin geworden war, hätte ihre Schwiegertochter genau das sein sollen. Ein »All-American-Girl«, unbeschwert und voller Enthusiasmus für alles Amerikanische.

Diese Erwartungen würde sie nicht erfüllen können, sie, die Norwegerin, die auf der Flucht vor ihren eigenen Landsleuten war und nur mit halbem Herzen den Sprung in die neue Welt gewagt hatte. Auf jeden Fall würde sie die Sache sehr vorsichtig angehen müssen. Otto hatte sie im Unklaren darüber gelassen, ob Veronica wirklich etwas über das Zustandekommen dieser Ehe wusste, und Jorna scheute sich, das Thema anzusprechen, weil so vieles zwischen ihr und Otto noch nicht ausgesprochen war. Die Fragen warteten alle irgendwo, und irgendwann würden beide nicht umhinkommen, eine Antwort auf sie finden.

Jorna musste auf alles gefasst sein, aber sie hoffte, niemand würde von ihr erwarten, dass sie sofort die junge, verliebte Ehefrau spielte. Dieser Gedanke war ihr geradezu widerlich. Selbst wenn sie wirklich verliebt wäre, würde sie dezent bleiben, alles andere würde nicht zu ihr passen, das musste auch Ottos Mutter erkennen. Aber den ganzen Tag mit ihr in einer Wohnung zu verbringen, das würde nicht leicht werden. Außerdem war sie eine alte Frau und eine Witwe, die nicht mehr viel zu tun hatte, die sich von morgens bis abends Gedanken machen konnte und die sie vielleicht ständig beobachten würde. Anders als ihre eigene Mutter, die immer gearbeitet hatte und abends müde und milde war.

Wann würde sie ihre Mutter wohl wiedersehen? Sie wusste, Henny würde ihr lange Briefe schreiben und versuchen, sie aufzumuntern. Aber vielleicht kam auch alles ganz anders, und Ottos Mutter würde milde sein mit ihr, mit der Geflohenen. Veronica war ja selbst einmal ein Flüchtling gewesen, geflohen vor der Armut in Österreich, der Zukunftslosigkeit auf einem kargen Bauernhof in Tirol, wo sie sich als Magd auf steilen Wiesen hatte krumm arbeiten müssen für einen Hungerlohn und eine Schüssel Grießbrei am Abend. Oder als Hausmädchen bei der feinen Herrschaft in Wien, bei der sie sich um die Kohlen, die Kartoffeln und die Knödel hatte kümmern müssen und einmal am Sonntag in den Prater ging für ein schnelles Vergnügen, bevor die lange Woche wieder begann. Immer auf der Hut, dass sie sich nicht einen unehelichen Balg einhandelte. Da war die Hoffnung auf Amerika schon besser und auf die Wohnung in New Jersey mit der Aussicht, ein paar Mal im Jahr einen Ausflug nach Atlantic City machen zu können.

Jorna wusste, wie stur Bauern und wie hartherzig die armen Leute sein konnten, das hatte sie in Norwegen erlebt. Wie jeder von ihnen auf dem eigenen steinigen Stück Boden saß, der wenig hergab in den kurzen Sommern, den Regensommern an den Küsten in Norwegen, mit ein paar mageren Ziegen und Kühen, und sich in seiner ganzen Armut trotzdem etwas einbildete. Aber das waren Protestanten. Ottos Mutter war katholisch, vielleicht waren die anders. In Norwegen hatte sie keine Katholiken gekannt. Es gab ja auch kaum welche, und wenn es welche gab, so wie die italienische Eismacherfamilie, dann waren sie Außenseiter, mit denen niemand verkehren wollte und denen Läuse und Schlimmeres angedichtet wurden. Nein, mit Katholiken kannte sie sich wirklich nicht aus, aber vielleicht war Veronica nach all den Jahren gar nicht mehr so katholisch, hatte sich angepasst an den in Amerika vorherrschenden Protestantismus.

Solche Gedanken hatten sie die Nacht über begleitet, sie kaum schlafen lassen, und am nächsten Morgen stand Otto vor der Tür. Die Unwirklichkeit der Situation überwältigte Jorna wie ein Schock. Hier befand sie sich in einem Haus, einer Stadt, einem Land, wo ihr alles neu und fremd war, mit Menschen, die sie erst vor ein paar Tagen kennengelernt hatte, traf auf ihren zukünftigen Ehemann, und alle verhielten sich so, als ob es das Normalste der Welt wäre. Für den Bruchteil einer Sekunde glaubte sie, Heinz hier vor sich zu sehen, die schwarzen Haare von Otto wurden zu Heinz' schwarzen Haaren, und sie suchte nach Heinz' Lächeln in seinem Gesicht. Ihr wurde übel bei der Absurdität dieses Gedankens. Was konnte sonderbarer sein, als Otto nach einem halben Jahr hier in Brooklyn wiederzusehen, nachdem sie sich in Oslo nur ein paar Wochen gekannt hatten? Das ließ sich nicht verheimlichen und war beiden bewusst, und so begrüßten sie sich auf ziemliche unbeholfene Art. Wenn Just und Randi nicht gewesen wären und ununterbrochen geredet hätten – wer weiß, ob nicht einer von ihnen sich umgedreht hätte und einfach weggelaufen wäre. Aber so wurde der entsetzliche Moment des Wiedersehens aufgefangen durch Justs und Randis Unwissenheit. Otto und Jorna entspannten sich langsam, und jeder für sich fasste den Entschluss, es mit dem anderen zu versuchen. Das Eis war fürs Erste gebrochen, heute würden sie ihren ersten gemeinsamen Ausflug nach Manhattan unternehmen und morgen heiraten.

Manhattan

Manhattan, endlich Manhattan. Immer wieder hatte Jorna während der langen Überfahrt das Bild dieser Stadt in sich aufgerufen mit der Skyline und ihren Türmen, den Avenues mit den eleganten Geschäften. Manhattan, das klang für sie wie Musik, wie Aufbruch, wie Swing.

Heute sollte für Jorna und Otto ein schöner Tag werden, sollte nur die Gegenwart zählen. Vielleicht wollte auch Otto nicht daran denken, wie die nächsten Monate aussahen, wie seine Mutter sich verhalten würde, und ob diese Ehe mit Jorna wirklich eine gute Idee war. Anscheinend hatte er genau geplant, was er ihr heute alles zeigen wollte.

Jorna hatte sich überlegt, was sie an diesem Tag anziehen sollte. Sie hatte das smaragdgrüne Kleid auf ihr Bett gelegt, es wäre genau das richtige gewesen, aber dann wieder in den Schrank gehängt. Das Kleid hatte sie für Heinz gekauft, ziemlich genau vor sechs Jahren. Es war immer noch nicht unmodern, aber sie brachte es nicht übers Herz, Otto in diesem Kleid zu begrüßen. Deshalb entschied sie sich für ein Kostüm aus hellgrauer Baumwolle. Sie wirkte darin etwas elegant-unterkühlt, aber sehr attraktiv.

»Du siehst gut aus in deinem Kostüm, du wirst dich vor den jungen Damen in Manhattan nicht verstecken müssen.« Er blickt sie bewundernd an.

»Meinst du wirklich? Ich habe immer Angst, man könnte mir direkt ansehen, dass ich gerade herübergekommen bin. Hoffentlich hast du recht. Ich fühle mich jedenfalls sehr gut heute.«

Nachdem sie sich von Just und Randi verabschiedet hatten, versuchten beide, die neugewonnene Selbstsicherheit nicht aufs Spiel zu setzen, und redeten ohne Unterbrechung. Otto erklärte ihr, wie die U-Bahnen funktionierten, was die Tickets kosteten, wie das Streckennetz zu lesen war, und welche Verbindungen günstig waren. Er führte sie an der Hand durch die langen Gänge, und Jorna spürte, dass er sie gern noch enger an sich gezogen hätte, er nahm aber wohl ihre innere Reserviertheit wahr und hielt sich zurück. Am liebsten hätte sie ihn gebeten, ihr Zeit zu lassen, nichts zu überstürzen, sie war ja gerade erst angekommen im neuen Leben. Vielleicht würden sich ihre Probleme, wenn sie sich auch nicht wirklich lösen ließen, zumindest doch irgendwie »amerikanisieren«. Im Licht dieses großen, vitalen Landes sollten sie einfach verblassen, von ihrer Schärfe verlieren und Anderes, Wichtigeres würde an ihre Stelle treten. Wie zwei Schauspieler, die nur die ersten Seiten des Drehbuchs kennen, spielten sie tapfer die Anfangsszenen und hofften, dass das Ende des Films erträglich sein würde, wobei Jorna manchmal ahnte, dass ein richtiges Happy End kaum zu erwarten war.

»Du musst mir noch genau von deiner Überfahrt erzählen, ihr scheint ja phantastisches Wetter gehabt zu haben! Das war bei meiner Rückfahrt völlig anders, wir sind in einen heftigen Sturm gekommen, allen war schlecht.«

»Nein, unsere Überfahrt war ein Vergnügen im Sonnenschein, die Leute waren alle bester Stimmung. Sie haben so lange auf diesen Moment gewartet, einige von ihnen die ganzen sechs Jahre.«

Otto schaute sie prüfend an: »Manchmal war ich mir gar nicht sicher, ob du wirklich kommst, ob du dir es nicht noch anders überlegen würdest.«

»Otto, ich bin jetzt da, aber es ist mir nicht leicht gefallen, meine Familie und mein Land zu verlassen. Doch hier will ich versuchen, eine Amerikanerin zu werden.«

»Das wird ganz schnell gehen, du wirst sehen. Das Leben hier ist sicher angenehmer als jetzt gerade in Norwegen. Alle sagen, dass ein großer wirtschaftlicher Aufschwung vor uns liegt. Der Krieg ist vorbei, und jetzt geht es bergauf. Ich habe eine Stelle in einer Autowerkstatt gefunden, von dem Geld können wir leben.«

»Das ist gut, aber du weißt, ich will sofort nach einer Arbeit suchen, ich habe alle Zeugnisse mitgebracht. Auch wenn man mich hier nicht als Telefonistin einstellt, sollen doch alle sehen, dass ich sehr gute Beurteilungen habe.«

»Wenn du dich eingelebt hast, machen wir das, aber heute ist erst einmal Manhattan dran.«

Chattanooga Choo Choo, Chattanooga Choo Choo, Chattanooga … Sie sitzen im Zug, und die Geräusche, die er macht, klingen wie Musik in ihren Ohren. Jetzt ist es gut, ihr Herz klopft bis zum Hals, klopft im Takt des Zuges, *Chattanooga …* Jetzt weiß sie es. Manhattan, das war ihr Traum damals, *Take the A Train*, die Swing Melodien hört sie in ihrem Kopf, und die Texte kann sie fast auswendig. Jetzt ist sie, das Small Town Girl aus der Provinz, hier. *Chattanooga* … Der Zug spielt den Swing. Jetzt hat sich alles gelohnt, die Unsicherheit, die Angst. Der Krieg ist aus, alles fängt von Neuem an. Es gibt eine Zukunft. Amerika heißt die Zukunft.

Amerika, dorthin wollten so viele Norweger, jetzt ist auch sie da, eine von Millionen, die ihr Glück suchen. Hier wird sie es finden. Sie kann auf einmal den Mann an ihrer Seite ganz attraktiv finden, sein etwas linkisches Verhalten vergessen, dass er oft nicht weiß, wie man sich benimmt, dass er manchmal wie ein Bauer ist, obwohl er aus New Jersey stammt. Ein Bauer aus New Jersey, wie komisch das klingt, das hätte sie in Norwegen auch haben können.

Manchmal vergisst sie ihn vollständig, stellt sich ein Leben in Manhattan ohne ihn vor. Sie wird dazugehören, wird eine Amerikanerin sein, ein Office Girl wie viele. Wird sechs Tage die Woche mit dem Zug nach Downtown fahren, sie wird viel arbeiten. Sie wird eine sein wie tausend andere, wird mittags ihr Sandwich in einem Coffeeshop essen und auf dem Heimweg in einem Magazin die neueste Mode anschauen und mit ihren Freundinnen über Filme reden. Und samstagabends wird sie zum Tanzen gehen, herumwirbeln und alles vergessen, die anstrengende Woche im Büro, die Hitze in der U-Bahn, das enge Apartment.

Sie wird die Vergangenheit vergessen, die hässlichen Blicke auf der Straße von Leuten, die sie ihr ganzes Leben gekannt hat und die auf einmal sehr unfreundlich geworden waren. Die Sorgen ihrer Mutter. Es kann doch nicht sein, dass ihr Vater zum Trinker geworden ist wegen ihr. Die Cognacflasche in seinem Nachttisch und die Bierkästen, die angeliefert wurden, und von denen jeder in der Straße wusste. Sie schauten alle aus ihren Fenstern, verborgen hinter den Gardinen, damit es nicht so auffiel. Aber jeder wusste, dass sie guckten, und jeder wusste, was sie sahen. Und sie wollten auch, dass es jeder wusste, denn sie waren rechtschaffen und konnten Alkoholkonsum keinesfalls billigen. Dabei hatte jeder einen in der Familie, einen, der trank. Aber es musste heimlich geschehen. Wie viel Heimlichkeit ist möglich in einer Kleinstadt? Eigentlich wollte sie nie wieder in einer Kleinstadt leben.

Es wurde dann ein sehr schöner Tag, er zeigte ihr alles. Die glitzernde Skyline in der Morgensonne und die Brooklyn Bridge. Er erzählt von der Baugeschichte, die wie ein Krimi war, und bei der viele Arbeiter ums Leben gekommen sind. Anscheinend hatte er sich auf diese Stadtführung vorbereitet.

»Du bist ja ein richtiger Fremdenführer. Was du alles weißt. Habt ihr das in der Schule gelernt?«

»Ja, wir sind mächtig stolz auf diese Stadt, und unsere Lehrerin hat uns damals einiges erzählt, aber ich wusste, wie sehr du dich auf diesen Besuch gefreut hast und habe mir ein Buch aus der Bibliothek ausgeliehen.«

Dann waren sie nach Midtown Manhattan gefahren, zum Empire State Building, dem höchsten Gebäude der Welt, das mit seiner berühmten Silhouette und der zurückspringenden Fassade zum Wahrzeichen New Yorks und zum Inbegriff des Wolkenkratzers überhaupt geworden war. Jorna war wie in einem Taumel, immer wieder musste sie den Kopf in den Nacken legen und nach oben schauen. Die schiere Größe dieser Gebäude, der pulsierende Verkehr und die Menschenströme um sie herum schüchterten sie ein. Hatte sie sich gerade noch gewünscht, niemals mehr in einer Kleinstadt mit ihren Zwängen zu leben, überkam sie jetzt eine tiefe Verlorenheit angesichts der Großartigkeit dieser Stadt. Wie sollte sie hier ihren Platz finden, so allein, so mittellos, so fremd?

Anschließend liefen sie die 5th Avenue rauf und runter, und Jorna klebte förmlich an den Schaufenstern der riesigen Department

Stores. Solche Auslagen hatte sie noch nie gesehen. Sie drängte Otto dazu, in einen der großen Läden hineinzugehen, auch wenn keiner von ihnen Geld hatte, um dort viel zu kaufen. Jorna merkte, dass es Otto etwas peinlich war, solch einen Laden zu betreten, er fühlte sich unsicher, und Jorna ging es ähnlich.

Irgendwann würde sie nicht nur zum Gucken ins Bergdorf Goodman kommen, irgendwann würde sie als Kundin den Laden betreten und sich von einer der eleganten Verkäuferinnen bedienen lassen. Diese würden freundlich mit ihr umgehen, weil sie spürten, dass die Kundin Geschmack hatte und etwas ausgeben wollte. Heute mussten sie es beim Gucken belassen.

Am Nachmittag kamen sie zum Rockefeller Center. Jetzt standen auf der Plaza die Sonnenschirme eines Cafés, aber Otto erzählte ihr von der Schlittschuhbahn, die im Winter dort aufgebaut wurde, und dem riesigen Weihnachtsbaum, den alle Kinder New Yorks sehen wollten. Sie gingen zum Aufzug, der sie auf die Aussichtsplattform bringen sollte. Was war New York ohne einen Blick von oben? Die Sicht war phantastisch, nach Süden schauten sie direkt auf das Empire State Building, so wie man es eigentlich sehen muss, in seiner ganzen Schönheit, und nicht wie eine Ameise vom Boden aus, immer in Gefahr, von den riesigen Massen überwältigt zu werden. Zu beiden Seiten von Manhattan breiteten sich die Wasserarme aus, im Osten der East River mit den großen Wohnvierteln Queens und Brooklyn, die sich bis zum Atlantik erstreckten, im Westen der Hudson, über dem jetzt eine warme Nachmittagssonne stand und auf dem unzählige Fähren und Boote unterwegs waren. Dahinter kündigten sich die großen Weiten Amerikas an, die die Auswanderer auf ihrem Zug nach Westen kolonisiert hatten und die sie vielleicht auch einmal kennenlernen würde. Unter dem Hudson führten die unsichtbaren Tunnel und U-Bahn-Röhren hindurch, über die jeden Tag Abertausende von Menschen aus ihren Wohnstätten in New Jersey nach Manhattan unterwegs waren. In Richtung Norden breitete sich der Central Park aus, von den edlen Wohnvierteln der Upper East Side bis nach Harlem. Diesmal würden sie keine Zeit haben, den Park zu besichtigen, das mussten sie sich für den nächsten Ausflug vornehmen.

Langsam ging die Sonne unter, und bevor es ganz Nacht wurde, wollte Otto noch mit ihr zum Times Square, dem Nabel von New York mit dem Glanz der alles überstrahlenden Neonreklamen und dem Elend, das sich dahinter verbarg. Jorna hatte den Puls und den Rhythmus dieser Stadt gespürt, aber jetzt war sie kaum noch in der Lage, irgendetwas aufzunehmen. Mehr als erschöpft, fuhren die beiden zurück nach Brooklyn, schlossen am Tag darauf ohne große Feierlichkeiten ihre Ehe in der norwegischen Botschaft und begannen ihr gemeinsames Leben.

Deutschland

1946 – 1948

Während Jorna nicht wusste, ob ihr neues Leben in New Jersey ihr das bieten konnte, was sie sich erhoffte, oder ob es sich nicht eher als eine große Enttäuschung zeigen würde, musste Heinz in Deutschland auf ganz andere Art von vorn anfangen. Für ihn hieß es, eine Existenz aufzubauen und vor allen Dingen erst einmal für sich und seine Eltern das tägliche Überleben zu sichern. Lebensmittel waren knapp, und im Laufe der ersten zwei Jahre wurde es für ihn immer schwieriger, sich und seine Familie satt zu bekommen. Wer konnte, ging hamstern aufs Land. Heinz versuchte es im Bergischen Land, aber auch weiter weg, im Münsterland, wenn es eine Fahrmöglichkeit gab, und er brachte immer etwas mit, manchmal ließ sich selbst der hartherzigste Bauer von seinem Charme erweichen. Aber es war nicht leicht und kostete viel Kraft.

Einmal, so erzählte er, entdeckte er auf einer dieser Touren auch eine Triumph-Schreibmaschine. Genau das, was er und sein Vater Heinrich für die Gründung einer neuen Existenz brauchten. Mit einer Schreibmaschine konnten sie loslegen, das war der Anfang eines Büros, einer Agentur, eines Geschäfts. Er bekam die Schreibmaschine, sogar günstig, der Haken dabei war nur, dass an dem Tag kein Zug mehr zurück nach Wuppertal fuhr, und da er die Nacht zusammen mit seiner Triumph, die ihm ein hartes Kopfkissen gewesen wäre, nicht auf einem zugigen Bahnhof verbringen wollte, war ihm nichts anderes übrig geblieben, als die Schreibmaschine unter den Arm zu nehmen und sie nach Hause zu tragen. Er lief dann gleich die Bahngleise entlang und schleppte den Grundstein zu der neuen Firma nach Wuppertal: Heinrich Engelhardt und Sohn, Zeitschriften- und Buchvertrieb. Das war der Anfang, und die Firma hat die Familie ernährt, auch wenn sie nie zu großen Reichtümern führte.

Heinz' Vater, Heinrich Engelhardt, war ein Tausendsassa. Er hatte im Laufe seines Lebens eine Reihe von verschiedenen Geschäften gegründet, war immer wieder gescheitert damit, denn die Wirtschaftskrise verschonte auch ihn nicht, und fing dann jedes Mal mit einer neuen Idee an. So hatte er in Düsseldorf einmal, als Heinz noch ein kleiner Junge war, eine Schokoladenfabrik gegründet, bei der die Aufgabe des Wachhundes von einer bösartigen Gans übernommen wurde. Wenn man den Hof überqueren wollte, dann nur mit einem Knüppel bewaffnet, sonst hätte einen die Gans in die Wade gezwickt. Ein besonderer Spaß für Heinz und seine Freunde – sowohl die Süßigkeiten als auch die wütende Gans, die man bekämpfen musste. Sie wurde mit Schokoladenresten gefüttert und hatte dann, als sie endlich als Weihnachtsbraten auf dem Tisch der Familie landete, einen merkwürdigen Beigeschmack von Schokolade. Leider war auch diese Fabrik pleitegegangen.

Anfang der Dreißigerjahre war die Familie nach Frankfurt gezogen, da gab es den Plan, zusammen mit einem Freund einen Zeitungsverlag zu gründen. Es wurde dann doch nichts daraus. Aus dieser Verbindung ergab sich zumindest ein Arbeitsverhältnis für den Sohn Heinz als Verlagskaufmann beim Frankfurter Verlag, wo ihn dann, am 1. September 1939, die Einberufung zur Wehrmacht ereilte.

Als der kalte Hungerwinter 1947 vorbei war, wuchs langsam das Zutrauen der Menschen in eine bessere Zukunft. Heinz war es nicht gelungen, Jorna zu vergessen. Zum ersten Mal hatte er wieder Hoffnung, sie doch noch nach Deutschland holen zu können, ein Gedanke, den er in der ersten Zeit nach dem Krieg immer wieder von sich geschoben hatte. Da wäre es Egoismus gewesen, ihr zuzumuten, in dieses Trümmerland zu ziehen, aber vielleicht hätte sie auch das gewollt.

Anfangs war es unmöglich, Briefe aus Deutschland nach Norwegen zu schicken. Mithilfe eines Bekannten versuchte er, Post über die Schweiz herauszubekommen. Es gelang, davon erfuhr er aber nichts, denn es kam keine Antwort zurück. Der Brief, den er nach Flekkefjord in die Kirkegaten 36 geschrieben hatte, war zwar angekommen, wurde aber nicht beantwortet. Jornas Eltern wollten die Vergangenheit ruhen lassen, ihre Tochter war in Amerika, zwar nicht in einer glücklichen Beziehung – das wussten sie wohl –, aber es gab jetzt ein neues Leben für sie dort. Sollte man das wieder zerstören? Die Verbindung mit einem Deutschen hatte sie nicht glücklich gemacht, im Gegenteil, sie hatte ihre ganze Familie unglücklich gemacht, es würde nichts Gutes dabei herauskommen. Also besser, man beantwortete den Brief nicht und sagte auch Jorna nichts davon. Aksel und Henny waren sich darin einig, doch manchmal bekam zumindest Henny Zweifel. Sie hatte Heinz sehr gemocht, und Jornas Briefe klangen nicht so, als ob sie mit Otto das große Glück gefunden hätte. Trotzdem, ein Leben in Amerika war allemal besser als eines im ehemaligen Nazideutschland. Doch würde Jorna ihnen einmal Vorwürfe machen, wenn sie davon erführe?

Fast war Henny so weit, Jorna selbst entscheiden zu lassen, ihr zu sagen, dass ein Lebenszeichen gekommen war, und sie zu fragen, ob sie ihre Adresse nach Deutschland schicken durfte. Da kam im Frühsommer 1948 ein zweiter Brief von Heinz in Flekkefjord an, diesmal direkt aus Deutschland, und Henny entschied ganz schnell. Ohne ihren Mann zu fragen, schrieb sie eine kurze Antwort an Heinz, berichtete, dass Jorna in den USA verheiratet war, und gab ihm ihre Adresse. Sie schrieb Jorna nichts davon und hoffte insgeheim, dass Heinz jetzt, wo er wusste, dass sie einen anderen Mann hatte, es endgültig aufgeben würde, nach ihr zu suchen.

Diese Antwort war zuerst ein Schock für Heinz. Wenn Jorna verheiratet war, dann bedeutete das wohl das Ende seiner Hoffnungen. Aber er gab nicht auf. Was hatte er zu verlieren? Vielleicht würde er enttäuscht werden, vielleicht hatte Jorna von ihrem amerikanischen Ehemann schon ein Kind, und er würde nur einen Gruß von ihr bekommen aus der neuen Welt. Es konnte aber auch alles anders sein, er würde es wagen.

Ja, er wagte es. Er berichtete ihr einfach von den letzten Jahren, dass er immer an sie gedacht, die Träume von ihrer gemeinsamen Zukunft immer in sich bewahrt hatte, dass er immer noch auf sie wartete, und dass es jetzt an ihr läge, eine Entscheidung zu treffen. Er war bereit.

Bridgeton, New Jersey

Frühling 1947

Auf der Straße blies ihr ein nördlicher Wind entgegen, die Luft war klar und der Himmel stechend blau. Bald würde die Sonne mehr Kraft haben, aber jetzt fror Jorna und zog ihren Mantel enger zusammen. Darunter trug sie den dicken braunen Wollpullover, den Wencke ihr als Abschiedsgeschenk gestrickt hatte, nachdem sich Jorna zu ihrem amerikanischen Abenteuer entschlossen hatte. Er sollte sie beschützen vor der Kälte des amerikanischen Winters, sie, die daheim schutzlos geworden war. Würde sie jemals irgendeine ihrer Freundinnen wiedersehen? Wann würde sie ihre Eltern, ihre Geschwister wiedersehen? Im Winter konnte es zuhause sehr kalt sein, jetzt war dort vielleicht schon Frühling, es blühten überall die kleinen Blumen zwischen den Birken, und die Frühlingssonne war richtig stark. Hier in New Jersey war noch tiefster Winter. Bei diesem Gedanken kamen ihr Tränen. Die Tränen, die sie lange nicht zugelassen hatte. Niemand hatte sie weinen sehen. Niemand sollte wissen, mit welchen Gefühlen sie ihr Land verlassen hatte, sich vielleicht einen Reim auf sie machen. Oder hinter ihre Geschichte kommen. Den Gefallen wollte sie niemandem tun. Wenn sie erst einmal drüben war, hatte sie sich gesagt, würde alles anders werden, dann wollte sie die Vergangenheit vergessen, so gut es ging. Jetzt war es in New Jersey noch kalt, und alles wirkte kahl, aber hier konnte sich das schnell ändern, von einem auf den anderen Tag konnte es plötzlich warm werden.

Es waren heute nicht viele Leute zu Fuß unterwegs, und niemand hatte ihre Tränen gesehen. Sie holte das Taschentuch mit dem eingestickten Monogramm J. G. aus ihrer Manteltasche und wischte die Tränen weg. Sie lebte jetzt seit einem dreiviertel Jahr in Bridgeton, New Jersey, in einer kleinen Wohnung mit Otto. Sie hatten nicht zu seiner Mutter Veronica ziehen müssen, wie Jorna befürchtete. Sie war heilfroh darüber, auch wenn Veronica ihr eigentlich ganz zugetan war. Ottos Eltern hatten eine Tankstelle betrieben mit einem angeschlossenen kleinen Laden. Den hatte die Mutter vor dem Krieg anscheinend Tag und Nacht offen gehalten, die Kunden mussten nur nach ihr brüllen, dann schälte sie sich aus ihrem Bett und ging nach unten, um sie zu bedienen. Ob sie sich immer in ihrem Arbeitskittel schlafen gelegt hatte? Eine Kuh hatte sie wohl auch gehalten und die Milch direkt verkauft, ganz so, wie sie es in ihrer Kindheit in Österreich gelernt hatte. Jetzt gab es die Autowerkstatt nicht mehr, und Otto reparierte woanders Autos.

Otto hatte sich richtig bemüht damals, als sie von New York ankamen, und Jorna als Überraschung die Wohnung präsentiert, die jetzt ihr Zuhause war, in ausreichender Entfernung von seiner Mutter. Aber wie sollte sie sich hier zuhause fühlen? Alles war anders, als sie es sich vorgestellt hatte. Ja, sie hatte eine Wohnung hier, ein Auskommen, sogar eine Arbeit hatte sie gefunden in der Verwaltung eines Krankenhauses, man war wohl sehr zufrieden mit ihr. Alles hätte also in Ordnung sein können, sie könnte sich auch mit dem öden kleinen Ort anfreunden, der eigentlich kein Ort war, nur eine Ansammlung von Häusern, wenn sie nur den Mann lieben könnte, der jetzt ihr Ehemann war.

Im Augenblick war alles fraglich geworden. Sie sehnte sich zurück nach ihrem Zimmer unter dem Dach in der Kirkegaten, das damals ihr Reich gewesen war und in dem sie die letzte Nacht mit Heinz verbracht hatte. Bei dem Gedanken fühlte sie einen Stich im Herzen und eine unendliche Sehnsucht nach ihm, aber es hatte keinen Sinn. Sie musste die Hoffnung aufgeben und am besten die Erinnerung an ihn auslöschen, wenn ihr das nur gelänge.

Vielleicht ginge es ihr besser, wenn sie hier allein leben würde, so wie sie es sich früher erträumt hatte, als Office Girl in New York, immer auf der Suche nach dem Prinzen, der sie einmal erlösen würde aus ihrem Dasein. Aber ihr Prinz war wohl in den Weiten Russlands verloren gegangen.

Jorna will zurück

Mai 1948

Ein weiteres Jahr war vergangen, aber nichts war wirklich besser geworden. Jorna saß am Strand von Atlantic City. Zwei Jahre war sie jetzt hier, es war Mitte Mai, aber schon verhältnismäßig warm, und zum ersten Mal hatte sie ihren neuen Badeanzug anziehen können, einen Einteiler aus hellem Baumwollstoff, bedruckt mit großen, tropisch anmutenden Blumen.

Otto und sie saßen im Sand, beide hatten etwas zu lesen dabei und sprachen wenig miteinander. Jorna war in Gedanken. Immer wenn sie hier am Atlantikstrand saß, musste sie an Europa denken, daran, wie sie mit dem Schiff diesen Ozean überquert hatte, dessen Wellen irgendwann einmal an die Küsten Norwegens und Deutschlands schlugen, des Landes, in dem sie jetzt eigentlich sein sollte. Es lag eine riesige Entfernung zwischen diesen Kontinenten, aber für Jorna bildete das Wasser eine Verbindung. Seit ihrer Abreise im Frühjahr 1946 war sie nicht mehr zu Hause gewesen. Wie mochte es ihrer Familie wohl gehen? Von ihrer Mutter kamen regelmäßig Briefe und auch von ihrer Schwester Aud. Aber sie wusste nicht, ob sie ihr immer die Wahrheit sagten, so richtig gut ging es ihnen wohl nicht.

Sie hatte Heimweh, gleichzeitig hatte sie Angst davor, sich in Flekkefjord zu zeigen. Wie würden die Leute reagieren? Hatte sich die Wut auf die Deutschen und die, die mit ihnen zu tun hatten, schon etwas gelegt, oder war Unangenehmes zu erwarten?

Trotzdem hatte Jorna etwas Geld zurückgelegt. Ihr Gehalt war ziemlich schnell erhöht worden, als ihr Arbeitgeber merkte, welch gute Wahl er mit ihr getroffen hatte. Eine Überfahrt nach Europa kostete eine Stange Geld, aber bald würde sie es beisammen haben. Otto wusste nichts von ihren Plänen. Am liebsten hätte sie ihn so schnell wie möglich verlassen. Sie hatte sich redlich bemüht, aber es wollte sich einfach keine Liebe einstellen zu ihm. Andererseits wusste sie nicht, warum sie sich eigentlich bemühen sollte. Ja, aus Dankbarkeit, aber er hatte doch gewusst, worauf er sich einließ. Sie hatte ihm nie wirklich Hoffnungen gemacht. Eine Reise nach Europa könnte vielleicht die Trennung vom ihm erleichtern, es ihm einfacher machen, aber sie ahnte, dass er nicht so schnell einverstanden wäre.

In der letzten Zeit musste sie immer wieder an Heinz denken. Die Nachrichten über Deutschland waren in diesem Jahr nicht mehr ganz so schrecklich, es schien bergauf zu gehen, und die Menschen hatten den riesigen Trümmerhaufen, der ihr Land war, schon zu großen Teilen beseitigt. Sie hatte nie mehr etwas von Heinz gehört, bis auf die eine knappe Nachricht damals, die ein Kamerad heimlich herausgeschmuggelt hatte, kurz nachdem seine Kompanie verlegt worden war an die Ostsee, nach Estland. Heinz musste gefallen sein, in Norwegen hatte man nicht viel gehört über verlorene Schlachten. Nur hinter vorgehaltener Hand und mit klammheimlicher Freude hatte man damals, im Sommer 1944, von den Verlusten der Deutschen berichtet. Jeder hatte ihren Niedergang herbeigesehnt, bis auf die, die sich mit ihnen verbündet hatten. Wenn Heinz lebte, hätte er sich doch irgendwann bei ihr gemeldet! Jorna konnte immer noch nicht glauben, dass sie sich in ihm getäuscht haben könnte. Oder war es ihr auch so ergangen wie den vielen Norwegerinnen, die nach dem Krieg nichts mehr von ihren deutschen Geliebten gehört hatten, oder die an einen Mann geraten waren, der zuhause in Oberhausen oder Dresden schon eine Frau hatte mit Kindern, von denen er lieber nicht erzählt hatte? Sie würde es wohl nie herausbekommen und sollte nicht mehr darüber nachdenken.

»Jorna, was starrst du so auf das Wasser, wärst du lieber auf der anderen Seite des Ozeans?«

»Ich frage mich, wie es wohl meinen Eltern geht, ich würde sie gerne wiedersehen. Jetzt wo der Sommer kommt, wäre es so schön, in Flekkefjord zu sein.«

»Ach, schlag dir das aus dem Kopf, ich kann mir nicht vorstellen, dass du dort besonders willkommen bist.«

Darauf antwortete sie ihm nicht. Manchmal wusste sie nicht, ob er sie bewusst quälen wollte, oder ob er einfach unsensibel war. Natürlich spürte er, dass sie ihn nicht liebte. Warum ließ er sie dann nicht gehen?

Jorna packte ihre Sachen, und dann machten sie sich schweigend auf den Heimweg. Diese Woche noch wollte sie sich in einem Reisebüro erkundigen.

Ein Lebenszeichen

Das Wetter war in dieser Mai-Woche die ganze Zeit schön geblieben, und Jorna dachte jeden Tag an Flekkefjord. Das Heimweh, das sie zwei Jahre lang unterdrückt hatte, es hatte sich mit aller Macht zurückgemeldet. Jetzt fing die schönste Zeit an in Norwegen, die Tage waren unendlich lang, und selbst am Abend schien die Sonne. Alle waren draußen, und im Hof der Grønsunds trafen sich die Leute auf einen Kaffee. Wer in der Stadt war und Zeit hatte, kam vorbei, um »Hei!« zu sagen, und blieb für einen kurzen Schwatz. Das Leben war dann leicht und unbeschwert. Wie sie dieses Kleinstadtleben manchmal vermisste! Hier war alles anders. Zu ihren Nachbarn hatte sie nicht viel Kontakt gesucht, aber die Anonymität, die ihr anfangs so befreiend vorgekommen war, machte sie einsamer. Vielleicht bildete sie sich auch nur etwas ein, und Otto hatte recht, auch in Flekkefjord war die Realität eine andere geworden.

Jorna kam vom Büro nach Hause. Sie hatte auf dem Nachhauseweg eingekauft und stellte ihre schweren Tüten beim Briefkasten ab. Sie erwartete einen Brief ihrer Mutter, darin würde sie sicher vom 17. Mai, vom Nationalfeiertag, berichten. Welche Paraden es gegeben hatte, wer Reden gehalten und wer mal wieder zu viel getrunken hatte. Ein Land im Freudentaumel. Die Unabhängigkeit von Schweden 1905 wurde jetzt noch leidenschaftlicher gefeiert. Jetzt, drei Jahre nachdem die erneute Unfreiheit durch die Deutschen endlich vorbei war.

Im Briefkasten steckten heute mehrere Umschläge: der ersehnte Brief ihrer Mutter mit der norwegischen Briefmarke und dem Poststempel von Flekkefjord, eine Rechnung an ihren Mann in einem typischen braunen amerikanischen Briefumschlag, und einer mit einer völlig fremden Marke.

Jorna stutzte. Sie sah diese Marke genauer an und blickte auf ein ihr bekanntes Bild. Die Briefmarke zeigte den Kölner Dom mit den beiden Türmen. Heinz hatte ihr einmal eine Postkarte von einem Heimaturlaub nach Norwegen geschickt, mit dem Bild des Kölner Doms. Diese Postkarte hatte sie aufgehoben und an ihren Spiegel in Oslo geheftet, nachdem Heinz aus ihrem Leben verschwunden war. Später hatte sie die Karte versteckt – man sollte sie lieber nicht bei ihr sehen – und vor ihrer Abreise nach Amerika zu den Sachen gepackt, die sie auf dem Speicher ihrer Eltern in einem Überseekoffer zurückgelassen hatte, um sie irgendwann einmal wieder in anderen, besseren Zeiten auszupacken. Dieses Bild des Doms war wie eine Botschaft, ein Geheimcode.

Ihr Puls raste, und noch bevor sie die Schrift erkannte, bevor sie den Absender auf der Rückseite gelesen hatte, wusste sie, wer diesen Brief geschrieben hatte, wer die Briefmarke mit dem Bild des Kölner Doms auf den Brief geklebt und dann den Brief zur Post getragen hatte, zu der Post, die nun endlich, drei Jahre nach dem Krieg, wieder Briefe von Deutschland aus in die Welt und in das freie Land Amerika schicken durfte. Jetzt hielt sie den Brief in der Hand, auf den sie vier Jahre gewartet hatte, der, wenn er einige Jahre früher gekommen wäre, die Heirat mit Otto und die Abreise nach Amerika verhindert hätte.

Sie starrte auf den Brief. Ja, so hatte Heinz ihren Namen geschrieben, das war seine Handschrift, es gab keinen Zweifel. Sie drehte ihn um, und auf der Rückseite stand sein Name. Oder war das der Name seines Vaters? Heinrich Engelhardt, Mozartstraße, Wuppertal-Elberfeld. Für einen kurzen Moment war die Hoffnung, die sie schon längst verloren geglaubt hatte und die sich jetzt mit aller Macht zurückgemeldet hatte, in sich zusammengefallen. Dies war ein Brief von Heinz' Vater, er wollte ihr wohl nach so langer Zeit mitteilen, dass sein Sohn im Krieg gefallen war, endlich diese Aufgabe, der er sich seinem toten Sohn gegenüber verpflichtet fühlte, erfüllen. Jetzt riss sie den Umschlag auf.

Liebe Jorna, …

Es war ein Brief von Heinz. Er lebte! Alle Erinnerungen an die Zeit mit ihm waren auf einmal wieder da und so frisch, als sei es gestern gewesen, als ob es die ungewisse Zeit nach seiner Abreise, ihre Einsamkeit in Oslo, die Fahrt nach Amerika und das Leben mit Otto dort nie gegeben hätte.

Ja, Heinz lebte, er hatte sie nie vergessen und er wartete auf sie. Er war wieder zuhause, er war gesund. Ja, er hatte Russland überlebt, und nein, er hatte sie nicht vergessen, ganz und gar nicht. Er hatte schlimme Zeiten durchgemacht, und er hatte lange versucht, sie zu erreichen.

Jorna hielt seinen Brief in den Händen wie eine zerbrechliche Kostbarkeit, so wie ein Verdurstender einen Schluck Wasser ängstlich in der hohlen Hand hält, den er nicht verschütten darf, und es ist doch nur ein Stück Papier, aber das kostbarste Papier, das je in ihrem Besitz war. Endlich geschah etwas, das sie aus dieser Lähmung, aus dieser Sinnlosigkeit, die sie in jeder Zelle ihres Körpers spürte, befreien würde. Heinz lebte! Sie hatte es immer gehofft. Er hatte sie nicht verraten, es war alles so, wie er es ihr gesagt hatte damals beim Abschied im Januar 1944. Er würde auf sie warten, sie sei die Einzige, sie sei es, und sie würde es immer sein, und dass sich alle freuen würden, wenn er sie nach Deutschland bringen würde.

Jorna hätte am liebsten getanzt, wollte fliegen vor Freude, wie ein Vogel aus diesem Leben herausfliegen, aus diesem Leben, das ihr wie ein Käfig vorkam, der sich immer enger um sie geschlossen hatte.

Jetzt gab es kein Halten mehr. Jorna kaufte ein Ticket nach Bergen, schrieb ihren Eltern, dass sie sie für einige Zeit in Flekkefjord besuchen würde, und teilte dies auch ihrem Arbeitgeber mit, der sie, sobald sie zurück sein würde, sofort wieder einstellen wollte. Otto war misstrauisch, aber nach zwei Jahren konnte er ihr den Besuch zuhause kaum verwehren, und so brachte er sie Ende Juli nach New York, genau dorthin, wo sie damals amerikanischen Boden betreten hatte: wieder an die Anlegestelle der *S. S. Stavangerfjord*, die Jorna zurück nach Norwegen brachte.

Das Wiedersehen

November 1948

Endlich wieder Flekkefjord! Im August war Jorna wirklich zurück, und auf einmal spürte sie ganz deutlich, wie sehr sie das Zuhause ihrer Kindheit vermisst hatte. Doch der Ort, den sie so geliebt hatte, veränderte sich langsam, und auch die zwei Jahre ihrer Abwesenheit hatten noch nicht gereicht, die Wunden, die die Deutschen dieser Gesellschaft zugefügt hatten, zu heilen. Noch waren nicht alle Menschen bereit, das »Deutschenmädchen« wieder aufzunehmen. Auch das spürte sie trotz ihrer übergroßen Freude, wieder in der Kirkegaten 36 zu sein. Aber in diesem Augenblick berührte sie das nicht mehr so stark, denn am liebsten wäre sie gleich nach Deutschland weitergereist. Nur – so einfach ging das nicht. Deutschland war immer noch besetzt, sie musste sich bei den alliierten Besatzungsbehörden ein Visum besorgen, denn sie konnte nicht einfach einreisen. Heinz konnte sie nicht in Norwegen besuchen, sie hätten den ehemaligen deutschen Soldaten jetzt noch nicht einreisen lassen. Aber die beiden konnten sich schreiben und miteinander telefonieren. Jorna hatte sich vorgenommen, Heinz irgendwo zu treffen, um zu sehen, ob ihre alte Liebe noch da war, so wie damals. Eigentlich zweifelte sie nicht, und nachdem sie seine Stimme gehört hatte am Telefon, zweifelte sie noch weniger, und so verabredeten die beiden ein kurzes Wiedersehen für zwei Tage, irgendwo an der holländischen Grenze, bevor Jorna in die Staaten zurückfahren würde. Sie würden ihre Liebe prüfen und dann, ja dann mussten sie sehen, was sie machen konnten. Sie war eine verheiratete Frau, es würde eine Zeitlang dauern, bis die Scheidung durch wäre.

Irgendwo an der holländischen Grenze, das war Venlo. Aber wie gelangte man im November 1948 von Flekkefjord im südwestlichen

Norwegen in die Nähe von Venlo an der Grenze zwischen Deutschland und den Niederlanden?

Ich kann den Weg meiner Mutter genau verfolgen, in ihrem Pass sind alle Ein- und Ausreisestempel dieser Fahrt zu sehen. Sie tritt sie an am 22. November 1948, wieder einmal am Hauptbahnhof von Oslo. Steigt in einen Zug in das schwedische Helsingborg, dort nimmt sie die Fähre ins dänische Helsingør, von da aus weiter mit dem Zug nach Padborg an der deutsch-dänischen Grenze. Für Deutschland hat sie ein Transitvisum, welches ihr erlaubt, die britische Besatzungszone in Deutschland in jeweils einem Tag zu durchqueren. Gleichzeitig ist es ihr bei Strafe verboten, in Deutschland den Zug zu verlassen. Am 25. November reist sie wieder ab aus Venlo, für den 26. November gibt es einen Devisenstempel in Rotterdam, und am 28. November reist sie in Oslo ein, anscheinend mit einem Boot aus Rotterdam kommend.

Innerhalb von sechs Tagen legt sie diesen strapaziösen Hin- und Rückweg zurück durch fünf Länder, die noch mehr oder weniger unter den Auswirkungen des Krieges leiden. Welch ein Glück, dass uns meine Mutter diesen Pass mit dem amerikanischen Namen, den Visa und all den Ein- und Ausreisestempeln hinterlassen hat. Man kann ihn lesen wie ein Buch. Aber warum hat sie diesen verräterischen Hinweis nicht beseitigt? Hat sie es einfach vergessen? Oder wollte sie doch, dass wir ihr auf die Spur kommen? Hat sie unbewusst darauf gewartet, dass eine von uns eine Frage stellen würde? Und der Pass selbst – war der für sie so ein kostbares Dokument, welches ihr das Überleben in dieser schweren Zeit überhaupt erst ermöglicht hat, dass sie sich davon nicht trennen konnte? Hat sie ihn später manchmal herausgeholt und sich für ein paar Momente in die aufgewühlten Zeiten zwischen 1945 und 1950 zurückversetzt? So als ob sie selbst gar nicht mehr sicher sagen könnte, dass sie das war, die diese Geschichte erlebt hat? Erzählt hat sie uns von der Reise und dem Treffen mit unserem Vater nichts. Erfahren haben wir davon durch unsere deutschen Verwandten.

Jorna saß in dem Zug, der sie durch Norddeutschland fuhr, und schaute in ein immer noch verwüstetes Land, das sich aber schon erstaunlich gut erholt hatte. Der Zug durchquerte Hamburg, das 1943 so stark zerstört worden war. Es gab immer noch Ruinen zu sehen, aber viele Häuser waren schon wieder aufgebaut, überall wurde gearbeitet. Sie staunte. Das war es also, was sie immer von der Tüchtigkeit der Deutschen gesagt hatten vor dem Krieg. Vielleicht würde Deutschland ja einmal ihre Heimat werden.

Dann zog eine wenig attraktive, flache Novemberlandschaft an ihr vorbei, farblos und eintönig. Unter anderen Vorzeichen hätte sie Jorna melancholisch stimmen können, aber jetzt lag diese ruhige norddeutsche Tiefebene vor ihr wie der Auftakt zu etwas Schönem. Die letzten zwei Stunden im Zug schienen eine Ewigkeit zu dauern, sie zählte die Minuten, konnte es jetzt nicht mehr erwarten. Würde es wieder so sein wie damals? Würden sie die Zeit zurückdrehen können, wieder da anfangen, wo sie sich im Januar 1944 getrennt hatten, und all das Schreckliche, das dazwischen passiert war, vergessen? Es waren fast neun Jahre vergangen seit ihrem ersten Treffen. Waren sie beide noch dieselben Menschen? Natürlich gingen ihr solche Fragen durch den Kopf, immer und immer wieder, doch nach der unglücklichen Zeit mit Otto wusste sie, dass sie mit Heinz etwas anderes erwartete. Ganz egal, was inzwischen passiert war, es würde das, was zwischen ihnen bestand, nicht berühren.

Der Zug fuhr im Bahnhof von Venlo ein, leicht verspätet, und Jorna war am Ziel ihrer Odyssee angekommen. Auf dieser Reise hatte sie nur einen ihrer Koffer dabei. Sie stieg aus, und während sie noch auf den Stufen stand, nahm sie sich die Zeit, über den Bahnsteig zu schauen, ob sie ihn irgendwo sehen würde. Keine dreißig Meter entfernt erblickte sie ihn. Da stand er, in Zivil! Die beiden schauten sich an, und es war genau wie damals auf der Brücke in Flekkefjord. Ihre Blicke trafen sich, angezogen wie durch einen Magnetismus, er ging durch ihrer beider Körper und schloss um sie herum einen Kreis, der alles andere ausblendete. Es gab nur noch Jorna und Heinz, so als ob der Krieg nie gewesen wäre, als ob es Russland nicht gegeben hätte, die Ausgrenzung in Norwegen, die Flucht nach Amerika. Die beiden befanden sich auf ihrem eigenen Stern, sie, die jahrelang nicht zusammenkommen konnten, weil die Geschichte sie auseinandergerissen hatte.

In diesem Augenblick, als sie und Heinz sich in den Armen lagen, waren alle Zweifel, alle Befürchtungen Jornas für immer weggewischt. Alles war jetzt klar, sie wusste genau, was sie zu tun hatte. Sie würde Heinz nach Deutschland folgen, vorher würde sie sich scheiden lassen, und nie wieder würde irgendetwas oder irgendjemand sie von ihm trennen können. So war es dann auch.

Die zwei kurzen Tage in Venlo gehörten sicherlich zu den schönsten im Leben unserer Eltern. Sich nach Jahren wiedergefunden zu haben, nachdem sie längst alle Hoffnung aufgegeben hatten, muss ihnen wie eine Versicherung auf zukünftiges Glück erschienen sein. Was sollte jetzt noch Schreckliches kommen, nachdem sie den Verlust des anderen schon einmal so intensiv und scheinbar endgültig erlebt hatten?

Später, als sie mit uns Kindern in den Ferien nach Holland fuhren, ans Meer und nach Amsterdam, kamen wir jedes Mal an Venlo vorbei, sie erzählten aber nie von den beiden glücklichen November-

tagen, die sie dort in einer kleinen, unscheinbaren Pension verbracht hatten. Wir haben auch nie dort Halt gemacht oder einen Zwischenstopp eingelegt. Deshalb kenne ich die Stadt nicht. Ich denke mir, sie werden sich jedes Mal, wenn sie auf der Autobahn an dem Ausfahrtsschild vorbeifuhren, kurz angeschaut haben, um zu sehen, ob der andere sich auch gerade in Gedanken in der kleinen Pension befindet. Neben der Sommerinsel Hidra und dem Großstadtleben in Oslo war also auch das graue, neblige November-Venlo ein Ort auf der geheimen Glückskarte unserer Eltern.

Nägel mit Köpfen

Sich von Heinz jetzt noch einmal zu verabschieden, war schrecklich, fast unnatürlich, lag doch wieder eine lange Zeit der Trennung vor ihnen. Am liebsten wäre Jorna heimlich über die Grenze gegangen mit ihm nach Wuppertal. Aber sie war verheiratet, musste sich erst um die Scheidung in Amerika kümmern, ohne die konnte sie kein neues Leben in Deutschland beginnen.

Nachdem sie wieder in Flekkefjord war, erklärte sie alles ihren Eltern, schrieb an Otto, sagte ihm, dass sie nie wieder zu ihm zurückkehren würde, dass sie, sobald sie wieder im Lande sei, die Scheidung einreichen werde, und dass es ihr leid tue, ihn unglücklich gemacht zu haben, dass sie ihm aber niemals vorgespielt habe, ihn zu lieben.

Als Otto den Brief las, kochte er. Er hatte gewusst, dass Jorna ihn nicht aus Liebe geheiratet hatte, aber er war immer davon ausgegangen, dass sie sich ändern würde. Er hatte die Nicht-Liebe nicht wahrhaben wollen, wollte sie immer noch nicht wahrhaben. Er konnte es anscheinend nicht akzeptieren, dass sie ihn verschmähte. Er war zurückgestoßen worden, war gekränkt. Er hatte sich täuschen lassen von seinen Wünschen, hatte die Wahrheit nicht erkannt. So leicht wollte er sie nicht ziehen lassen. Er konnte nicht begreifen, was Jorna mit diesem Deutschen verband. Sie wollte in dieses Land ziehen, das daniederlag, wo sie es bei ihm, im gelobten Land Amerika, doch so viel besser haben konnte?

Hals über Kopf buchte auch er eine Passage nach Norwegen, um Jorna dazu zu bewegen, mit ihm, ihrem rechtmäßigen Ehemann, zurück nach Hause, nach Bridgeton, New Jersey zu kommen.

Die Grønsunds waren entsetzt. Otto in Flekkefjord? Wie sollte das ausgehen? Jorna hatte ihnen klargemacht, dass es für sie keinen Weg mehr zurück gab. Was sollten sie hier mit ihm machen? Er war immer noch Jornas Mann, wie behandelte man ihn? Man konnte ihm nicht die Tür vor der Nase zuwerfen. Sein Auftauchen würde auf jeden Fall einen Aufruhr in Flekkefjord verursachen, es war eine Kleinstadt, jeder bekäme es mit. Ganz langsam hatten sich die Gemüter etwas beruhigt, jetzt bloß nicht wieder die Sache aufkochen lassen. Auch Jorna war außer sich. Otto hier zu erleben war ein Gedanke, der ihr unerträglich war. Sie fühlte sich von ihm verfolgt, er hatte kein Recht, hierherzukommen und sie zurück in sein Zuhause schleppen zu wollen. Es war nie ihr Zuhause geworden, er war nie wirklich ihr Mann gewesen. Sie hatten einfach nie zusammengepasst. Er konnte nicht erwarten, dass sie aus Dankbarkeit ihr Leben mit ihm verbringen würde. Sie würde sich dem nicht aussetzen, würde nicht da sein, wenn er ankam, würde einfach verschwinden, nach Lista zu ihrem Vetter Allen, der den Hof von seiner Mutter Tilla übernommen hatte. Keiner würde Otto sagen, wo sie zu finden war, er sollte unverrichteter Dinge wieder abziehen. Sie würde nie mehr einen Fuß nach Bridgeton, New Jersey setzen.

Ihre Eltern waren einverstanden, obwohl es nicht leicht für sie war und sie sich vor dem Augenblick fürchteten, in dem Otto vor der Tür stehen würde nach der langen Reise und sie ihm sagen mussten, dass er vergeblich kam. Es war dann auch nicht sehr angenehm. Es hat wohl unschöne Szenen gegeben, als er kam. Er hat gewütet, geschrien, aber es hat nichts genützt. Man kann es ihm vielleicht nicht verdenken, Jorna hatte seine Eitelkeit gekränkt.

Jorna war währenddessen in Lista auf Maberg, nach vielen Jahren das erste Mal wieder, und obwohl sie sich Vorwürfe machte, ihren armen Eltern schon wieder etwas Unangenehmes zuzumuten, war sie glücklich, dort zu sein. Ihr Vetter Allen hatte im letzten Jahr geheiratet, und jetzt erzählten er und seine Frau Synnøve von der Hochzeit. Die Zeiten in Norwegen waren noch immer nicht einfach, und Stoff für ein Brautkleid zu finden war unmöglich gewesen. Sie hatten sich beholfen mit Seide vom Fallschirm eines deutschen Soldaten, der über Lista abgestürzt war. Das Kleid war dann ganz schön geworden, zumindest an Stoff musste man nicht sparen. Des einen Glück, des anderen Leid, wie so oft.

Sie erzählten auch von Tante Tilla, die nach dem Tod ihres Mannes Jacob Edvard wieder nach Amerika gegangen war und jetzt in Brooklyn bei einer reichen amerikanischen Familie norwegischer Herkunft die Kinder hütete. Ihr Mann war ja wesentlich älter gewesen als sie, und sie fühlte sich zu jung, um sich in ihre Wohnung in Farsund aufs Altenteil zurückzuziehen. Das konnte noch ein paar Jahre warten.

»Du kennst meine Mutter, sie hat das Penne-Blut, das so viele Frauen in unserer Familie geerbt haben. Sie hat wohl eine besonders große Portion davon abbekommen, so energisch und vital, wie sie ist. Wenn du wieder drüben bist, musst du sie besuchen«, sagte Allen, als sie beim Abendessen saßen, das nach Jornas Kindheit schmeckte. Synnøve war es leicht übel. Sie war gerade schwanger geworden mit ihrem ersten Kind.

»Ja, das Penne-Blut … Manchmal ist es ganz gut, dass wir Frauen davon etwas abbekommen haben. Im Augenblick spüre ich es direkt«, Jorna lachte und wurde dann wieder ernst. »Sonst würde ich das Ganze wohl jetzt nicht durchstehen können.«

Auch Allens Frau stammte ganz aus der Nähe von Penne, ihre Eltern hatten zu Beginn des Krieges ihr Haus verloren. Mit ihren vier Kindern mussten sie es innerhalb weniger Stunden verlassen, weil die Deutschen es beschlagnahmt hatten, und dann mit Glück bei Verwandten Unterschlupf finden.

Als Otto nach zwei Tagen abgereist war – es ihm blieb ja nichts anderes übrig –, konnte Jorna wieder in Flekkefjord auftauchen. Sie setzte jetzt alles daran, ihre Sache in den USA zu regeln. Sie musste sich überlegen, wo sie das Trennungsjahr verbringen würde, das nötig war, um die Scheidung zu bekommen. Wieder einmal war es Onkel Just, der ihr half. Er hatte Brooklyn inzwischen verlassen und seine Werbeagentur nach Miami in Florida verlegt. Immer mehr Bewohner der nördlichen Staaten zog es dorthin, in die Wärme, und auch die wirtschaftlichen Bedingungen waren gut. Brooklyn veränderte sich, Norweger fanden zunehmend bessere Jobs, waren nicht mehr nur auf die Arbeit zu See und in den Werften angewiesen und verließen deshalb den Stadtteil. Bay Ridge verlor zusehends den Charakter eines »Little Norway«.

Also fragte Jorna Onkel Just, ob er ihr irgendeine Arbeit und eine Wohnung besorgen könnte, sie wollte so schnell wie möglich wieder rüberkommen und dann auch gerne möglichst weit weg von New Jersey sein. Sie hatte noch ein paar Sachen bei Otto, aber das, was ihr am wichtigsten war, hatte sie mitgenommen: ihre Koffer, ihre schönsten Kleidungsstücke und Heinz' Brief. Den Rest würde sie eine Verwandte aus der Nähe bitten abzuholen, und wenn Otto Ärger machen sollte, könnte sie auch darauf verzichten. Dann schrieb sie an das Salem County Hospital, ihren bisherigen Arbeitgeber, der ihr die Stelle frei gehalten hatte, dass sich leider ihre Pläne geändert hätten und sie nicht mehr zurückkommen könne. Um die Stelle tat es ihr wirklich leid, es war eine gute Arbeit in der Verwaltung gewesen. Sie war jeden Tag gerne dort hingegangen und konnte spüren, dass alle sehr zufrieden mit ihr waren. Sie bekam einen Brief vom 17. Dezember 1948, in dem ihr die Verwaltung mitteilte, dass es sehr schwierig für ihren Nachfolger sein würde, die Arbeit so gut auszuführen wie sie, und dass man ihr jegliche Empfehlung schreiben würde, falls sie dies für eine Arbeit in Norwegen brauchen könnte. Dieser Brief tat Jorna gut, und sie bewahrte ihn in ihren Unterlagen. Eine Arbeit in Norwegen würde sie jetzt nicht mehr suchen, aber vermutlich konnte sie die Empfehlung für die Arbeit in Miami gebrauchen, die Just für sie suchen sollte.

Miami, Florida

1949

Die letzten Wochen in Flekkefjord vergingen schnell. Jorna war jetzt reine Vorfreude. Anfang Februar 1949 bestieg sie wieder die *S. S. Stavangerfjord*, aber diesmal mit ganz anderen Gefühlen, legte nach der Ankunft in New York einen kurzen Halt bei Halldis Svege, einer Cousine mütterlicherseits, in Brooklyn ein und machte sich eine Woche später auf eine weitere Reise ins Unbekannte, diesmal mit dem Greyhound-Bus von der Central Bus Station in New York nach Miami, wo sie noch nie gewesen war. Onkel Just hatte für sie eine Stelle als Gesellschafterin bei einer alleinstehenden älteren Dame gefunden. Sie sollte bei ihr wohnen, ihr im Alltag helfen, sie im Auto herumkutschieren und ihr Gesellschaft leisten. Just hatte seine Hand für seine Nichte ins Feuer gelegt, der alten Dame von dem Empfehlungsschreiben erzählt und bei ihr den Eindruck erweckt, dass sie sich glücklich schätzen könne, wenn Jorna zu ihr käme. Die Lady war interessiert, wollte aber, bevor sie sich endgültig entschied, die junge Dame aus Norwegen persönlich kennenlernen.

Jorna kam also bei Just an, wohnte bei ihm und bekam als Allererstes die Vorzüge des neuen Hauses vorgeführt. Just und seine zweite Frau Lilian – inzwischen hatte er sich von Randi scheiden lassen und wieder geheiratet – waren eine weitere Stufe auf der sozialen Leiter nach oben geklettert. Das alles verdankten sie dem American Way of Life, und sie wurden nicht müde, ihn zu preisen. Das rosafarbene, fast noch im Art-déco-Stil erbaute Haus lag nicht weit vom

Jorna in Miami 1949

Strand entfernt, hatte trotzdem einen kleinen Pool, im Garten stand die Hollywoodschaukel, im Wohnzimmer ausladende Sitzmöbel und in der Küche der obligatorische große Kühlschrank, in dem die eisgekühlten Softdrinks nie ausgehen durften. Jorna war ehrlich beeindruckt. Nach den letzten Monaten in Norwegen, wo immer noch Lebensmittelbezugsscheine ausgegeben wurden, und nach der Fahrt nach Venlo, bei der sie das novemberdunkle Deutschland durch die Zugfenster gesehen hatte, war dies wie das Schlaraffenland. Es schien immer die Sonne, der Kühlschrank war gefüllt, und das Meer war sogar im Winter wärmer als im norwegischen Sommer.

Jorna genoss die exotischen Früchte, besonders die süßen Melonen, die sie von Norwegen nicht kannte und die es hier im Überfluss gab, den knackigen Eissalat, die Lima beans, frozen custard, eine Art Eis aus Vanillepudding, und die Hamburger vom Grill, die Just auf der Terrasse zubereitete. Davon hat sie in Deutschland später immer wieder geschwärmt. Wie schön konnte Amerika sein!

Am nächsten Tag sollten sie gemeinsam bei der alten Dame vorsprechen, und Just wollte Jorna noch ein paar Tipps geben.

»So wie ich sie einschätze, will sie nur sehen, ob du ihr sympathisch bist. Sie weiß, dass du eine zuverlässige Person bist, da vertraut sie mir, aber es muss zwischen euch funktionieren, du wirst ja viel Zeit mit ihr verbringen. Sie kann sehr witzig sein, hat auch manchmal ihre Launen, aber dann zieht sie sich zurück. Sie ist erstaunlich fit für ihre siebzig Jahre, und du musst keine Sorge haben, dass du es mit einer Tattergreisin zu tun bekommst. Aber eins habe ich dir noch nicht gesagt. Sie ist Jüdin, ich kenne sie aus Brooklyn. Sie ist keine Orthodoxe, die es mit den Traditionen übergenau nimmt, trotzdem solltest du vielleicht nicht gleich erwähnen, dass du nach Deutschland gehen willst. Früher oder später wird sie es ja erfahren, aber dann ist es auch egal.«

»Ja, das ist eine gute Idee. Wenn wir uns näher kennengelernt haben, kann ich es besser einschätzen, wie sie darüber denkt. Wenn sie die Adresse der Briefe von Heinz sieht, weiß sie sowieso Bescheid, aber er schreibt jetzt erst einmal an deine Adresse.«

»Mach dir nicht zu viele Gedanken. Ich glaube, dass du sie mögen wirst, und das ist das Wichtigste. Außerdem hat sie ein wunderbares Haus, du wirst dich wie im Urlaub fühlen. Es gibt ein Hausmeister-Ehepaar, er macht den Garten und alles Handwerkliche, und sie putzt das Haus. Du musst ein bisschen kochen, sie sagt dir, was sie will. Aber keine Angst, Gefilte Fisch wirst du nicht zubereiten müssen.«

Jorna und die »Lady«, wie Just sie nannte, waren sich schnell einig. Beide hatten das Gefühl, miteinander auskommen zu können, und so zog Jorna zwei Tage später bei ihr ein. Ihre schönste Zeit in Amerika konnte beginnen.

Liebe Mutter,
wir haben nicht viele Fotos von dir aus den Jahren 1946 bis 1950 in den USA, ich glaube, nur ein einziges, die anderen hast du alle verschwinden lassen, weil sie dich vielleicht mit Otto zeigten. Aber auf diesem einen Foto aus Miami siehst du so glücklich, so entspannt aus, dass ich manchmal denke, du hättest gut in dieses Amerika hineingepasst. Da durftest du so locker sein, wie du es im ordentlichen Deutschland nicht sein konntest. Deutschland und du, ihr wart euch fast zu ähnlich. Aber das sind müßige Gedanken, Papa hätte auf keinen Fall nach Florida gepasst, auch hätte er seine Eltern nicht alleingelassen, wenn er überhaupt jemals die Möglichkeit bekommen hätte, auszuwandern. Obwohl, wenn ich es mir so überlege, war er immer ein Freund von Amerika und voller Dankbarkeit für das, was

die Amerikaner nach dem Krieg für Deutschland getan haben. Kannst du dich erinnern, wie ich damals, zur Zeit der Studentenrevolten, auf Amerika geschimpft habe? Da hat er mir immer Kontra gegeben und mit Bewunderung von den Freunden jenseits des Atlantiks gesprochen. Stell dir vor, er wäre zu dir in die USA gekommen und nicht du zu ihm. Dann wäre ich jetzt eine Amerikanerin und höchstwahrscheinlich ein etwas anderer Mensch. Spekulationen und Hirngespinste. Nur über eines bin ich mir ziemlich sicher: Du wärest freier gewesen. Du hättest die Schatten der Vergangenheit, so weit weg von zuhause, viel leichter abschütteln können. In Amerika hätte niemand etwas von den üblen Verstrickungen der Menschen auf dem alten, kriegsgebeutelten Kontinent gewusst, und sie hätten dort auch keine Rolle gespielt. Da hättest du wirklich von vorn anfangen können.
Als ich klein war, hast du mir neben den klassischen deutschen Kinderbüchern wie Grimms Märchen, Struwwelpeter und Wilhelm Busch jede Woche das neue Mickymaus-Heft vorgelesen. Ich liebte sie alle. Bei den Märchen musste ich jedoch oft weinen, während ich mich in diesem Entenhausen immer sauwohl gefühlt habe. Und was ist Entenhausen anderes als eine amerikanische Kleinstadt? Alles ist übersichtlich, wohlhabend, immer sonnig und weitläufig, nicht so bergig, regnerisch und eng wie in unserem Wuppertal. Wollten wir als Kinder nicht alle so sein wie die süße Daisy Duck, mit hohen Hacken, Handtäschchen und einem offenen Sportwagen? Vielleicht hast du jede Woche, wenn das Heft kam und du es mir vorlesen musstest, eine kleine Erinnerungsstunde an deine Zeit drüben gehabt. Was hättest du mir alles erzählen können, Mama! Könnte ich doch bloß die Zeit für ein paar Momente zurückdrehen,

dann würdest du mir von einem schönen Tag in Miami Beach
1949 berichten.

Die beiden saßen auf der Terrasse, die Lady erzählte von sich. Ihre Eltern hatten Deutschland schon Ende des 19. Jahrhunderts, als sie noch ein Kind war, verlassen und waren nach Amerika gezogen. Sie konnte sich kaum daran erinnern, zuhause wurde aber immer deutsch gesprochen. Sie selbst hätte die alte Heimat, der ihre Mutter immer nachtrauerte, gerne kennengelernt, aber wann hätte das sein sollen?

»Und jetzt, nach dem, was die Nazis angerichtet haben, ist das Thema Deutschland für mich für immer erledigt. Ich werde es nicht mehr besuchen, bin ja auch viel zu alt dafür. Die Frage stellt sich nicht mehr.«

»Ich muss Ihnen etwas erzählen, das ich bisher verheimlicht habe. Ich werde nicht nach Norwegen zurückgehen, nach meiner Scheidung werde ich einen Deutschen heiraten.«

»Habe ich mir gedacht, dass es irgendwie komisch ist, dass du nach Norwegen zurückkehren solltest, wo doch jeder froh ist, der hierbleiben kann. Du hast deinen zukünftigen Mann wohl im Krieg kennengelernt, ein deutscher Soldat, oder?«

»So war es. Ich war gerade siebzehn geworden, wir haben uns einfach ineinander verliebt, da war nichts zu machen.«

Dann erzählte Jorna ihr die ganze Geschichte, die Lady hörte schweigend, aber aufmerksam zu. Jornas Schicksal schien sie zu berühren, nicht nur, weil die beiden sich jetzt gut kannten. Irgendetwas musste sie an ihr eigenes Leben erinnern. Als Jorna fertig war, blickte sie sie ernst an, so wie ein älterer Mensch einen jüngeren anschaut, der sein Leben noch vor sich hat, den man darum aber nicht nur beneidet.

»Ich verstehe dich, ich würde vielleicht genauso handeln, nur ist es wirklich schade, dass du das Leben hier aufgeben musst. Du hättest es sicher leichter haben können. Jetzt ist es so entschieden, und du wirst das Beste daraus machen. Wenn Hitler nicht ganze Arbeit geleistet hätte, könnte ich dir ein paar Adressen von Verwandten in Deutschland geben, doch da wohnt niemand mehr.«

Mehr sagte sie nicht, und Jorna wollte auch nicht nachfragen. Nach dem Gespräch hatte sie das Gefühl, dass sich ihr Verhältnis geändert hatte. Die Lady nahm es ihr nicht übel, dass sie einen Deutschen heiraten würde, wie Just befürchtet hatte, im Gegenteil: Es war eher so, als sei sie ein bisschen besorgt. Sie erzählte jetzt von ihrer Familie, was so typisch deutsch an ihnen war, und welche Eigenschaften ihre Mutter nie ablegen konnte. So, als ob sie sagen wollte: »Das wirst du auch drüben antreffen.« Davon abgesehen fand sie es schade, dass sie bald wieder auf Jorna würde verzichten müssen.

Permit for Germany

Am Ende des Jahres wurden Jorna und Otto in Miami geschieden, in Abwesenheit Ottos. Die beiden sahen sich nie wieder. Jorna wartete nur noch auf die Einreiseerlaubnis nach Deutschland, die sie am 2. Februar 1950 bekam. »Permit for Germany«, ausgestellt in New York. Drei Wochen später bestieg sie zum letzten Mal ein Schiff nach Europa, diesmal direkt nach Rotterdam, wo Heinz sie abholte. Jorna trug das smaragdgrüne Kleid, das sie damals nur für ihn gekauft hatte. Amerika hat sie nie wiedergesehen.

Eine Geschichte also, die gut ausgeht, mit einem glücklichen Ende abschließt. Unsere Eltern hatten sich endlich wiedergefunden und heirateten am 11. August 1950 in Wuppertal, wo sie bis zu ihrem Tod wohnen blieben. Im Jahr darauf wurde ich geboren und sieben Jahre später meine Schwester Vera. Man kann sagen, dass wir eine ganz normale, glückliche Familie waren. Unsere Eltern waren im-

Meine Eltern und ich 1957

mer für uns da, und als sie alt und krank wurden, waren wir für sie da. Mein Vater starb 1992, und meine Mutter lebte noch bis 2010.

Es gibt viele gute Erinnerungen an diese frühen Jahre, wobei ich mich manchmal wundere, dass sich meine schönsten Kindheitserinnerungen meist auf Norwegen beziehen. Gut, die Ferienzeit ist für ein Kind immer das Beste. Trotzdem erstaunt mich diese eingeengte Wahrnehmung. Hatte ich auch in dieser Beziehung den Blickwinkel meiner Mutter übernommen? Oben im Norden lag für sie die alte, die richtige Heimat. In allen Sommerferien fuhren wir nach Norwegen, vom ersten bis zum letzten Tag, die Sehnsucht nach ihrer Heimat hatte unsere Mutter nie losgelassen. Es dauerte nicht lange, und ihre alten Freundinnen luden sie zu einer Versöhnungsparty ein, sie sollte wieder in ihren Kreis aufgenommen werden. Das war ihr unendlich wichtig, und sie war nervös, als es so weit war. Ab da schien alles so zu sein wie früher. Meine Schwester und ich erfuhren also nie die Vorgeschichte. Wir hatten eine große norwegische Familie mit vielen Vettern und Cousinen, alten Tanten und Onkeln meiner Mutter, die in der Umgebung von Flekkefjord wohnten. Unser Großvater Aksel starb schon 1954, aber unsere Großmutter Henny lebte bis 1965 und besuchte uns sogar einige Male in Deutschland. Und es gab auch immer wieder Geschichten und Besuche von norwegischen Auswanderern aus Amerika, sodass es ganz normal erscheinen musste, dass auch unsere Mutter einmal dort gewesen war.

Ab 1956 kam auch unser Vater gerne für eine Woche mit nach Flekkefjord, wo er wohl die schönste Zeit seines Erwachsenenlebens verbracht hatte. Eine etwas prekäre Situation. Manche hatten vielleicht gute Erinnerungen an ihn, er besuchte auch den einen oder anderen Bekannten aus der Zeit, andere mussten in ihm immer noch den deutschen Soldaten sehen und kritisierten offen oder hinter vorgehaltener Hand sein Wiedererscheinen. Wir spürten davon anscheinend nichts, oder vielleicht doch? Das frage ich mich heute. Es wundert mich immer noch, warum das Verdrängen so gut funktionierte, warum wir nichts gemerkt haben.

Diese Sommerurlaube waren herrlich, besonders, wenn das Wetter mitspielte. Sie hatten etwas von Sommerfrische. Wir wohnten immer bei unseren Verwandten, erst bei den Großeltern, nach ihrem Tod mieteten wir sogar für das ganze Jahr ein kleine Wohnung im alten Haus in der Kirkegaten 36. Später waren es dann die Tanten und Onkel, die uns jedes Jahr aufnahmen. Meine Klassenkameradinnen begannen irgendwann, mit ihren Eltern für ein, zwei Wochen an die Adria oder nach Südfrankreich zu fahren in ein Hotel, wir machten uns einfach für sechs Wochen zu den Verwandten auf. Welch ein Luxus, denke ich mir heute, und welche Großherzigkeit unserer Verwandten. Ob es für sie immer so einfach war? Oft feierten wir unsere Geburtstage dort, und es kamen viele Kinder zu einer tollen Party im Garten von Henny und Aksel, aufwendig für die damalige Zeit, mit Limonade, Eis, Schokolade und Spielen. Unsere Mutter gab sich viel Mühe, ein solches Ereignis richtig groß erscheinen zu lassen, so, als ob sie die anderen beeindrucken wollte. Wir fanden es einfach nur schön.

Jahre später, als Erwachsene, merkten meine Schwester und ich, dass es zwei Ausgaben unserer Mutter gab: die deutsche und die norwegische. In der alten Heimat war sie jedes Mal anders, ganz besonders auf ihre Kleidung und Erscheinung bedacht, wollte immer einen guten Einruck machen. Die Norweger waren lässig gekleidet, unsere Mutter immer elegant. Damals belächelten wir das irgendwie, heute weiß ich, was sie demonstrieren wollte, dass sie nämlich damals die richtige Wahl getroffen hatte und eine glückliche Ehefrau war. Jetzt verstehe ich sie besser. Auch das hätte ich ihr gerne noch gesagt.

In Deutschland lernte sie kurz vor meiner Geburt eine Norwegerin namens Lillian kennen, auch sie mit einer ähnlichen Geschichte, auch sie schwanger. Die beiden wurden beste Freundinnen, und mithilfe einer Zeitungsannonce lernten sie andere Norwegerinnen aus der näheren Umgebung kennen. Daraus entstand ein Kreis von Frauen, der von Zeit zu Zeit erweitert wurde, aus dem aber keine jemals wieder austrat, es sei denn, sie starb. Einmal im Monat trafen sie sich bei einer von ihnen daheim, es gab norwegischen Kuchen, vielleicht nachher ein paar Lachsschnittchen, und auf dem Tisch stand immer eine kleine silberne Fahnenstange – so etwas gab es in Norwegen zu kaufen – mit der »norske flagg«.

Tapfer und fast trotzig zelebrierte diese Gruppe ehemaliger »Landesverräterinnen« ihre Verbundenheit mit der alten Heimat, eine Verbundenheit, die man ihnen 1945 abgesprochen hatte. Und manchmal sangen sie dabei mit Tränen in den Augen ihre Nationalhymne: »Ja, vi elsker dette landet.« Wir Kinder fanden das erst lustig, später dann etwas altbacken, für sie war es bitterer Ernst. Jetzt kann ich auch das verstehen.

In jedem Leben gibt es das Bedauern über verpasste Chancen, falsche Entscheidungen und all die »Hätte ich doch«-Momente, die ich seit dem Tod meiner Mutter hatte. Mit diesem Buch habe ich weder die Zeit zurückdrehen noch die traurigen Erlebnisse, die sie in ihrem Leben gehabt hat, mildern können. Auch habe ich vieles nicht mehr entschlüsseln können, das jetzt für alle Zeiten ein Geheimnis bleiben wird. Aber ich habe, je weiter ich in ihre Geschichte eingedrungen bin, dieses von meiner Mutter so sorgsam gehütete Geheimnis lieben gelernt, als eine Art Selbstinszenierung. Für sie hatte es eine fast lebenserhaltende Bedeutung, es half ihr, die Schatten der Vergangenheit zu bannen, ihnen nicht zu viel Macht über sich zu geben, dabei hatte es gleichzeitig etwas Spielerisches.

Und auch für mich war die Beschäftigung mit ihrer Vergangenheit eine Befreiung, denn ich habe eine neue Mutter kennengelernt, eine Frau voller Mut und Widerstandskraft, und, was am allerschönsten ist, eine große Liebende.

Heinz, Vera, ich und Jorna 1959

Dank

Bei der Suche nach der Wahrheit über das Leben meiner Eltern haben mich im Laufe der letzten Jahre Verwandte und Freunde in Norwegen immer wieder unterstützt. Sie suchten Fotografien in alten Alben und in Kellern, erzählten mir Anekdoten, vermittelten mir das Lebensgefühl und die Stimmung von damals und versorgten mich mit Büchern. Aber auch mit Gastfreundschaft, Unterkunft, Partys, einem kleinen Auto und was am wichtigsten war, mit guter Stimmung. Ohne ihre Hilfe wäre ich in vielen Momenten nicht weitergekommen. Deshalb gilt mein ganz großer Dank: Bjørg Grønsund, Hilde Halvorsen und Bjørn-Tore Grønsund, Lillian und Eirik Grønsund, Arna Katrine Mydland und Morten Grønsund, Eva Johanssen, Knut Kjøde, Brit und Stein-Arthur Kjøde, Odd-Svein Grønsund, Vigdis Grønsund Lind, Elsa Wiig, Margarethe Peersen Norseng und Knut Sand Bakken.

Ganz besonders danke ich auch dem Historiker Kåre Olsen vom Staatsarchiv in Oslo und Professor Knut-Erich Papendorf vom kriminologischen Institut der Universität Oslo für ihre Hilfe und wertvollen Hinweise.

Aber auch meine deutschen Verwandten haben mich bei meiner Recherche unterstützt, ich danke Sylvia Loheide, Susanne und Peter Loheide und Jörg Lambach, die mir mit Fotos und Geschichten über das Leben meines Vaters und seiner Familie weitergeholfen haben.

Mein ganz herzlicher Dank gilt meiner ältesten Freundin Randi Crott, die mich bei diesem Projekt von Anfang an begleitete. Sie hat mit mir das erste Manuskript durchgesehen, mich beraten und unterstützt und mir immer wieder den glücklichen Moment vor Augen geführt, in dem ich einmal mein eigenes Buch in den Händen halten würde über ein Thema, das vielleicht auch andere Menschen berühren könnte.

Allen diesen Menschen danke ich aus tiefstem Herzen, zuletzt natürlich auch meiner eigenen Familie, meiner Schwester und meinen Freunden, die die Entstehung dieses Buches mit großer Sympathie und Anteilnahme verfolgt haben.

Anmerkungen

Seite 10 *Hovedøya* ist die größte direkt vor Oslo im Oslofjord gelegene Insel, auf der die Deutschen während des Krieges norwegische Widerstandskämpfer gefangen hielten. Nach dem Krieg internierten die norwegischen Behörden dort die Frauen, die mit einem deutschen Soldaten eine Beziehung eingegangen oder mit einem Deutschen verheiratet waren. Als offizielle Begründung wurden die Eindämmung von Geschlechtskrankheiten genannt und die Notwendigkeit, die Frauen vor Übergriffen der Bevölkerung zu schützen. Viele Norweger sahen diese Praxis als gerechte Bestrafung von »Landesverräterinnen« an. Knut Papendorf weist in seiner Untersuchung *Siktet some tyskertøs* über die Bezeichnung »Deutschenmädchen« darauf hin, dass es damals schon Stimmen gab, die diese Behandlung, für die es kaum eine gesetzliche Grundlage gab, als ungerecht und diskriminierend für Frauen bezeichneten. Sie stieß auch bei denen auf Kritik, die in Deutschland im KZ gewesen waren und sich jetzt daran erinnert fühlten.

Seite 19 Der 17. Mai ist der Nationalfeiertag Norwegens, der an die Verabschiedung des norwegischen Grundgesetzes am 17. Mai 1814 erinnert und im ganzen Land mit großer nationaler Begeisterung, mit Flaggen, Nationaltrachten und Umzügen gefeiert wird.

Seite 22 Zur Geschichte von Flekkefjord im 19. Jahrhundert siehe: Abrahamsen, Olav Arild, *Flekkefjord på 1800-tallet, fra sild til sålelær*, Flekkefjord 1987, S. 26/27

Seite 27 *hollenderbyen*: die Holländerstadt. Sie bezeichnet den alten Teil Flekkefjords mit kleinen Gassen, weißen Holzhäusern und vielen Blumen vor den Fenstern und Türen. Sie geht zurück auf die engen Handelsbeziehungen, die Flekkefjord im 17. und 18. Jahrhundert zu den Niederlanden unterhielt.

Seite 45 ff. Zu Flekkefjord während des Krieges aus: Abrahamsen, Olav Arild, *Flekkefjord på 1900-tallet, Omstilling og vekst*, Flekkefjord 1987, S. 389–432

Seite 67 Haltung der Norweger zum Horst-Wessel-Lied, ebenda, S. 392; dazu auch: Drolshagen, Ebba D., *Der freundliche Feind*, München 2009, S. 28

Seite 68 Diese Niederlage wird die norwegische Gesellschaft nur schwer überwinden können, sie ist mehr als nur ein Kratzer an ihrem Nationalstolz. Die Frauen, die ihnen solche Verletzungen zufügten, werden sie bestrafen auf sehr ungerechte Art und Weise. Diese Bestrafung wird darüber hinaus die Kinder treffen, die aus diesen Beziehungen hervorgegangen sind. Am Ende des Jahrhunderts werden sich die Stimmen zu Wort melden, die dafür Gerechtigkeit einfordern, Wiedergutmachung. Jahrzehnte später wird dieses Kapitel der norwegischen Geschichte aufgearbeitet werden, und es kommt ans Licht, dass die dunklen Jahre 1945 noch längst nicht vorbei waren.

Seite 68 Bis zu vierhunderttausend deutsche Soldaten befanden sich im Land, und fünfzigtausend Norwegerinnen waren wohl eine Beziehung mit einem von ihnen eingegangen – in einem Land von 3,2 Millionen Einwohnern.

Seite 72 Es ist schwer auszumachen, inwieweit die Menschen in Südnorwegen über den Stand der Kämpfe in Nordnorwegen zu dem Zeitpunkt informiert waren.

Seite 75 Die Zeitungen forderten die Bürger zu kühlem und korrektem Verhalten auf, es gäbe keinerlei Grund, irgendwelche Herzlichkeit an den Tag zu legen, und das Verhalten mancher junger Damen sei besonders irritierend. Aus: Abrahamsen, Olav Arild, *Flekkefjord på 1900-tallet, Omstilling og vekst*, Oslo 1987, S. 393

Seite 88 Die Einstellung der deutschen Soldaten, die nach Norwegen kamen, erscheint aus heutiger Sicht sehr romantisch, fast naiv. Die faschistische Propaganda vom »nordischen Menschen« hatte die Grundlage zu einer Verklärung des Nordens und seiner Menschen geführt. Man glaubte, man käme als Freund, und viele Wehrmachtssoldaten bezeichneten ihren Einsatz in Norwegen als die schönste Zeit ihres Lebens. Siehe Drolshagen, Ebba D., *Der freundliche Feind*, München 2009, S. 279

Seite 127 Behandlung der *tysker-jente*, der Deutschenmädchen: Drolshagen, Ebba D., *Der freundliche Feind*, München 2009, S. 156/157, S. 248. Siehe auch Drolshagen, Ebba D., *Nicht ungeschoren davonkommen*, Hamburg 1998

Seite 150 Vidkun Quisling war der Führer der nationalen Partei Norwegens. Nach ihm wurde ein Anhänger der Nazis als *Quisling* bezeichnet.

Seite 157 Das Schicksal der Deutschenmädchen und besonders ihrer Kinder wird eindrücklich geschildert in: Olsen, Kåre, *Krigens barn*, Oslo 1998

Seite 162 Ericsson, Kjersti (Hrsg.), *Women in War*, Farnham, England 2015. In dem Kapitel »Women in Darkness« zeigen die beiden Autorinnen Unni Rustad und

Kjersti Ericsson, dass die Körper der Frauen als nationales Territorium angesehen wurden und dass die Frauen, die eine Beziehung zum Feind eingegangen waren, »dieses nationale Territorium in verräterischer Weise dem Feind überlassen haben« (S. 153). So wurde das harsche Vorgehen gegen diese Frauen begründet.

Seite 162–166 Zum »Kampf um das Kino« siehe http://www.krigsarkiver.no/kampen-om-kinoen, 22.11.2017

Seite 165 *Jøssing* war ein Begriff für all diejenigen in Norwegen, die gegen die Nazis eingestellt waren. Dieser Begriff wurde gebildet nach dem *Jøssingfjord*, nicht weit von Flekkefjord entfernt. Dort lag auch die *Altmark*, das Schiff, mit dem die Deutschen englische Kriegsgefangene transportierten und das dann von den Engländern gekapert wurde. Durch die Endung auf *-ing* eignete er sich auch gut als Gegenbegriff zu *Quisling*, dem norwegischen Nazi.

Seite 180–194 Informationen und Daten zu Oslo aus: Samuelsen, Ottar, *Det var her det skjedde*, Oslo 2010. Dazu auch: Thuesen, Nils Petter, *Oslo under andre verdenskrig*, Oslo 2015

Seite 182 *Norsk Maritimt Museum* Oslo, auf *Bygdø*, einer Halbinsel im Oslofjord, gelegen. Das Museum präsentiert die Seefahrtsgeschichte Norwegens und liegt unweit der Museen, die das Polarschiff *Fram*, die *Kon-Tiki* Thor Heyerdahls und die Wikingerschiffe beherbergen.

Seite 190 *hjemmefront*, Heimatfront. Dies bezeichnet den übergeordneten Begriff für alle Widerstandsbewegungen gegen die Naziherrschaft während der Besatzungszeit.

Seite 192 *Aase Bye* (1904–1991) war eine der bekanntesten norwegischen Schauspielerinnen der damaligen Zeit.

Seite 228 Die Ereignisse in der Silvesternacht 1944 schildert die Zeitzeugin Margarethe Peersen Norseng in ihrem Vortrag *Dagligliv i Flekkefjord under annen verdenskrig* (»Alltagsleben in Flekkefjord während des Zweiten Weltkriegs«), gehalten am 27. März 2017 im lokalen Geschichtsverein.

Seite 230 *Milorg* bezeichnet die militärische Widerstandsorganisation, die während des Zweiten Weltkriegs aufgebaut wurde und auch zusammen mit den Alliierten die Befreiung vorbereiten und begleiten sollte. Sie hatte eine Stärke von bis zu 55 000 Kämpfern.

Seite 233 Kåre Olsen spricht von einem »unbestreitbaren Geschlechteraspekt« bei der Behandlung der Deutschenmädchen, der dazu führte, dass Männer, die sich der Kollaboration schuldig gemacht hatten, in der Regel viel weniger hart bestraft wurden. Olsen, Kåre, *Vater: Deutscher. Das Schicksal der norwegischen Lebensbornkinder und ihrer Mütter von 1940 bis heute*, Frankfurt/Main 2002, S. 236

Seite 234 Nachbarn meldeten die Namen der Mädchen an die Behörden. Vgl. Pedersen, Terje Andreas, *Vi kalte dem tyskertøser*, Oslo 2012, S. 13

Seite 236 ff. Zur Praxis der Verhöre und der Einstellung der Behörden gegenüber Deutschenmädchen: Olsen, Kåre, *Vater: Deutscher*, Frankfurt/Main 2002, S. 236f.

Seite 237 Die Deutschenmädchen wurden als dumm, hässlich, ungebildet, primitiv und geistig minderbemittelt dargestellt. Ebenda, S. 38

Seite 239 Knut Papendorf untersucht die nicht gerechtfertigte juristische Behandlung der Deutschenmädchen nach dem Krieg und die Gründe für diese Behandlung. Er weist darauf hin, dass selten juristisch einwandfreie Verfahren angewandt wurden und dass die Frauen oftmals in ihrer Position zu schwach waren, sich dagegen zu wehren. Wenn aber ihre Familien oder in wenigen Fällen Anwälte sich für sie einsetzten, war die Chance größer, sich erfolgreich (z. B. gegen eine Internierung) zur Wehr zu setzen. Papendorf zeigt, dass dieses Verhalten der norwegischen Gesellschaft als »Katharsis« verstanden werden muss, eine Art Reinigungsprozess einer Gesellschaft im Übergangsstadium. Vgl. Ericsson, Kjersti (Hrsg.), *Women in War*, Farnham, England, 2015, Kapitel 12: *Accused of Being »German Whores«: The Internment of the »German Girls«*, S. 199

Seite 239 Dass die norwegischen Frauen einen höheren Preis nach dem Krieg zahlen mussten, dazu siehe auch: Drolshagen, Ebba D., *Der freundliche Feind*, München 2009, S. 250

Seite 240 *Youngstorget*, ein Platz mitten im politischen Zentrum von Oslo, der heute noch einmal wöchentlich als Marktplatz genutzt wird.

Seite 257 Viele Soldaten waren schon verheiratet oder verlobt in Deutschland und verschwiegen dies.

Seite 266 Zur Geschichte von »Little Norway« siehe: Knight, Hoover, *Norwegians in New York*, in: Norwegian American Studies, Bd. 24, Seite 221, 1970

Literatur

Aarnes, Helle, *Tyskerjentene, Historiene vi aldri bli fortalt*, Oslo 2009
Abrahamsen, Olav Arild, *Flekkefjord på 1800-tallet, fra sild til sålelær*, Flekkefjord 1987
Abrahamsen, Olav Arild, *Flekkefjord på 1900-tallet, Omstilling og vekst*, Flekkefjord 1987
Bauerkämper, Arnd (Hrsg.), *From Patriotic Memory to a Universalistic Narrative. Shifts in Norwegian Memory Culture*, Essen 2014
Ballard, Robert D., *Lost Liners: Von der Titanic zur Andrea Doria. Glanz und Untergang der großen Luxusliner*, München 1997
Buttar, Prit, *Between Giants – The Battle for the Baltics in WWII*, Oxford 2013, S. 157–183
Burns, Ric and Sanders, James, *New York. An Illustrated History*, New York 2001
Drolshagen, Ebba D., *Der freundliche Feind*, München 2009
dies., *Nicht ungeschoren davonkommen*, Hamburg 1998
dies., Wehrmachtskinder. Auf der Suche nach dem nie gekannten Vater, München 2005
Echternkamp, Jörg, *Kriegsschauplatz Deutschland 1945. Leben in Angst – Hoffnung auf Frieden. Feldpost aus der Heimat und von der Front*, Paderborn 2006
Ericsson, Kjersti (Hrsg.), *Women in War*, Farnham, England 2015
Frieser, Karl-Heinz, *Das Deutsche Reich und der Zweite Weltkrieg, Bd. 8: Die Ostfront 1943/44*, München 2007, S. 284–296
Friis, Erik J. (Hrsg.), *They came from Norway*, New York Norwegian Immigration Sesquicentennial Review, 1975
Gunther, John, *Inside USA*, New York 1947
Hoover, Knight, *Norwegians in New York*, in: Norwegian American Studies, Bd. 24, S. 221, 1970

Jackson, Kenneth T., *The Encyclopedia of New York City*, New Haven 1995
Kludas, Arnold, *Die glanzvolle Ära der Luxusschiffe. Eine illustrierte Kulturgeschichte im Spiegel zeitgenössischer Quellen*, Hamburg 2005
Moutier, Marie, *»Liebste Schwester, wir müssen hier sterben oder siegen.« Briefe deutscher Wehrmachtssoldaten 1939–45*, München 2015
Nilssen, Trond Risto, *Da freden brøt løs*, Oslo 2015
Olsen, Kåre, *Krigens barn. De norske krigsbarna og deres mødre*, Oslo 1998
Olsen, Kåre, *Vater: Deutscher. Das Schicksal der norwegischen Lebensbornkinder und ihrer Mütter von 1940 bis heute*, Frankfurt/Main 2002
Papendorf, Knut-Erich, *Siktet som tyskertøs. Rettsoppgjøret i videre forstand*, Oslo 2015
ders., *Accused of Being »German Whores«*, in: Kjersti Ericsson (Hrsg.), *Women in War*, Farnham 2015, S. 187–19
Pedersen, Terje Andreas, *Vi kalte dem tyskertøser*, Oslo 2012
Reitano, Joanne, *The Restless City. A Short History of New York from Colonial Times to the Present*, New York 2006
Römer, Felix, *Kameraden. Die Wehrmacht von innen*, München 2012
Rygg, Andrew Nilsen, *Norwegians in New York 1825–1925*, Brooklyn 1941
Samuelsen, Ottar, *Det var her det skjedde*, Oslo 2010
Schmitz-Köster, Dorothee, *Der Krieg meines Vaters. Als deutscher Soldat in Norwegen*, Berlin 2004
Stømgren, Trond, *Sild og potet*, Batalden 2007
Thuesen, Nils Petter, *Oslo under andre verdenskrig*, Oslo 2015
Weld, Ralph Foster, *Brooklyn is America*, New York 1950
Welzer, Harald, *Das kommunikative Gedächtnis*, München 2002

Inhalt